Ordem, poder e conflito no século XXI

Esse mesmo mundo é possível

FUNDAÇÃO EDITORA DA UNESP

Presidente do Conselho Curador
Marcos Macari

Diretor-Presidente
José Castilho Marques Neto

Editor-Executivo
Jézio Hernani Bomfim Gutierre

Conselho Editorial Acadêmico
Antonio Celso Ferreira
Cláudio Antonio Rabello Coelho
Elizabeth Berwerth Stucchi
Kester Carrara
Maria do Rosário Longo Mortatti
Maria Encarnação Beltrão Sposito
Maria Heloísa Martins Dias
Mario Fernando Bolognesi
Paulo José Brando Santilli
Roberto André Kraenkel

Editores Assistentes
Anderson Nobara
Denise Katchuian Dognini
Dida Bessana

Luis Fernando Ayerbe

Ordem, poder e conflito no século XXI

Esse mesmo mundo é possível

© 2006 Editora UNESP

Direitos de publicação reservados à:
Fundação Editora da UNESP (FEU)
Praça da Sé, 108
01001-900 – São Paulo – SP
Tel.: (0xx11) 3242-7171
Fax: (0xx11) 3242-7172
www.editoraunesp.com.br
feu@editora.unesp.br

CIP – Brasil, Catalogação na fonte
Sindicato Nacional dos Editores de Livros, RJ

A977o

Ayerbe, Luis Fernando
Ordem, poder e conflito no século XXI: esse mesmo mundo é possível / Luis Fernando Ayerbe. – São Paulo: Editora da UNESP, 2006.

Inclui Bibliografia
ISBN 85-7139-693-0
1. Relações internacionais – Século XXI. 2. Conflitos internacionais. 3. Política internacional. 4. Relações econômicas internacionais. 5. América Latina – Condições sociais.

06.3219
CDD 327
CDU 327

Editora afiliada:

Asociación de Editoriales Universitarias de América Latina y el Caribe

Associação Brasileira de Editoras Universitárias

A meus pais, Nestor e Lia

Agradecimentos

Diversas pessoas e instituições contribuíram para a realização deste projeto. Gostaria de agradecer, em primeiro lugar, à Fundação de Amparo à Pesquisa do Estado de São Paulo (Fapesp), ao Programa San Tiago Dantas de Pós-graduação em Relações Internacionais das universidades Unesp, Unicamp e PUC-SP e à Editora Unesp, que possibilitaram a publicação do livro.

Aos colegas do San Tiago Dantas, especialmente a Tullo Vigevani, coordenador do programa, pelo apoio de sempre, e a Luiz Eduardo Wanderley, pela leitura atenta e pelas valiosas sugestões que fez ao meu trabalho, o que contribuiu para o aprimoramento da primeira versão do texto. Também agradeço aos alunos do grupo temático do mestrado em Relações Internacionais neoconservadorismo e política externa dos Estados Unidos e dos grupos de estudo interdisciplinares sobre cultura e desenvolvimento (GEICD), hoje colegas do observatório das relações Estados Unidos–América Latina (OREAL), Alessandro Shimabukuro, Ana Paula Bentes, André d'Almeida Chaves, Ariel Finguerut, Fábio Borges, Ivy Turner, Marcos Alan Fagner dos

Santos Ferreira, Neusa Bojikian, Paulo Gustavo Pellegrino Correa e Paulo Pereira, com os quais compartilhei ricos momentos de debate intelectual.

E à minha família brasileiro-argentina, sempre presente nos momentos fundamentais.

Sumário

Introdução 11

Capítulo 1. O poder estadunidense 15
Choque de civilizações: uma ideologia nacional 23
Unilateralismo/multilateralismo: a "doutrina Bush" 35
Continuidades e mudanças 45
O (novo) imperialismo 55
O poder que advém do medo 73

Capítulo 2. A persuasão conservadora 79
Uma direita de inspiração gramsciana 80
Reaganomics e *neoconomics* 83
A globalização da Doutrina Monroe 89
Modernidade *versus* niilismo 95
A racionalidade dos fins 104
O momento neoconservador 111
A democracia dura enquanto dura a obediência 117
O socialismo e a razão de Estado 125

Neoconservadores, social-democratas e ex-comunistas 134
"Império ou desordem": realidade e ideologia 139

Capítulo 3. Prevenção de conflitos e construção de Nações ... 151
Introdução sociológica 154
Das revoluções às rebeliões 164
Fontes de conflito: classe e etnia 167
Redes, hierarquias e doutrinas 176
Nation building: o retorno do Estado 180
As fronteiras entre o poder duro e o poder brando 188

Capítulo 4. A (in)visibilidade latino-americana 193
A afirmação do "Consenso de Washington" 194
Desafios regionais para os Estados Unidos 206
Países andinos 213
Argentina 224
Brasil 229
Cuba 237
México 245
A reeleição de Bush 252
Dilemas latino-americanos 256

Capítulo 5. Outro mundo é possível? 263
Contra-hegemonia sem revolução 270
A social-democratização do ordenamento mundial 286

Bibliografia 297

Introdução

Ordem, poder e conflito no século XXI apresenta a fase conclusiva de um programa de pesquisa que se desenvolveu no decorrer dos últimos dez anos, desdobrado em diversas etapas, mas em torno de eixos comuns. O objetivo foi abordar o processo de configuração da hegemonia dos Estados Unidos no âmbito internacional e na América Latina, em particular, estabelecendo um contraponto com as possibilidades de construção de alternativas originárias de setores subalternos na estrutura social ou de países periféricos no sistema internacional.

O ponto de partida foi a análise da trajetória das relações interamericanas desde o fim da Segunda Guerra Mundial, focalizando a conduta dos Estados Unidos durante a Guerra Fria, diante de governos de inspirações nacionalista e socialista, as perspectivas abertas pela extinção da União Soviética e a redefinição das concepções estratégicas de confronto entre o Leste e o Oeste. Os resultados deram origem aos livros *Neoliberalismo e política externa na América Latina* (Ayerbe, 1998) e *Estados Unidos e América Latina: a construção da hegemonia* (Ayerbe, 2002).

No segundo momento desse percurso, dei menos ênfase à análise histórica e passei a enfatizar o confronto de idéias em torno da existência (ou não) de uma identidade latino-americana capaz de inspirar projetos de integração e de inserção coletiva na ordem mundial. Para isso, parti da percepção da região no debate sobre cultura e interesse nacional que se desenvolve nos Estados Unidos, cuja maior visibilidade se revela nas abordagens sobre o "fim da história" e o "choque de civilizações". Apresento as conclusões dessa pesquisa no livro *O Ocidente e o resto:* a América Latina e o Caribe na cultura do império (Ayerbe, 2003), no qual busquei caracterizar a concepção de mundo que orienta a política externa estadunidense, em que a derrota do chamado socialismo real é associada à vitória definitiva de um modelo de desenvolvimento considerado universal, o capitalismo liberal, única utopia possível para a qual deve apontar a América Latina.

Em *Ordem, poder e conflito no século XXI,* a preocupação é buscar respostas ao desafio proposto por essa visão determinista da realidade, confrontando diversas perspectivas sobre a viabilidade estratégica da unipolaridade nas relações internacionais e do capitalismo nas relações sociais. A conclusão é cautelosa no que se refere à grande questão que aviva os movimentos críticos do sistema: a continuidade dos fundamentos essenciais da atual estrutura de poder apresenta-se como cenário provável. Não por um destino manifesto que se impõe a qualquer desejo de transformação, mas pela cristalização de um consenso sobre os alcances e limites da mudança possível, que denominamos "social-democratização do ordenamento mundial", para o qual confluem os atores principais das cenas política e econômica, governamental e não-governamental, incluindo boa parte dos descontentes com a chamada globalização neoliberal.

Para abordar as questões propostas, o livro está estruturado em cinco capítulos:

O Capítulo 1 analisa a posição dos Estados Unidos nas relações internacionais contemporâneas, tomando como referência as controvérsias sobre os alcances e os limites de sua atitude hegemônica, que adquiriram maior impulso desde a formulação da chamada Doutrina Bush. No tratamento da temática proposta, foram enfatizados os seguintes aspectos: 1) estabelecimento de um paralelo entre a transição dos séculos XIX–XX e XX–XXI, situando as características do imperialismo de cada época; 2) uma análise da política externa dos Estados Unidos, com enfoque no debate entre unilateralismo e multilateralismo; 3) uma discussão crítica das abordagens que visualizam um indicador de perda de hegemonia na agenda de segurança da administração republicana, o que imporia a substituição da busca de um consenso pela dominação aberta.

O Capítulo 2 aborda as concepções teóricas e avaliações políticas que orientam o atual posicionamento internacional dos Estados Unidos, por meio de um estudo histórico e analítico da corrente neoconservadora e sua influência nas administrações de Ronald Reagan e George W. Bush. Com base nas diferentes previsões sobre os alcances da posição missionária defendida por essa corrente de pensamento, foi estabelecida uma caracterização das continuidades e mudanças que demarcam o novo imperialismo.

O exercício do poder estadunidense vai além do intervencionismo aberto contra governos e organizações identificados como inimigos na "guerra global contra o terrorismo". Há também uma dimensão *soft*, visível nas ações destinadas à prevenção de crises de governabilidade e à construção de nações em Estados falidos. O Capítulo 3 analisa a segunda perspectiva, partindo de alguns estudos clássicos do pensamento social sobre os fatores que intervêm no desencadeamento de conflitos, cuja influência está presente em estudos recentes das relações internacionais e nas abordagens que orientam programas patrocinados pelo Departamento de Estado.

O Capítulo 4 é dedicado à América Latina e analisa a percepção da região por parte de *think tanks* próximos ao *establishment* da política externa estadunidense, destacando quatro aspectos: 1) a gravidade da situação econômica após a segunda metade da década de 1990;

2) seus desdobramentos negativos em termos de governabilidade política; 3) as implicações para os Estados Unidos, especialmente no âmbito das agendas de integração continental, segurança e ajuda ao desenvolvimento, em um quadro de perda de relevância da região após os atentados de 11 de setembro de 2001; e 4) as avaliações sobre a evolução das políticas hemisféricas, tendo em vista a reeleição de George W. Bush.

No Capítulo 5, discutem-se as análises oriundas de setores críticos da ordem em formação, tendo como foco dois tipos de debate: 1) o que remete às potencialidades transformadoras das ações promovidas por movimentos sociais, organizações da sociedade civil e governos que apontam para a construção de outro mundo possível; e 2) o que reflete sobre as possibilidades futuras do equilíbrio de poder, como expressão de uma estrutura das relações internacionais que dê legitimidade à inserção da diversidade de atores que interagem na globalização.

CAPÍTULO 1

O poder estadunidense[1]

A ascensão dos Estados Unidos ao patamar de única superpotência, acompanhada por sua conduta de crescente protagonismo nas relações internacionais, recoloca o poder dos Estados no centro do debate sobre a configuração do ordenamento mundial, contrabalançando a influência que, desde a década de 1980, adquiriram as abordagens focadas na primazia dos mercados como grande impulso da chamada globalização.

Para alguns autores, a derrota do comunismo soviético representa o reconhecimento inquestionável da superioridade do Ocidente, civilização responsável pela invenção do "capitalismo democrático e liberal", modelo político-econômico que se mostrou historicamente insuperável na geração de riqueza, prosperidade e liberdade, cujas defesa e promoção exigem mais do que nunca o exercício de uma hegemonia benigna por parte dos Estados Unidos. Na opinião dos

---

[1] Este capítulo retoma análises divulgadas anteriormente em Ayerbe, Luis. The american empire in the new century: hegemony or domination?, *Journal of Developing Societies*, v.21, n.3-4, 2005; Ayerbe, Luis. Os Estados Unidos nas relações internacionais contemporâneas, *Contexto Internacional*, v.27, n.2, 2005.

críticos da ordem mundial em formação, estaríamos assistindo a uma fase de decadência do poder estadunidense, cujo principal indicador é o comportamento unilateralista da administração de George W. Bush. É evidente que não é a primeira vez na história do capitalismo que essas questões se fazem presentes. O mesmo dilema acompanhou os debates sobre a longevidade do sistema e as possibilidades estruturais da hegemonia ocidental na transição dos séculos XIX–XX. Diante do impasse na II Internacional, decorrente de profundas controvérsias sobre os impactos das mudanças sistêmicas na estratégia da revolução socialista, as teses de Lenin sobre o imperialismo fundamentaram o programa político que orientou a vitória bolchevique na Rússia. Para ele, o novo contexto representava a negação, mediante o expansionismo, das contradições internas do modo de produção capitalista nos países centrais. A partilha do mundo entre as grandes potências e a consolidação do capitalismo financeiro geraram nova divisão internacional do trabalho, deslocando os sintomas agudos da gravidade da crise do centro para a periferia do sistema. É nela que se localizam os elos fracos da cadeia imperialista, com as condições objetivas da revolução. Citando o autor:

> O imperialismo é o capitalismo chegando a uma fase de desenvolvimento em que se afirma a dominação dos monopólios e do capital financeiro, em que a exportação de capitais adquiriu uma importância de primeiro plano, começou a partilha do mundo entre os trustes internacionais e se pôs termo à partilha de todo o território do globo, entre as maiores potências. (Lenin, 1979, p.88)

Analistas da evolução mais recente do capitalismo, como Michael Hardt e Antonio Negri, dão por encerrada a fase imperialista. Para eles, as políticas expansionistas impulsionadas pelos Estados-nação deram lugar ao império, abarcador da totalidade. Já não há lado de fora, instalou-se o reino do mercado mundial, tornando obsoletas as separações de

O PODER ESTADUNIDENSE   17

países com base nas noções tradicionais de hierarquia dos mundos e a diferenciação entre espaços internos e externos. No entanto, os autores reconhecem em Lenin elementos importantes para caracterizar a transformação do imperialismo em império, no qual a derrota da revolução mundial abre espaço para o crescimento avassalador do capital, destruindo os limites entre o interior e o exterior:

> Ainda que a proposta prática e política de Lênin para a revolução mundial tenha sido derrotada, ... algo como a transformação que ele previu era, não obstante, necessário. A análise de Lenin da crise do imperialismo teve o mesmo poder e necessidade de análise de Maquiavel da crise da ordem medieval: a reação tinha de ser revolucionária. Esta é a alternativa implícita na obra de Lenin: *ou revolução comunista mundial ou Império*, e há uma profunda analogia entre as duas opções. (Hardt; Negri, 2001, p.254, grifo dos autores.)

Do ponto de vista das abordagens legitimadoras da nova realidade, o império representa o fim da história. Nesse sentido, os autores reconhecem as bases concretas que alimentam perspectivas como a de Fukuyama, para quem desapareceram definitivamente as alternativas para o capitalismo, eliminando-se as fontes de conflito originárias das forças externas ao sistema. Para Hardt e Negri, que se situam entre os críticos da ordem, o império representa um avanço em relação ao imperialismo assim como o capitalismo expressa um processo evolutivo sobre os modos de produção que o antecederam. De acordo com esses pressupostos, é realizado um esforço de caracterização dos atores que contribuem para a consolidação do poder imperial e das forças sociais capazes de apresentar uma alternativa anti-sistêmica.

Em relação à configuração do poder, os autores identificam uma estrutura piramidal composta por três camadas. A primeira inclui, na cúspide, os Estados Unidos, que se apresentam como detentores de legitimidade para o uso da força em "guerras justas" contra os inimigos da ordem, seguidos pelos países capitalistas avançados, cuja principal colaboração se dá no controle dos instrumentos comerciais e monetários globais, aos quais se soma um conjunto de organizações que consolidam a gestão e o controle militar e econômico. A segunda inclui as redes de empresas transnacionais, que organizam os mercados, e os Estados-nação, que "captam e distribuem os fluxos de riqueza de e para o poder global e disciplinam suas próprias populações tanto quanto possível" (Hardt; Negri, 2001, p.332). A terceira é composta pela "multidão", cuja representação busca ser conduzida, pelos detentores do poder, mediante duas instâncias: 1) os Estados-nação, expressão jurídica da vontade geral das populações de cada país; e 2) as organizações da chamada sociedade civil global, como a mídia, as instituições religiosas e as organizações não-governamentais, consideradas as mais importantes.

No campo da caracterização das forças anti-sistêmicas, dois aspectos são destacados por Hardt e Negri: 1) a concepção totalizante do império, cuja soberania abrange o centro e as margens, circunscrevendo o terreno das lutas ao interior do sistema, ampliando as potencialidades revolucionárias pela polarização crescente entre opressores e oprimidos; e 2) a transformação dos oprimidos em um novo proletariado, a multidão, que, diferentemente da classe operária industrial – sujeito revolucionário das fases anteriores do capitalismo – inclui todos os trabalhadores explorados direta ou indiretamente pelo capital.

Hardt e Negri consideram que as resistências ainda não apresentam alternativas políticas concretas ao império, pois há dificuldades de interlocução entre esses movimentos. Os autores apontam como desafio a necessidade que elas têm de "reconhecer um inimigo comum e inventar uma língua de luta comum" (Hardt; Negri, 2001, p.76).

Na perspectiva de indicar linhas de ação capazes de contribuir para a construção de um projeto anti-sistêmico, Hardt e Negri definem quatro demandas políticas radicais: 1) cidadania global, reconhecendo aos trabalhadores migrantes direitos plenos nos locais em que moram, da mesma forma que o capital reivindica, e geralmente obtém, a livre circulação e a livre localização; 2) salário social e renda básica garantidos a toda a população, homens e mulheres, empregados e desempregados; 3) direito a reapropriação, que significa "ter livre acesso a, e controle de, conhecimento, informação, comunicação e afetos" (Hardt; Negri, 2001, p.430.);[2] e 4) a capacidade de tornar-se sujeito, evento ainda imprevisível, e para o qual Hardt e Negri não têm modelo a oferecer, transferindo essa tarefa para a criatividade da multidão.

Com uma abordagem diferente da do império, que coloca em segundo plano as perspectivas orientadas pela lógica do Estado-nação, Arrighi e Silver centralizam sua análise do capitalismo atual no papel exercido pelos Estados Unidos, país que consideram em estado de crise sistêmica. Ao analisar os períodos das transições hegemônicas holandês-britânica e britânico-estadunidense, esses autores apontam para a existência de padrões comparáveis de crise e de reorganização marcados por "três processos distintos, mas estreitamente relacionados: a intensificação da concorrência interestatal e interempresarial; a escalada dos conflitos sociais; e o surgimento intersticial de novas configurações de poder" (Arrighi; Silver, 2001, p.39).

---

[2] Aqui, os autores retomam as noções de biopoder e biopolítica, de Michel Foucault, de sociedade do espetáculo, de Guy Debord, e de trabalho imaterial, que tem no próprio Negri um dos teóricos importantes. No capitalismo pós-fordista, o trabalho incorpora como elementos cada vez mais indispensáveis o intelecto, a informação, a comunicação e os afetos, ao mesmo tempo que as estruturas de dominação se tornam abarcadoras das diversas dimensões da vida. A integração da sociedade nessa rede de poder se dá por meio do espetáculo, "um aparato integrado e difuso de imagens e idéias que produz e regula o discurso e a opinião públicos" (Hardt; Negri, 2001, p.342). Nesse contexto, a reapropriação é parte da dimensão biopolítica das resistências contra o biopoder.

Apesar das especificidades de cada situação histórica, as três crises hegemônicas apresentam, como elemento comum, as expansões financeiras, o que permite ao país dominante acesso privilegiado aos recursos financeiros mundiais e contribui para adiar – temporariamente – o fim de sua liderança.

O atual contexto de expansão financeira centrada nos Estados Unidos tem algumas características peculiares: 1) a potência em declínio não tem concorrentes no campo militar, mas se tornou dependente, na administração de seu poder, de recursos financeiros provenientes de outros centros de acumulação de capital, em especial da Europa Ocidental e do Japão; 2) diferentemente das últimas décadas do século XIX em que os Estados-nação eram protagonistas fundamentais da internacionalização do capital, há diminuição de seu poder em detrimento do crescimento do setor privado transnacional; 3) ao comparar o índice de conflitos sociais, que se elevou durante os períodos das transições holandesa e britânica, especialmente os vinculados à luta antiescravista e ao movimento operário, os autores identificam perda conjuntural de poder dos movimentos sociais recentes. No entanto, os efeitos estruturais desagregadores da atual configuração global criam novas fontes de conflito para as quais não há capacidade de resposta adequada;[3] e 4) nas transições hegemônicas anteriores, a emergência de uma nova potência precipitou o desmoronamento do antigo poder: Inglaterra em relação à Holanda, Estados Unidos em relação à Inglaterra.

Embora Arrighi e Silver evidenciem a crescente expansão econômica do Leste da Ásia, isso não configura ameaça ao poderio militar

---

[3] Nesse tema, Arrighi e Silver assumem a mesma perspectiva de Immanuel Wallerstein, para quem "o capitalismo mundial, tal como instituído na atualidade, não tem como acolher o conjunto das demandas do Terceiro Mundo (de relativamente pouco por pessoa, mas para muitas pessoas) e da classe trabalhadora ocidental (para relativamente poucas pessoas, mas de muito por pessoa)" (Arrighi; Silver, 2001, p.294).

estadunidense. Essa situação impõe marca peculiar à atual mudança no sistema mundial, cujo desfecho poderá ser mais ou menos problemático dependendo da atitude dos Estados Unidos:

essa nação tem uma capacidade ainda maior do que teve a Grã-Bretanha, cem anos atrás, para converter sua hegemonia decrescente em uma dominação exploradora. Se o sistema vier a entrar em colapso, será sobretudo pela resistência norte-americana à adaptação e à conciliação. E, inversamente, a adaptação e a conciliação norte-americanas ao crescente poder econômico da região do Leste da Ásia é condição essencial para uma transição não catastrófica para uma nova ordem mundial. (Arrighi; Silver, 2001, p.298)

Para Arrighi, as respostas do governo dos Estados Unidos aos atentados de 11 de setembro de 2001 demonstram uma opção pela resistência à adaptação e à conciliação, configurando um quadro de dominação sem hegemonia que tende a acelerar o caos sistêmico. Diante desse cenário, o autor vislumbra duas possibilidades de ordenamento hegemônico: a primeira seria a reconstituição da aliança ocidental como império universal de caráter multilateral; a segunda, que considera mais provável, "uma sociedade de mercado mundial centrada no Leste Asiático" (Arrighi, 2005, p.60), na qual a China tenderia a representar, com os Estados Unidos, o papel de locomotiva global.

A posição militarista assumida pelos Estados Unidos estaria pondo obstáculos ao processo de transição hegemônica. Na perspectiva de Arrighi, a possibilidade de instalação de um caos sistêmico reforça a importância dos movimentos sociais como fator de prevenção de uma escalada de violência, o que contribui para a pacificação do processo de mudança. Os protestos contra a Guerra do Iraque, que mobilizaram multidões em uma dimensão inédita pelo tamanho e pela abrangência geográfica, são o exemplo.

Sem rejeitar completamente as teses de Arrighi e Silver, Ana Esther Ceceña afirma que "a hegemonia estadunidense está em decadência ao mesmo tempo em que se encontra mais forte e consolidada do que nunca antes na história" (Ceceña, 2002, p.181). Em apoio a essa afirmação, aparentemente contraditória, Ceceña destaca os fatores que sustentam e comprometem a manutenção da posição hegemônica. Paralelamente à supremacia militar apontada por Arrighi e Silver, adquirem relevância as dimensões econômica e cultural.

No plano econômico, verifica-se a ...
Superioridade tecnológica em quase todos os campos estratégicos da concorrência ...; superioridade no controle de fontes naturais de recursos estratégicos; rede produtiva de maior amplitude e densidade no mundo; manejo do mercado de trabalho mais diverso do ponto de vista cultural, geográfico e de níveis e tipos de conhecimento; capacidade de controle dos mecanismos de organização econômica mundial, tais como políticas gerais (BM, OMC e outros), dívida (FMI, FED e outros), protocolos de regulamentação, etc. (Ceceña, 2002, p.168-9)

No âmbito cultural, reconhece a ...

Capacidade para generalizar, ainda que com contradições, um paradigma cultural correspondente ao *american way of life* – e ao que este significa traduzido a outras situações e culturas – que coincide com a homogeneização de mercados, a estandardização da produção e a uniformização das visões sobre o mundo. (Ceceña, 2002, p.169)

No interior do governo de George W. Bush consolidam-se as posições favoráveis ao aprofundamento da hegemonia, conduzindo a um intervencionismo que incorpora, em seu discurso, as três dimen-

O PODER ESTADUNIDENSE 23

sões apontadas por Ceceña – as invasões do Afeganistão e do Iraque, anunciadas como resposta militar às novas ameaças terroristas, ocorreram em países situados em uma área geográfica estratégica em termos de acesso a reservas petrolíferas e governados por regimes políticos emblemáticos da oposição ao "modo de vida ocidental".

Em relação aos fatores limitantes da hegemonia, a autora concorda com Arrighi e Silver na caracterização dos impasses sociais gerados pelo sistema, não deixando aos setores populares alternativa fora de sua negação. "Um sistema sem opções, sem saídas, sem soluções para as imensas maiorias negadas que não tem maneira de se sustentar e cria, como dizia Marx, as condições da sua autodestruição" (Ceceña, 2002, p.182).

Choque de civilizações: uma ideologia nacional

A extinção da União Soviética, além de ter o significado político mais evidente da derrota diante dos Estados Unidos, estimulou importantes debates no interior do *establishment* vinculado à política externa estadunidense. Para alguns autores, a vitória dos Estados Unidos não representou apenas o fim de um período caracterizado pela bipolaridade nas relações internacionais, mas o reconhecimento inquestionável da superioridade do Ocidente e da sua grande realização histórica, o *Capitalismo Democrático e Liberal*.

Nas controvérsias políticas e ideológicas sobre a caracterização da ordem mundial pós-Guerra Fria, ganham destaque análises culturalistas que comparam as trajetórias de sucesso e insucesso de países, regiões e grupos étnicos na longa e sinuosa caminhada rumo à universalização do modo de vida ocidental. Dessa perspectiva, a evolução do desenvolvimento mundial nos últimos dois séculos está associada a uma disputa permanente entre o capitalismo liberal e diversas variantes de estatismos (fascismos, militarismos, populismos, comunismos).

Essa disputa se define na segunda metade do século XX, desde a consolidação de três tendências: 1) com a derrota do nazi-fascismo, as potências capitalistas assumem a democracia representativa como forma de governo; 2) com o fim da Guerra Fria, encerra-se a etapa de conflitos sistêmicos com Estados não-capitalistas; e 3) a globalização da economia acentua a expansão do mercado em detrimento do Estado, inclusive nos países governados por partidos comunistas.

Configurada a vitória, a caracterização dos lineamentos fundamentais do modo de vida vencedor passa a assumir maior destaque, transformando-se em modelo de emulação.

O reconhecimento de que a hegemonia dos Estados Unidos se tornou realidade inconteste no ordenamento mundial abre espaço para um processo de debates que tem como eixos a caracterização da nova etapa e a formulação de uma estratégia internacional adequada. A substituição do paradigma da Guerra Fria nas relações exteriores do país requer uma redefinição de interesses nacionais, desafios e ameaças a enfrentar.

De uma perspectiva conservadora, Samuel Huntington chama a atenção para as conseqüências negativas do unilateralismo da política externa estadunidense do pós-Guerra Fria. Diferentemente de Arrighi e Silver, que situam na história do capitalismo as referências do que consideram uma crise da atual potência hegemônica, Huntington preocupa-se com os fatores que podem corroer a continuidade da civilização ocidental[4] e, conseqüentemente, dos Estados Unidos como nação.

---

[4] Huntington define civilização como "o mais alto agrupamento cultural de pessoas e o mais amplo nível de identidade cultural que as pessoas têm

A caracterização de Huntington da ordem em configuração destaca quatro aspectos: 1) a derrota do principal inimigo do capitalismo, promotor de um sistema econômico que questionava a propriedade privada dos meios de produção; 2) a disseminação global da lógica do mercado; 3) o controle das instituições econômicas multilaterais – Fundo Monetário Internacional (FMI), Banco Mundial, Organização Mundial do Comércio (OMC) – pelos países do capitalismo avançado; e 4) a conquista da superioridade militar por parte da Organização do Tratado do Atlântico Norte (Otan).

Nesse contexto, o autor considera que as principais fontes de conflito não serão políticas, ideológicas nem econômicas, mas virão das linhas que separam as diversas civilizações: ocidental, confuciana, japonesa, islâmica, hindu, eslava ortodoxa, latino-americana e africana.

Da perspectiva de Huntington, a noção de que a derrota do inimigo soviético elimina o último obstáculo ao avanço triunfal da democracia liberal, do capitalismo de mercado e dos valores da civilização ocidental é questionável. Colocando-se na contramão das posições ufanistas, ele explicita sua oposição à tese do fim da história, destacando os genocídios que emergem após a queda do Muro de Berlim, de freqüência mais comum do que em qualquer período da Guerra Fria: "O paradigma de um só mundo harmônico está clara-

---

daquilo que distingue os seres humanos das demais espécies. Ela é definida por elementos objetivos comuns, tais como língua, história, religião, costumes, instituições e pela auto-identificação subjetiva das pessoas" (Huntington, 1997a, p.47-8). Em relação ao Ocidente, ele enumera oito características que, embora presentes em outras civilizações, seriam predominantes: o legado de Grécia e Roma; catolicismo e protestantismo; idiomas europeus que surgem das línguas latinas e germânicas, com destaque para o francês e o inglês; separação da autoridade espiritual e temporal; império da lei; pluralismo social; corpos representativos, como assembléias, parlamentos; individualismo que se traduz em direitos e liberdades (Huntington, 1997a, p.83-6).

mente divorciado demais da realidade para ser um guia útil no mundo pós-Guerra Fria" (Huntington, 1997a, p.33).

Em uma ordem mundial em que as principais fontes de conflito são de origem cultural, a afirmação de identidades adquire especial relevância, implicando desdobramentos específicos na definição do interesse nacional. Referindo-se aos Estados Unidos, Huntington destaca a necessidade de se estabelecer um consenso sobre as bases constitutivas da cultura do país antes de definir quais são os interesses dele. No entanto, como o próprio autor reconhece, "nós só sabemos quem somos quando sabemos quem não somos e, muitas vezes, quando sabemos contra quem estamos" (Huntington, 1997a, p.20).

Com o fim da Guerra Fria, desaparece o "outro" que encarnava a negação do modo de vida norte-americano e justificava a necessidade de uma posição nacional coesa e militante. As transformações demográficas, com novas ondas migratórias predominantemente de população de origem hispânica, influenciam mudanças raciais, religiosas e étnicas que podem pôr obstáculos à tradicional capacidade do país de assimilar outras culturas. Nessa perspectiva, a afirmação da identidade requer nova demarcação das fronteiras em relação aos outros.

Essa tarefa tem dimensões internacionais e domésticas. O mundo das civilizações é um campo de muitas incertezas, no qual a ação dos atores responde a diversos tipos de racionalidades, muito mais complexas que a lógica bipolar da Guerra Fria. Conhecer a si mesmo e aos outros exige cautela.

Na política externa, Huntington recomenda uma conduta não intervencionista. Os Estados Unidos devem reconhecer os espaços civilizacionais e seus respectivos Estados-núcleo, evitando o envolvimento nos conflitos internos de outras civilizações. Ao analisar a inserção internacional dos Estados Unidos após o fim da Guerra Fria, ele identifica três etapas: 1) um breve momento unipolar, tipificado na ação unilateral na Guerra do Golfo; 2) um sistema unimultipolar em andamento, que prepara a transição para uma; e 3) etapa multipolar. No contexto atual, o autor percebe uma contradição entre o sistema unimultipolar e a política externa adotada a partir do governo Clinton, que mantém características típicas da unipolaridade, em uma atitude imperialista que provoca a insatisfação dos aliados tradicionais e estimula a solidariedade entre os adversários. Essa política se expressa em ações bastante evidentes como:

> pressionar outros países a adotar valores e práticas estadunidenses no que diz respeito aos direitos humanos e à democracia; evitar que outros países adquiram capacidade militar que possa constituir um desafio à superioridade de seu arsenal de armas convencionais; impor o cumprimento de suas próprias leis fora de seu território a outras sociedades; atribuir classificações aos países de acordo com seu grau de aceitação aos padrões estadunidenses no que concerne a direitos humanos, drogas, terrorismo, proliferação de armas nucleares e de mísseis ou, mais recentemente, liberdade de religião; aplicar sanções aos países que não atendam tais padrões; promover os interesses empresariais norte-americanos sob a bandeira do livre comércio e da abertura de mercados; influenciar as políticas do Banco Mundial e do Fundo Monetário Internacional segundo esses mesmos interesses corporativos; intervir em conflitos locais de pouco interesse direto para o país; impor a outros países a adoção de políticas econômicas e sociais que beneficiarão os interesses econômicos norte-americanos; promover a venda de armas para o exterior ao mesmo tempo procurando evitar vendas de natureza semelhante por parte de outros países. (Huntington, 2000, p.15)

Em relação ao contexto posterior ao 11 de setembro e ao debate sobre as posições que deverão ser assumidas na defesa dos interesses nacionais do país, Huntington sistematiza três abordagens diferentes: 1) cosmopolita, que envolveria a renovação das concepções favoráveis à abertura ao mundo prévias ao ataque terrorista; 2) imperial, vinculada aos setores neoconservadores presentes no governo Bush, que defendem a estruturação do mundo à imagem e semelhança do *american way of life*; e 3) nacional, próxima de sua própria perspectiva, que busca preservar e enaltecer os valores, os princípios e as qualidades que estariam presentes nas origens da construção da nação.

O cosmopolitismo e o imperialismo procuram reduzir ou eliminar as diferenças sociais, políticas e culturais entre a América e as outras sociedades. Uma abordagem nacional reconheceria e aceitaria aquilo que distingue a América de outras sociedades. A América não pode pretender ser o mundo e continuar sendo América. Outras pessoas não podem querer se converter em americanos e continuar sendo eles mesmos. A América é diferente, e essa diferença é em grande parte definida pela sua cultura anglo-protestante e a sua religiosidade. (Huntington, 2004, p.364-5)

Essa perspectiva leva o autor a assumir um tom de forte preocupação com fatores domésticos que considera ameaçadores da identidade nacional, focalizando dois desafios principais: 1) a atitude de intelectuais e movimentos sociais que, em nome do multiculturalismo, atacam a filiação dos Estados Unidos ao Ocidente e defendem programas de cotas no acesso ao emprego e à educação, apoiados em critérios que favorecem grupos que se consideram historicamente discriminados pela elite branca, anglo-saxônica e protestante (WASP); e 2) os danos que estariam associados ao crescente aumento da presença hispânica no país.

Seja por causa de sua expansão demográfica, maior que a de outros grupos étnicos nacionais, seja devido à difusão de valores e atitudes que rejeitam supostos pilares básicos da sociedade anglo-protestante, especialmente o inglês como língua comum e a valorização da educação e do trabalho duro como condutas que levam à riqueza material, Huntington conclui que o crescimento da população latino-americana, em especial mexicana, tende a se converter em um das ameaças à continuidade cultural dos Estados Unidos como nação.

> A continuidade de altos níveis de imigração mexicana e hispânica somada aos baixos índices de assimilação desses imigrantes à sociedade e à cultura americanas poderiam eventualmente transformar a América num país de dois idiomas, duas culturas e dois povos ... Existe apenas o sonho americano criado por uma sociedade Anglo-Protestante. Os mexicano-americanos compartirão esse sonho e essa sociedade somente se sonharem em inglês. (Huntington, 2004, p.256)

A enorme repercussão das teses de Huntington não esteve isenta de controvérsias, especialmente em relação a seus desdobramentos na política exterior dos Estados Unidos. Destacaremos duas linhas de crítica que consideramos representativas dos principais questionamentos: 1) a ausência de rigor nos conceitos e na tipificação das características classificatórias das civilizações; e 2) a adoção de um culturalismo com nítidas conotações ideológicas, a serviço de interesses dominantes.

Para Jeane Kirkpatrick, do American Enterprise Institute (AEI):[5]

---

[5] Durante a administração de Ronald Reagan, Kirkpatrick ocupou o cargo de representante dos Estados Unidos nas Nações Unidas. O American Enterprise Institute, fundado em 1943, é um dos principais centros de referência do pensamento conservador. Importantes quadros do governo de George W. Bush, como o vice-presidente Dick Cheney, o ex-subsecretário para Controle de Armas e Segurança Internacional do Departamento de Estado e atual embaixador nas Nações Unidas John Bolton e o ex-subsecretário do Departamento de Estado para o Hemisfério Ocidental Roger Noriega têm vínculos com a instituição.

Se uma civilização se define por elementos objetivos comuns como língua, história, religião, costumes e instituições e, subjetivamente, por identificação, e se é a mais ampla coletividade com a qual os indivíduos se identificam profundamente, por que distinguir a civilização "latino-americana" da civilização "ocidental"? Como a América do Norte, a América Latina é um continente colonizado por europeus que trouxeram com eles línguas européias e uma versão européia da religião judaico-cristã, das leis, da literatura e dos papéis sexuais ... E o que é a Rússia, senão ocidental? As designações leste-oeste da Guerra Fria faziam sentido em contexto europeu, mas em contexto global os povos eslavos ortodoxos são europeus que compartilham a cultura européia. A teologia e a liturgia ortodoxas, o leninismo e Tolstoi são expressões da cultura ocidental. (Kirkpatrick, 1994, p.155-6)

Para Kirkpatrick, as diferenças entre civilizações não são fator central de conflito, inclusive as existentes no interior destas, confrontando principalmente extremismos totalitários e defensores da modernização e do império da lei.

Na mesma linha de questionamento, embora adotando perspectiva crítica da tradição imperialista ocidental, Shahid Alam[6] coloca em dúvida a validade empírica dos critérios de diferenciação das oito civilizações destacadas por Huntington em termos de normas, valores, instituições e modos de pensar. Para ele, "não há lugar na taxonomia de Huntington para Tailândia, Camboja, Laos, Miamar, Sri Lanka ou Tibet" (Alam, 2002).

---

[6] Shahid Alam, professor de economia da Northeasten University, tem-se destacado nos Estados Unidos como um dos intelectuais que se posicionam abertamente a favor da Jihad islâmica, estabelecendo paralelos entre os seus militantes e os pais fundadores dos Estados Unidos, colocando-os em plano de igualdade, como lutadores pela liberdade contra seus opressores.

Para Alam, essa caracterização, com a única exceção da civilização islâmica, aproxima-se das noções ocidentais de "raça":

> O Ocidente com o Germânico, o Ortodoxo com o Eslavo, o Latino-americano com o Mestiço (embora suas elites sejam quase que inteiramente brancas), o Chinês e o Japonês com a "raça amarela", o Índio com o Caucásico escuro, e o Africano com o Negro. (Alam, 2002).

Alam lembra-nos da forte identificação entre Estados e civilizações nos casos do Japão, da Índia e da China, avançando no questionamento da validade empírica da abordagem de Huntington. Em relação aos Estados Unidos e à Rússia, destacam sua participação com um terço e a metade da população de suas respectivas civilizações.

Com base nessa análise, o autor conclui que o *Choque de civilizações*, de Huntington, está mais para ideologia que para ciência, por expressar interesses dominantes:

> Nossa capacidade para acreditar em narrativas, incluindo aquelas absolutamente ridículas, depende de como estas servem os nossos interesses individuais e coletivos. Muitas das histórias que os cientistas sociais tecem sobre raça, cultura, desenvolvimento econômico, livre mercado e livre comércio, enquanto sejam vistas nas suas cores verdadeiras, são inverossímeis, inclusive grotescas. Mas ao servir interesses poderosos, garantem sua sobrevivência. (Alam, 2002)

Adotando a mesma perspectiva de associação entre culturalismo e ideologia, Fredric Jameson e Edward Said apontam para outros desdobramentos importantes da abordagem de Huntington. O enaltecimento das virtudes da "civilização ocidental" em detrimento do "resto" influencia posições isolacionistas na política externa dos Estados Unidos e fornece argumentos às interpretações maniqueístas dos conflitos pós-Guerra Fria. O principal exemplo seriam as associações entre terrorismo e islamismo que orientam boa parte das abordagens dos atentados de 11 de setembro. Para Jameson:

> Samuel Huntington surge – talvez pelas piores razões – como um opositor inflamado das pretensões ao universalismo dos Estados Unidos ... Em parte isso é devido ao fato de que Huntington é uma nova espécie de isolacionista e, também, porque ele acredita que o que podemos considerar valores ocidentais universais, aplicáveis em toda parte – a democracia eleitoral, o império da lei, os direitos humanos – não estão enraizados em nenhuma natureza humana eterna, mas são, de fato, valores específicos de uma cultura, a expressão de uma constelação particular e específica de valores – os valores americanos – entre outras coisas. (Jameson, 2001, p.30)

Jameson chama a atenção para a ausência, nas críticas de Huntington à globalização, da dimensão econômica e para a ênfase, basicamente, aos aspectos diplomáticos e militares. Dessa perspectiva, o viés culturalista tende a ocultar o significado fundamental da dinâmica capitalista no processo de universalização do *american way of life*.

No que se refere às repercussões da abordagem de Huntington após o 11 de setembro, Said destaca a materialização de suas idéias em argumentos políticos que enaltecem a superioridade ocidental e justificam sua hegemonia:

> O paradigma básico do Ocidente contra o resto (a oposição da Guerra Fria reformulada) continua intacto, e isto é o que tem persistido, freqüentemente de forma insidiosa e implícita, nas discussões posteriores aos terríveis acontecimentos do 11 de setembro ... Em vez de vê-los tal qual são – a apreensão de grandes idéias ... para propósitos criminosos por um minúsculo bando de fanáticos enlouquecidos –, personalidades internacionais como a ex-primeira-

ministra paquistanesa Benazir Bhutto e o primeiro-ministro italiano Silvio Berlusconi têm insistido sobre as dificuldades do Islã e, no caso deste último, utilizou as idéias de Huntington para declamar sua retórica sobre a superioridade do Ocidente. (Said, 2001)

As teses sobre a "ameaça hispânica" receberam duras críticas, sobretudo de intelectuais latino-americanos, que denunciaram componentes racistas e fascistas. De acordo com Carlos Fuentes, o desafio construído por Huntington atualiza um ideário de uma elite branca, anglo-saxônica e protestante que historicamente reivindicou a pureza e o predomínio no interior dos Estados Unidos, manifesto em frases como: "o melhor índio é o índio morto"; "o melhor negro é o negro escravo"; "a ameaça amarela"; "a ameaça vermelha" e, agora, "a ameaça marrom".

Nesse mundo em cores de culturas em conflito, Fuentes inverte as hierarquias: "nós somos ganhadores, não perdedores. O perdedor é Huntington, isolado na sua terra imaginária de pureza racial de anglo-falantes, brancos e protestantes" (Fuentes, 2004).

Sem desconsiderar a validade desses questionamentos, se avaliada à luz de sua intencionalidade explícita de defesa dos interesses nacionais dos Estados Unidos, a análise de Huntington apresenta uma racionalidade estratégica de longo alcance que nos parece relevante.

Para o autor, a derrota da União Soviética colocou o Ocidente em uma situação de inquestionável supremacia global. Na ausência de uma superpotência inimiga do sistema, os apoios incondicionais e a noção de "guardião do mundo livre" perderam o significado. Os temas mundiais ganham outra dimensão. Perdas e danos na concorrência por mercados, ou situações de desequilíbrio político geradoras de conflitos regionais, deixam de ser vistos com lentes ideológicas. Nesse contexto, assumir perspectivas missionárias pode levar a última superpotência a um processo de isolamento. A administração da hegemonia exige um cuidadoso trabalho de geração de novas alianças e tratamento negociado das divergências, buscando amenizar ou, no melhor dos casos, eliminar o caráter antagônico das contradições, o que torna contraproducentes as atitudes arrogantes e intervencionistas. Na raiz de seu culturalismo, está a crescente preocupação com novas fontes de conflito que, embora não ponham em xeque o sistema, podem afetar a governabilidade. Para Huntington, após as vitórias da Guerra Fria, não haveria nada decisivo a ser conquistado. Em uma perspectiva histórica de longa duração, o novo desafio é evitar o destino da república romana.[7]

Nesse sentido, há uma diferença substancial em relação à análise de Arrighi e Silver, que situa na história do capitalismo as referências atuais do que consideram uma crise da hegemonia estadunidense. A principal preocupação de Huntington não é com as ameaças externas. O grande dilema é a continuidade dos fundamentos culturais que puseram a civilização ocidental, e os Estados Unidos, na liderança do mundo. Uma vez atingido o ápice dessa trajetória, como evitar os sinais de declínio presentes em alguns valores e comportamentos que tendem a minar a identidade nacional?

No âmbito internacional, a crescente ampliação do abismo entre a riqueza e a pobreza, uma das tendências da atual realidade mundial sobre a qual há bastante consenso, indica que a prosperidade anunciada pela vitória do capitalismo liberal não é irrestrita. Dessa pers-

---

[7] Conforme destaca artigo da *Foreign Affairs*, "dadas as forças domésticas em favor da heterogeneidade, diversidade, multiculturalismo e divisões raciais e étnicas, os Estados Unidos, mais do que a maioria dos países, talvez necessitem de um outro a quem se opor para que consigam se manter unidos. Dois milênios atrás, em 84 a.C., quando os romanos completaram a conquista do mundo conhecido derrotando os exércitos de Mitridates, Sula colocou a mesma questão: 'Agora que o universo não nos proporciona mais nenhum inimigo, qual será o destino da República?'. A resposta veio logo em seguida, com o colapso da república poucos anos depois" (Huntington, 1997b, p.13).

pectiva, qual o sentido de estimular expectativas sobre a inevitável disseminação global do *american way of life*?

Diferentemente de Hardt e Negri, Huntington não deixa dúvidas sobre o caráter imperialista da ação integrada envolvendo o Estado, o setor privado e os organismos multilaterais. A imposição de modelos econômicos, que em nome da liberdade de mercado promovem a maximização dos lucros das empresas estadunidenses no exterior, pode ter conseqüências danosas nos países e em regiões com menor capacidade de adaptação à competição global, acentuando as disparidades entre ricos e pobres e contribuindo para inflamar sentimentos fundamentalistas.

É com base nesses pressupostos que ele critica explicitamente a abordagem do "fim da história", típica da tradição imperialista do Ocidente, que prescreve ao restante do mundo modos universais de convívio humano. Se essa perspectiva foi válida no passado, ajudando a promover a expansão européia, deixou de ser aconselhável. No plano internacional, pelas conseqüências já mencionadas, internamente, porque estimula um clima intelectual propício à acomodação no desfrute da vitória e à perda de vigilância em relação aos inimigos.

Unilateralismo/multilateralismo: a "doutrina Bush"

Os conservadores criticaram as políticas incoerentes da administração de Clinton. Resistiram também aos impulsos do isolacionismo dentro das suas próprias posições. Mas os conservadores não avançaram de forma confiável uma visão estratégica do papel da América no mundo. Não determinaram princípios para guiar a política externa americana. Permitiram que as diferenças sobre táticas obscureçam o acordo potencial sobre objetivos estratégicos. E não lutaram por um orçamento da defesa que mantivesse a segurança americana e avançasse os interesses americanos no novo século. Nós pretendemos mudar isso. Nós pretendemos dar argumentos e sustentação para a liderança global americana. (Project for the New American Century)[8]

Na era das armas nucleares, é difícil imaginar a emergência de novas superpotências como resultado da derrocada militar das antigas. Como mostra a experiência da ex-União Soviética, a implosão pode resultar da incapacidade do sistema de responder às pressões originárias de um cenário internacional cuja dinâmica se torna incompatível com a manutenção da ordem vigente.

A Rússia apresenta-se como o elo fraco das crises que inauguraram e fecharam o curto século XX conforme a delimitação apresentada na obra de Hobsbawn (1995). A revolução vitoriosa de 1917 gerou um modelo de desenvolvimento que transformou o país em protagonista central das relações internacionais, cabendo a ele papel de destaque na vitória dos Aliados na Segunda Guerra Mundial e compartilhar com os Estados Unidos o *status* de superpotência nas décadas da Guerra Fria. No entanto, a Rússia sucumbiu diante dos desafios da radicalização de antagonismos promovida pelo governo Reagan. Os crescentes esforços econômicos exigidos pela manutenção do equilíbrio de poder minaram a capacidade de sustentação do sistema, em um contexto em que os rápidos avanços no campo tecnológico aprofundam as disparidades entre os países que lideram o processo de inovação, marcadamente as potências capitalistas, e aqueles como a antiga URSS, cujo crescimento permanece

---

[8] Extraído da declaração de princípios da instituição, apresentada em 1997, que contou com a assinatura de intelectuais conservadores, como Norman Podhoretz e Francis Fukuyama, e de figuras que terão forte protagonismo na administração de George W. Bush, como Elliott Abrams, Jeb Bush, Dick Cheney, Paula Dobriansky, Zalmay Khalilzad, Lewis Libby, Donald Rumsfeld e Paul Wolfowitz. (http://www.newamericancentury.org/statementofprinciples.htm)

fortemente dependente da disponibilidade de mão-de-obra e de recursos naturais.

O Quadro 1.1 mostra as disparidades entre as porcentagens do Produto Nacional Bruto (PNB) destinadas a despesas militares pela URSS e os demais membros permanentes do Conselho de Segurança da ONU nos anos finais da Guerra Fria.

Quadro 1.1 Relação entre despesas militares e PNB dos membros permanentes do Conselho de Segurança da ONU (1988-1990)

	1988	1989	1990
China	2,7	2,7	2,7
França	3,7	3,6	3,5
Inglaterra	4,1	4,1	3,9
EUA	5,7	5,5	5,3
URSS	15,8	14,2	12,3

Fonte: PNB em dólares de acordo com a paridade do poder de compra. (Lal, 2004, p.71)

No caso dos Estados Unidos, é possível caracterizá-los, na perspectiva de Arrighi e Silver, como o atual elo fraco da cadeia imperialista? Como bem mostra Ceceña, a hegemonia do país não se dá apenas no campo militar, mas também nos campos econômico e cultural.

Da nossa perspectiva, o unilateralismo da política externa de George W. Bush não é uma resposta improvisada aos atentados de 11 de setembro, mas uma marca característica da sua gestão. Desde a posse, redefine a posição do país diante de importantes tratados internacionais, sinalizando várias diferenças em relação à administração anterior, como as decisões contrárias à ratificação do Protocolo de Kyoto, à criação do Tribunal Penal Internacional (TPI) e à proposta de revisão do Tratado Antimísseis Balísticos (AMB). Os atentados contribuem para consolidar no interior do *establishment* as posições favoráveis à entronização dos Estados Unidos como principal responsável pela vigilância e pela punição dos inimigos da ordem, já não como guardiões do "mundo livre", mas como protetores das fronteiras que separam a "civilização" da "barbárie".

A despeito do apoio internacional recebido pelo país no ataque ao Afeganistão, a rápida vitória militar contribuiu para fortalecer o unilateralismo. O resultado foi a formulação de uma nova doutrina na orientação da política externa, cujo alvo imediato passou a ser o regime iraquiano de Sadham Hussein.

Conforme explicita o documento *A estratégia de segurança nacional dos EUA*, dado a conhecer pela Casa Branca no mês de setembro de 2002, a contenção e a dissuasão, que nortearam as relações exteriores nas décadas da Guerra Fria, perdem centralidade para a preempção e a prevenção, o que justifica ataques a Estados e organizações suspeitos de planejar atos hostis contra o país e seus aliados.

> Na Guerra Fria, especialmente no contexto da crise dos mísseis cubanos, nós geralmente enfrentamos um *status quo*, um adversário com aversão ao risco. A contenção era uma defesa eficaz. Mas a contenção baseada somente na ameaça da retaliação tem menos probabilidade de funcionar contra líderes de Estados fora-da-lei com maior disposição para assumirem riscos, jogando com as vidas de seus povos, e a riqueza de suas nações. Para prevenir ou impedir tais atos hostis por parte dos nossos adversários, os Estados Unidos, se necessário, atuarão preventivamente. (NSC, 2002, p.15)

A nova posição está avivada pela exaltação das virtudes de um modo de vida que se pretende universal: "Os grandes conflitos do século XX, travados entre a liberdade e o totalitarismo, terminaram com a vitória decisiva das forças da liberdade – e com um único modelo sustentável para o êxito de uma nação: liberdade, democracia e livre iniciativa" (NSC, 2002, p.1).

A opção pelo unilateralismo, apresentado como custo inevitável do combate às novas formas de terrorismo, recebe críticas de funcionários da administração anterior que se posicionam em favor de uma concepção multilateral das relações internacionais. De acordo com Joseph Nye, secretário-adjunto da Defesa no governo Clinton, o unilateralismo estaria solapando as bases do poder brando do país, pautado pela atração exercida por seus valores, suas instituições e sua ideologia, levando a uma exacerbação pouco inteligente do poder duro, associado à capacidade de induzir determinados comportamentos.[9]

Na era informacional,[10] a distribuição global do poder entre as nações não pode ser reduzida ao plano militar. Nye identifica três dimensões: no topo, o militar, que é nitidamente unipolar, no meio, uma economia em que vários pólos disputam o jogo e os Estados

---

[9] De acordo com Nye: "Nós sabemos que as forças armadas e a economia podem freqüentemente fazer os outros mudar suas posições. O poder duro pode descansar em incentivos ('cenouras') ou em ameaças ('porretes') ... Um país pode obter os resultados que deseja na política externa quando outros países –admirando seus valores, emulando seu exemplo, aspirando ao seu nível de prosperidade e de abertura – querem segui-lo ... Este poder brando – levando os outros a desejar os resultados que você quer – coopta as pessoas, o que é melhor do que a coerção" (Nye, 2004, p.5).

[10] As referências à era informacional apóiam-se nos estudos de Manuel Castells, que remetem ao modo de desenvolvimento característico da atual fase do capitalismo, em que a disseminação de redes integra o mundo numa "unidade em tempo real, em escala planetária ... com base na nova infra-estrutura propiciada pelas tecnologias de informação e comunicação" (Castells, 1999a, p.111).

Unidos vêem limitada sua hegemonia diante de atores do porte da União Européia, e na base, relações de caráter transnacional, nas quais "o poder está disperso de forma caótica e não tem sentido utilizar termos tradicionais como 'unipolaridade', 'hegemonia', ou 'império americano'" (Nye, 2004, p.137). Se o governo dos Estados Unidos concentrar sua estratégia em um jogo unilateral basicamente direcionado à dimensão militar, descuidará das duas dimensões em que o poder tende a se diluir em uma gama ampla de atores. De uma perspectiva global, essa atitude pode redundar em perda crescente de influência. Para ele:

> A administração de Bush identificou corretamente a natureza dos novos desafios que enfrenta a nação e reorientou conseqüentemente a estratégia americana. Mas tanto a administração como o Congresso e a população se dividiram entre diversas abordagens sobre a posta em prática da nova estratégia. O resultado tem sido uma mistura de êxitos e falhas. Estamos tendo mais sucesso no domínio do poder duro, em que investimos mais, treinamos mais, e temos uma idéia clara do que estamos fazendo. Temos acertado menos nas áreas do poder brando, em que a nossa diplomacia pública tem sido preocupantemente inadequada e a nossa negligência com os aliados e instituições têm criado um sentimento de ilegitimidade que já desgasta nosso poder de atração. (Nye, 2004, p.146-7)

Nancy Soderberg, funcionária do Conselho de Segurança Nacional durante o primeiro mandato de Clinton, nomeada posteriormente embaixadora dos Estados Unidos nas Nações Unidas, assume posição mais crítica. O 11 de setembro teria contribuído para consolidar a vitória do grupo hegemonista na condução da política externa, representado pelo vice-presidente Dick Cheney, o secretário da Defesa Donald Rumsfeld e seu então secretário-adjunto, Paul Wolfowitz, sobre o grupo realista, cujo principal expoente é o secretário de Estado Colin Powell. Como resultado, George W. Bush termina envolvido pelo mito da única superpotência que enfrenta sozinha o desafio terrorista:

com coalizões de países de opinião coincidente, em lugar de trabalhar com alianças, corpos e normas internacionais, aceitando os compromissos como um custo necessário, porém controlável. A força seria o primeiro recurso, não o último; a diplomacia seria um tema de conveniência, não de necessidade. (Soderberg, 2005, p.25-6)

Esse caminho teria conduzido os Estados Unidos a uma ruptura com o espírito das políticas levadas a cabo pelo governo anterior, que buscou redefinir a inserção internacional do país, combatendo "dois mitos arraigados: o do isolacionismo, por um lado, e o dos Estados Unidos como polícia do mundo, por outro" (Soderberg, 2005, p.22).

No prólogo ao livro de Soderberg, Bill Clinton assume a defesa de suas políticas, estabelecendo um contraste com as tendências posteriores ao retorno dos republicanos ao governo, especialmente em relação ao significado estratégico de se assumir certos compromissos internacionais cujo pressuposto é a consciência da excepcionalidade do momento unipolar.

Nossa filosofia era cooperar sempre que pudéssemos e atuar sozinhos quando fosse necessário. Deste modo, realizamos ações acordadas com aliados, nos associamos com a Otan para atacar as forças sérvias na Bósnia e em Kósovo e estabelecemos novas redes de comércio e protocolos de segurança. Por outro lado, atuamos sozinhos quando atacamos a Al Qaeda no Afeganistão e no Sudão, proporcionamos ajuda financeira ao México e à Rússia, ou abrimos os mercados para os países africanos.

Acreditamos que os Estados Unidos deviam atuar de modo tal que servisse aos próprios interesses, não só na atualidade, senão também num futuro no qual não fôssemos a única superpotência econômica, política e militar. Portanto, trabalhar com outros países em tratados como o Acordo de Kyoto ou com as Nações Unidas e organizações similares beneficiaria com o tempo a nosso país, ainda que tivéssemos que lidar com as frustrações que essa cooperação envolveria de modo inevitável. (Soderberg, 2005, p.12)

A lógica da política do governo Bush foi bem sintetizada por Paul Wolfowitz, para quem os Estados Unidos estariam exercendo um papel de liderança no resguardo de interesses que envolvem a comunidade internacional, combatendo os países hostis que fomentam o terrorismo.

Para nós, poder militar é muito mais um meio de defesa. A grande força dos EUA não é seu poderio militar, mas seu poder econômico. E mais potente ainda é nossa força política – aquilo que significamos. No mundo todo, mesmo em países cujos regimes nos odeiam, o povo admira o nosso sistema... Claro que há diferença de interesses entre países, mas por causa do modo como definimos nossos interesses existe uma compatibilidade natural de interesses entre os EUA e os outros países. (Gardels, 2002, p.A-25)

De acordo com Wolfowitz, não há unilateralismo, mas exercício legítimo do poder por parte de um Estado que utiliza sua força em nome do interesse geral. Para ele, o poderio militar estadunidense "é uma espécie de cerca protetora em torno da liberdade. Permite-nos fixar certas fronteiras; não admite que exércitos numerosos atravessem fronteiras" (Gardels, 2002, p.A-25).

Para Henry Kissinger, secretário de Estado no segundo mandato de Nixon, a definição de um eixo de países que servem de santuário ao terrorismo, transformados em alvo potencial de ações militares, marca a originalidade do objetivo estratégico dos Estados Unidos:

Os terroristas são implacáveis, mas não numerosos. Não controlam qualquer território de forma permanente. Se as suas atividades forem perturbadas pelas forças de segurança e órgãos administrativos de todas as suas vítimas potenciais – se nenhum país lhes der abrigo –, tornar-se-ão foras-da-lei, crescentemente forçados a lutar pela sua própria sobrevivência. Se procurarem apropriar-se de parte de um país, tal como aconteceu, até certo ponto, no Afeganistão, podem ser derrotados através de ações militares. Assim, a chave da estratégia contra o terrorismo consiste em eliminar os seus santuários. (Kissinger, 2003, p.276)

De acordo com Kissinger, a contenção e a dissuasão nos moldes aplicados durante a Guerra Fria às grandes potências detentoras de armas nucleares não seriam eficientes para coibir governantes que não se sentem constrangidos pela opinião pública e com histórico de utilização de armas de destruição em massa contra seus inimigos dentro e fora do país (Iraque), que submeteram à fome sua própria população, deixando morrer milhares de pessoas (Coréia do Norte), ou promovem o terrorismo no exterior (Irã). Nesses casos, "devem se considerar ações preventivas onde a clandestinidade e a ligação a terroristas são sempre possíveis" (Kissinger, 2003, p.278).

Na mesma linha de defesa das ações preventivas, Joseph McMillan, do Institute of National Strategic Studies (INSS) da National Defense University, vinculada ao Pentágono, considera que as capacidades operativas e a agenda apocalíptica do terrorismo de redes como Al Qaeda colocam para os governos o imperativo de se antecipar a eventuais ataques, inclusive por meio "de operações militares no território de outros países sem seu consentimento" (McMillan, 2004, p.1). Embora haja todo um esforço em preparar o governo dos Estados Unidos para combater eficientemente o terrorismo sem ter de apelar para ações tão drásticas:

pode haver situações em que a pressão da ameaça é tão forte, o valor do alvo é tão proeminente, a inteligência sobre ela é tão perecível, e o risco de que as discussões com o governo anfitrião comprometam a operação é tão alto, que o ataque deve ser conduzido totalmente sem aviso. (McMillan, 2004, p.2)

Para dar resposta aos desafios e às responsabilidades apresentados pelos patrocinadores da nova doutrina, a caracterização das ameaças adquire uma amplitude proporcional à margem de ação considerada adequada para o exercício do poder estadunidense. Dessa forma, a definição de terrorismo e de seus agentes torna-se suficientemente ambígua para justificar a inclusão ou a exclusão de organizações ou movimentos conforme os interesses conjunturais do país. De acordo com o relatório *Patterns of global terrorism*, apresentado anualmente pelo Departamento de Estado:

> O termo "terrorismo" significa violência premeditada politicamente motivada, perpetrada por grupos subnacionais ou agentes clandestinos contra alvos não-combatentes, normalmente destinada a influenciar uma audiência. O termo "terrorismo internacional" significa o terrorismo que envolve cidadãos ou o território de mais de um país. O termo "grupo terrorista" significa qualquer grupo que pratica, ou que tem subgrupos significativos que praticam, o terrorismo internacional. (USDS, 2004, p.XII)

Na interpretação do documento, o termo não-combatente inclui:

> além de civis, o pessoal militar que na hora do incidente não está armado ou cumprindo o dever ... Também consideramos como atos terroristas os ataques contra instalações militares ou contra pessoal militar armado quando não existe estado de hostilidades militares no local. (Ibidem.)

Além de caracterizar as ações e seus agentes, o Departamento de Estado define também o que são "países patrocinadores do terrorismo", com base na atribuição de responsabilidades em atos que expressariam essa atitude, tornando-os sujeitos a vários tipos de sanções: restrições à ajuda internacional dos Estados Unidos; proibição de exportações e vendas para o setor da defesa; controles sobre exportações de artigos que possam ter dupla utilização, servindo a outras finalidades de caráter suspeito; diversas limitações financeiras e penalidades para pessoas e países que se envolvam em transações comerciais com aqueles considerados patrocinadores do terrorismo. Em 2005, faziam parte dessa categoria Cuba, Irã, Líbia, Coréia do Norte, Sudão e Síria. (USDS, 2005)

Ironicamente, caso a estratégia estadunidense de guerra preventiva fosse avaliada de acordo com os critérios do Departamento de Estado, o país poderia ser incluído entre os patrocinadores do terrorismo: 1) adota uma doutrina que justifica a violência sem aviso prévio, contra indivíduos ou grupos suspeitos de planejar atos terroristas iminentes, mesmo em casos em que haja ausência de provas conclusivas; e 2) as ações decorrentes incluem alvos não-combatentes, submetidos a uma violência premeditada motivada por objetivos políticos.

Auto-excluir-se de certas regras, mesmo tendo sido o responsável por sua formulação, é um atributo que guarda coerência com a lógica do unilateralismo, tão bem sintetizada por Wolfowitz em sua alusão aos Estados Unidos como guardiões da "cerca protetora em torno da liberdade". Como veremos nas próximas seções, essa curiosa racionalidade embasa construções intelectuais e práticas de atores relevantes do atual ordenamento mundial.

Continuidades e mudanças

O que há de inovador na política externa de George W. Bush? Se compararmos a caracterização de ameaças e a definição de objetivos e metas dos planos estratégicos elaborados pelo Departamento de Estado nas gestões de Madeleine Albright e Colin Powell, perceberemos mais identidades do que diferenças.

O documento *US Department of State Strategic Plan*, dado a conhecer em 1999, define e articula interesses nacionais e metas estratégicas, sintetizadas no Quadro 1.2, que buscam dar resposta às transformações operadas a partir dos anos 1990, delineando os contornos de uma nova agenda que tem como ponto de destaque a valoração do engajamento internacional dos Estados Unidos em um mundo pautado pela crescente diluição das demarcações entre os assuntos domésticos e internacionais. Conforme destacado na apresentação:

> Definida em referência ao passado, a era pós-Guerra Fria tem como seu atributo mais significativo a ausência de qualquer ameaça imediata, vital, para a segurança nacional. O desaparecimento da União Soviética deixou os Estados Unidos como o poder mundial proeminente e investido de responsabilidades de liderança e oportunidades inigualáveis. Mas o fim da competição entre superpotências também eliminou a estratégia unificada para a política externa dos Estados Unidos. Agora, além de assuntos de segurança regional, uma série de ameaças –proliferação de armas, terrorismo, conflito étnico e religioso, crime organizado, tráfico de drogas e degradação ambiental – desafia interesses dos Estados Unidos e embaça as linhas divisórias tradicionais entre assuntos domésticos e externos. (USDS, 2000a, p.13.)

Em agosto de 2003, Colin Powell dá a conhecer o Plano Estratégico para 2004-2009, documento elaborado com a Agência para o Desenvolvimento Internacional (Usaid), subordinada ao Departamento de Estado, que delineia objetivos e metas adequados aos lineamentos definidos pela Estratégia de Segurança Nacional, cuja síntese apresentamos no Quadro 1.3. Em consonância com o espí-

O PODER ESTADUNIDENSE   47

Quadro 1.2 Plano estratégico do Departamento de Estado (2000)

Interesses nacionais	Metas estratégicas
Segurança nacional	– Prevenir instabilidades regionais afastando ameaças aos interesses nacionais vitais dos Estados Unidos. – Reduzir a ameaça das armas de destruição em massa (WMD) para os Estados Unidos e seus aliados.
Prosperidade econômica	– Abertura dos mercados externos para aumentar o comércio e liberar o fluxo de bens, serviços e capital. – Ampliar as exportações dos Estados Unidos para $1,2 trilhão no começo do século XXI. – Aumentar o crescimento econômico global e a estabilidade. – Promover o crescimento nas economias em desenvolvimento e em transição para elevar os padrões de vida, reduzir a pobreza e as disparidades de riqueza dentro e entre países.
Os cidadãos norte-americanos e as fronteiras dos Estados Unidos	– Proteger a segurança de cidadãos americanos que viajam e vivem fora do país. – Facilitar a viagem para os Estados Unidos de visitantes estrangeiros, imigrantes e refugiados, coibindo a entrada daqueles que abusam ou ameaçam nosso sistema.

(continua)

Fonte: US Strategic Plan, USDS, 2000a, p.11-2.

Quadro 1.2 Plano estratégico do Departamento de Estado (2000) (*continuação*)

Interesses nacionais	Metas estratégicas
Império da lei	– Minimizar o impacto do crime internacional nos Estados Unidos contra seus cidadãos. – Reduzir a entrada de drogas ilegais nos Estados Unidos. – Reduzir a incidência e a severidade dos ataques terroristas internacionais, particularmente contra os cidadãos e os interesses norte-americanos.
Democracia	– Abertura dos sistemas políticos e das sociedades para as práticas democráticas, o império da lei e o respeito aos direitos humanos.
Resposta humanitária	– Prevenir ou minimizar os custos humanos do conflito e dos desastres naturais.
Assuntos globais: meio ambiente, saúde e população	– Afiançar um meio ambiente global sustentável para proteger os cidadãos e os interesses dos Estados Unidos dos efeitos da degradação ambiental internacional. – Ter uma população mundial saudável e sustentável. – Fortalecer as capacidades sanitárias internacionais.

O PODER ESTADUNIDENSE   49

Quadro 1.3   Plano estratégico do Departamento de Estado e da Usaid (2004-2009)

Objetivos estratégicos	Metas estratégicas
Obter a paz e a segurança	– Estabilidade regional: prevenir e resolver conflitos locais e regionais para preservar a paz e minimizar danos aos interesses nacionais dos Estados Unidos. – Combate ao terrorismo: prevenir os ataques contra os Estados Unidos, nossos aliados e nossos amigos, e consolidar as alianças e os arranjos internacionais para derrotar o terrorismo global. – Segurança da pátria: proteger a pátria realçando a segurança de nossas fronteiras e infra-estrutura. – Armas de destruição massiva: reduzir sua ameaça para os Estados Unidos, seus aliados e amigos. – Crime e drogas internacionais: minimizar seu impacto nos Estados Unidos e em seus cidadãos. – Cidadãos estadunidenses: assisti-los para viajar, fazer negócios e viver no exterior com segurança.

(continua)

Fonte: USDS, 2003, p.42-4.

Quadro 1.3 Plano estratégico do Departamento de Estado e da Usaid (2004-2009) *(continuação)*

Objetivos estratégicos	Metas estratégicas
Promover o desenvolvimento sustentável e os interesses globais	– Democracia e direitos humanos: promover o crescimento da democracia e da boa governança, incluindo a sociedade civil, o império da lei, o respeito aos direitos humanos e à liberdade religiosa. – Prosperidade e segurança econômicas: fortalecer o crescimento econômico do mundo, o desenvolvimento e a estabilidade, expandindo ao mesmo tempo as oportunidades para os negócios dos Estados Unidos e a decorrente segurança econômica para a nação. – Temas sociais e ambientais: melhorar a saúde, a educação, o meio ambiente e as demais condições para a população global. – Resposta humanitária: minimizar os custos humanos de deslocamento, conflitos e desastres naturais.
Promover o entendimento internacional	– Diplomacia pública e assuntos públicos: aumentar a compreensão para os valores, as políticas e as iniciativas estadunidenses para criar um ambiente internacional receptivo.
Fortalecer as capacidades diplomáticas e operacionais	– Gerenciamento e excelência organizacional: assegurar uma força de trabalho de elevada qualidade apoiada por infra-estrutura moderna e segura e capacidades operacionais.

rito da chamada "doutrina Bush", o documento reafirma o significado da liderança internacional dos Estados Unidos:

Nos esforçaremos para consolidar as alianças tradicionais e construir novas relações para alcançar uma paz que traga segurança, mas quando necessário atuaremos sozinhos para fazer frente aos desafios, proporcionando ajuda, e apreendendo as oportunidades desta era. A liderança dos Estados Unidos é essencial para promover esta visão, mas outros devem compartilhar da responsabilidade. A história da política externa estadunidense sugere que nós aumentemos nossas possibilidades de sucesso no exterior exercendo por princípio a liderança, mas procurando ao mesmo tempo trabalhar junto com outros para atingir nossos objetivos. (USDS, 2003a, p.1)

A comparação dos dois quadros mostra mudanças operacionais na organização de objetivos e metas estratégicas. O plano apresentado por Powell indica maior direcionamento para o tema da segurança, ao qual se vinculam diretamente o desenvolvimento e a governança, e há a inclusão de um item específico sobre a defesa do território nacional. Fora esses aspectos, não verificamos diferenças de conteúdo que sinalizem distanciamentos substanciais de visões estratégicas. Os pontos fundamentais delineados no documento de 2000 estão também presentes no de 2004–2009, com alterações que expressam respostas ao cenário configurado pelo 11 de setembro.

Nesse aspecto, verifica-se importante mudança de ênfase em relação ao grau de periculosidade das novas formas de conflito. Diferentemente do Plano Estratégico de 2000, que destaca a ausência de ameaças imediatas e vitais à segurança nacional, há por parte da administração Bush uma valorização do terrorismo como inimigo existencial não apenas dos Estados Unidos, mas da ordem mundial.

A delimitação do nível da ameaça é um indicador essencial para a definição da posição internacional dos Estados Unidos. A percepção de um mundo crescentemente inseguro alimentará as políticas nacionais e globais centradas na segurança. Como deixa explícito o documento de atualização da doutrina de segurança nacional, apresentado em março de 2006, trata-se de uma estratégia:

> de tempo de guerra, requerida pelo grave desafio que enfrentamos – a ascensão do terrorismo abastecido por uma ideologia agressiva de ódio e de assassinato, revelada completamente ao povo americano no 11 de setembro de 2001. (NSC, 2006, p.1)

No entanto, se tomarmos como referência os dados sobre incidentes terroristas do próprio Departamento de Estado, a conclusão é que houve melhora nos anos que se seguiram ao fim da Guerra Fria. A média anual de ataques variou de 544,44, entre 1982 e 1990, para 352,61 entre 1991 e 2003 (USDS, 2004, p.176).

Conforme mostra o Quadro 1.4, no período 1996-2003, as principais alterações não se dão no número de atentados, mas no de vítimas fatais.

A partir de abril de 2005, com a criação do National Counterterrorism Center, que passa a elaborar os relatórios anuais, há mudança na geração e na apresentação dos dados estatísticos, o que impede comparação com os anos anteriores. A nova metodologia inclui incidentes que resultam em morte, lesão ou seqüestro de indivíduos não-combatentes, sem discriminar os números por países e regiões, ampliando significativamente a contabilidade do número de vítimas. O relatório de 2006, correspondente a 2005, registra 11.111 incidentes terroristas, que resultam em morte, lesão ou seqüestro de 74.087 pessoas (USDS, 2006).

Embora reconheça o agravamento do terrorismo nos últimos anos, o estudo *War and Peace in the 21st Century*, publicado pelo Human

O PODER ESTADUNIDENSE 53

Quadro 1.4 Ataques terroristas e número de vítimas por região 1996-2003

	África		Ásia		Eurária		América Latina		Oriente Médio		América do Norte		Europa Ocidental	
	A*	V**	A	V	A	V	A	V	A	V	A	V	A	V
1996	11	80	11	1.507	24	20	84	18	45	1.097	0	0	121	503
1997	11	21	21	344	42	27	128	11	37	480	13	7	52	17
1998	21	5379	49	635	14	12	111	195	31	58	0	0	48	405
1999	53	185	72	690	35	8	122	9	26	31	2	0	85	16
2000	55	100	98	898	31	103	192	20	20	78	0	0	30	4
2001	33	150	68	651	3	0	194	6	29	513	4	4.091	17	20
2002	5	12	99	1.281	7	615	50	52	29	772	0	0	9	6
2003	6	14	80	1427	2	0	20	79	67	1.823	0	0	33	928

* Número de ataques. ** Número de vítimas.

Fonte: Elaborado com base nas informações do relatório *Patterns of global terrorism 2003*. (USDS, 2004)

Security Centre (HSC), relativiza seu impacto entre um conjunto amplo de indicadores que mostram tendência de melhora. De acordo com o HSC, o mundo tem passado por diversas mudanças positivas comparativamente ao período da Guerra Fria: os conflitos armados diminuíram 40% desde o início da década de 1990, os genocídios e assassinatos políticos diminuíram 80% entre 1988 e 2001, as crises internacionais e as ameaças de guerra reduziram-se em mais de 70% entre 1981 e 2003, o valor em dólares das maiores transferências internacionais de armas caiu 33% entre 1990 e 2003 e o número de refugiados declinou 45% entre 1992 e 2003. Tomando como referência o pós-Segunda Guerra Mundial, o relatório aponta um declínio na média de vítimas fatais em conflitos armados e golpes militares perpetrados, considerando esse período o maior intervalo de paz entre as grandes potências em centenas de anos (HSC, 2005, p.1-2).

Nesse cenário, o terrorismo internacional aparece como a única modalidade de violência política que apresenta piora. Sem questionar sua relevância como fator de insegurança, sobretudo entre a população civil, seu alvo privilegiado, o HSC relativiza a dimensão atribuída a ele pelo governo dos Estados Unidos. Analisando as três últimas décadas, concentrando-se nas vítimas fatais e não no número de incidentes, a média anual foi inferior a mil, levando a concluir que "em termos de número de mortos, o terrorismo internacional apresenta uma ameaça menor em relação a outras formas de violência política ou crime violento" (HSC, 2005, p.46).

Para o HSC, os maiores impactos do terrorismo se dariam em outros níveis, como o aumento das preocupações com a segurança no Ocidente após o 11 de setembro, a constituição de uma racionalidade que justificou as guerras no Afeganistão e no Iraque, a atribuição ao mundo muçulmano de um crescente sentimento antiocidental, a inflação de ameaças vinculadas ao aumento do número de incidentes terroristas e suas implicações para a segurança humana. Na contramão da Doutrina Bush, a instituição releva o conceito de segurança humana, que privilegia "as pessoas sobre os Estados, a reconciliação sobre a vingança, a diplomacia sobre a contenção e o engajamento multilateral sobre o unilateralismo coercitivo" (HSC, 2005, p.iii).

Nas próximas seções, analisaremos mais profundamente o debate suscitado pela posição internacional dos Estados Unidos, destacando as controvérsias sobre a adequação entre os fins enunciados e os meios utilizados, o dimensionamento das ameaças à segurança nacional e global e os custos econômicos e políticos do unilateralismo.

O (novo) imperialismo

Ivo Daalder e James Lindsay, ex-funcionários do Conselho de Segurança Nacional no governo Clinton e pesquisadores da Brookings Institution,[11] atribuem à política externa de George W. Bush caráter revolucionário, não tanto por causa das metas, que não diferem no essencial das das administrações anteriores, mas pelos meios adotados. Para os autores, duas crenças orientam a atuação internacional dos Estados Unidos.

A primeira é que em um mundo perigoso, a melhor – senão a única – maneira de proteger a segurança da América passa pela rejeição dos constrangimentos impostos por amigos, aliados e instituições internacionais. Maximizar a liberdade de ação da América é essencial pela posição única ocupada pelos Estados Unidos, que o transformaram no alvo mais provável de todo país ou grupo hostil ao Ocidente. Os americanos não poderiam contar com outros para protegê-los; inevitavelmente, os países ignoram as ameaças que não os envolvem ... A segunda crença é que essa América desprovida de amarras deve usar sua força para mudar o *status quo* no mundo. (Daalder; Lindsay, 2003, p.13)

Com base no reconhecimento da incontestável superioridade militar, a contribuição "revolucionária" de Bush seriam a vonta-

---

[11] A Brookings Institution é considerada o mais antigo *think tank* dos Estados Unidos. Fundada em 1916, atua nas áreas de educação, economia, política externa e governança. Em termos políticos, assume explícita opção pelas posições moderadas, acima de definições partidárias, embora seja considerada tradicionalmente próxima ao Partido Democrata. William Cohen, secretário da Defesa, Lawrence Summer, secretário do Tesouro, e Joan Edelman Spero, subsecretária do Departamento de Estado para Economia, Negócios e Agricultura do governo Clinton pertenceram à instituição.

de e a decisão de utilizá-la, enfrentando resistência dos aliados e forçando definições em relação às prioridades da agenda internacional. No entanto, a aposta do presidente trouxe resultado inesperado, com a rápida percepção dos limites que cercam o exercício do poder, a começar pelas grandes dificuldades que teve para conquistar e manter apoios para a segunda Guerra do Golfo.

Após a invasão do Iraque, tornaram-se mais explícitas as controvérsias entre os que vêem na intervenção uma exacerbação contraproducente do poderio militar, os que vislumbram mais um sintoma de crise de hegemonia e os que defendem o papel dos Estados Unidos como nação indispensável, única disposta a adotar medidas extremas de acordo com a natureza dos desafios.

Entre os primeiros, a principal linha de questionamento passa pelas bases conceituais e pelos argumentos políticos que fundamentam a preempção e a prevenção. Para Zbigniew Brzezinski, assessor de Segurança Nacional do presidente Carter e atual conselheiro do Center for Strategic and International Studies (CSIS),[12] as ações unilaterais do governo Bush pautam-se por uma visão do mundo em preto-e-branco que não admite matizes, cujo sustentáculo é uma doutrina de eficiência estratégica questionável.

A preempção pode se justificar na base do supremo interesse nacional na presença de uma ameaça iminente, e assim, quase que por definição, é plausível que seja unilateral ... A prevenção, em

---

[12] O Center for Strategic and International Studies, fundado em 1962, desenvolve estudos sobre tecnologia, políticas públicas, economia internacional e energia, contando com especialistas sobre as diversas regiões do mundo. Membros da administração de George W. Bush, como Robert Zoellick, ex-representante comercial e atual secretário-adjunto do Departamento de Estado, Lewis Libby, chefe do *staff* do vice-presidente, e Otto Reich, ex-enviado especial da Casa Branca para o Hemisfério Ocidental, já fizeram parte da instituição.

contraposição, deve ser precedida, se possível, pela mobilização da pressão política (incluindo o apoio internacional) a fim de prevenir que ocorra o indesejável, e deve envolver o recurso da força somente quando outros remédios foram esgotados e a contenção não é mais uma alternativa digna de crédito. (Brzezinski, 2004, p.37)

Caso a superpotência cometa erros de avaliação na caracterização do tipo de ameaça a enfrentar, pode terminar iniciando uma guerra preventiva unilateral travestida de preempção. Embora reconheça a importância dos Estados Unidos como a única superpotência capaz de manter a ordem em um mundo em constante turbulência, Brzezinski aposta na capacidade do país para liderar um esforço multilateral em favor da criação de uma "comunidade global de interesses compartilhados". No entanto, a nova doutrina, com sua decorrência imediata de invasão do Iraque, tem levado os Estados Unidos a um isolamento crescente, configurando curioso paradoxo: "A credibilidade militar global americana nunca foi tão alta, no entanto sua credibilidade política global nunca foi tão baixa" (Brzezinski, 2004, p.214).

Para Brzezinski, o mundo vive um processo de transição entre uma ordem centrada nos Estados-nação e um futuro ainda não claramente definido, no qual atores globais terão cada vez maior influência. Nesse percurso, a hegemonia mundial dos Estados Unidos assume novo significado:

> A longo prazo, as políticas globais tenderão a ser cada vez mais incompatíveis com a concentração de poder hegemônico nas mãos de um único Estado. Daí que os Estados Unidos não só são a primeira e a única verdadeira superpotência global, senão que, provavelmente, serão também a última. (Brzezinski, 1998, p.212)

O viés militar da política externa dos Estados Unidos é enfatizado por Michael Mann na caracterização do que denomina "império incoerente". Apesar dos argumentos universais invocados pela administração Bush em favor da democracia, da liberdade e da prosperidade econômica, o autor chama a atenção para uma prática pautada basicamente na promoção dos interesses das elites dominantes, tanto daquelas mais próximas do Estado quanto das que representam o poder dos chamados mercados, defensoras da disseminação global do neoliberalismo.

A incoerência entre o discurso e a realidade estaria comprometendo cada vez mais a credibilidade internacional do país, sendo que a resposta das autoridades governamentais tende a pautar-se pela exacerbação do poderio militar, marca do novo imperialismo em construção.

Para Mann, a superação do impasse ao qual o país está sendo levado pela administração Bush deverá vir fundamentalmente da mudança na correlação de forças na política nacional que se seguirá ao fracasso da atual política externa. "Com um pouco de sorte, a isso seguirá o abandono voluntário do projeto imperial por parte dos estadunidenses, o que, por sua vez, preservará em grande medida a hegemonia norte-americana" (Mann, 2004b, p.25-6).

Respondendo à pergunta sobre o que seria uma visão realista da atual configuração mundial do poder, em entrevista a Harry Kreisler, do Instituto de Estudos Internacionais da Universidade da Califórnia, Kenneth Waltz recupera a atualidade das políticas de contenção e dissuasão.

Não importa o quão freqüentemente as pessoas da administração Bush dizem que a "contenção e a dissuasão não funcionam", funcionam da mesma forma que sempre em relação às finalidades para as quais sempre pensamos que estavam projetadas. Isto é, deter outros países de usar suas armas de forma a que coloquem em perigo interesses manifestamente vitais dos Estados Unidos ou daqueles a quem dá apoio. (Kreisler, 2003)

No caso da invasão do Iraque, Waltz considera inadequada a aplicação dos argumentos em favor da preempção e da prevenção.

O regime de Saddam Hussein não representava uma ameaça iminente de ataque a seus vizinhos ou aos Estados Unidos, mantendo-se em uma posição defensiva. Contudo, sua capacidade potencial de transformar um país com um produto bruto de 15 bilhões de dólares, sob constante vigilância e controle por parte da ONU e dos Estados Unidos, em uma futura potência nuclear estava fora de cogitação.

Para Waltz, o ex-dirigente do Iraque e os demais líderes dos chamados Estados fora-da-lei são sobreviventes de situações adversas que se estendem por longos períodos. "As pessoas insanas não se mantêm no poder contra um grande número de inimigos, tanto internamente como externamente" (Kreisler, 2003). Como sujeitos racionais que buscam permanecer no poder, eles são suscetíveis à contenção e à dissuasão.

Isso também se aplica às redes terroristas, como Al Qaeda, na eventualidade de que cheguem a governar algum país, ainda que tenham armas nucleares, como o Paquistão. Para Waltz, elas seriam socializadas pela lógica do poder estatal, amenizando seu radicalismo ideológico, principalmente o que justifica e estimula ataques suicidas. Nesse sentido, o autor defende a contenção nuclear como estratégia de eficácia comprovada, independentemente da inimizade radical de certos regimes com os Estados Unidos, citando como exemplo a trajetória da China de Mao Tsé-tung, que transitou da turbulência esquerdista dos anos da Revolução Cultural aos acordos com Nixon na década de 1970.

Em relação à situação de supremacia estadunidense que marca o período pós-Guerra Fria, Waltz descrê da capacidade de autocontrole da superpotência. "A característica-chave de um mundo unipolar é que não há nenhuma restrição nem contrapeso em relação a esse poder, então ele está livre para seguir sua fantasia, está livre para agir por seus caprichos" (Kreisler, 2003).

Ao reafirmar a atualidade do realismo, Waltz (2002) concebe a unipolaridade como um momento transitório por definição. O futuro surgimento de grandes potências a partir da projeção internacional da União Européia, do Japão, da China e da Rússia acabará restaurando o equilíbrio de poder, tendência predominante das relações interestatais desde a segunda metade do século XVII. Essa certeza é questionada por Ikenberry, que vê no ordenamento pós-Guerra Fria uma peculiaridade que considera persistente e estável: a cooperação entre as democracias do capitalismo avançado convivendo com a ausência de equilíbrio de poder. A permanência dessa situação deve-se muito ao caráter liberal da hegemonia estadunidense, que o autor considera inédito, em comparação às potências anteriormente predominantes no mundo ocidental. As marcas distintivas dos Estados Unidos seriam: a relutância em assumir de modo explícito sua primazia; seu caráter penetrante, que gera transparência e se abre a Estados secundários; e sua alta institucionalidade, que permite o estabelecimento de mecanismos de interação pautados por regras consensuadas.

As características apontadas outorgariam ao país a credibilidade necessária para consolidar uma liderança benigna e, conseqüentemente, aceitável para outros Estados, na promoção de uma ordem:

> construída em torno de interesses e valores comuns entre os países industriais avançados e ancorada no capitalismo e na democracia. Mas também uma ordem politicamente projetada, construída com base no poder Americano, relações institucionais, e negociações políticas, particularmente com Europa e Japão. (Ikenberry, 2002a, p.216)

A continuidade da tendência inaugurada pelo fim da bipolaridade depende da capacidade dos governos dos Estados Unidos de perceberem os ganhos estratégicos da autolimitação do uso do poder, apostando no fortalecimento das instituições, o que Ikenberry considera investimento hegemônico em uma ordem mais previsível e permanente, "que proteja seus interesses no futuro" (Ikenberry, 2002a, p.221).

As posições do autor situam-se no campo teórico do neoliberalismo institucional, que relativiza a capacidade explicativa do realismo e da hegemonia, cujo estado-centrismo não conseguiria apreender a dinâmica dominante de uma ordem ocidental baseada em instituições. O equilíbrio de poderes deixa de ser a principal fonte de proteção, abrindo espaço para a liderança de uma potência essencialmente liberal, cuja continuidade estará fortemente vinculada à sabedoria com que exerça seu poder.

Nesse aspecto, Ikenberry manifesta preocupações com as tendências unilaterais que marcam desde o início a administração Bush, mas que se acentuaram após o 11 de setembro, com a nova doutrina de segurança classificada pelo autor como neo-imperial, ameaçadora das conquistas obtidas pelo país na construção de sua liderança. A persistência no unilateralismo seria altamente custosa, sobretudo em quatro aspectos: 1) ao explicitar a decisão de agir preventivamente, os Estados Unidos poderiam estimular respostas defensivas de outros países, que buscariam no desenvolvimento de programas de armas nucleares uma forma de dissuasão a eventuais ataques estadunidenses; 2) as intervenções militares trazem como conseqüências a implementação de ações de manutenção da paz e a construção de nações que, dependendo do número e da extensão das guerras movidas pelo país, gerarão uma carga econômica capaz de configurar o fenômeno da expansão excessiva; 3) a posição imperial dificulta as alianças, justamente em um contexto de luta contra o terrorismo que torna cada vez mais necessária a divisão de responsabilidades com sócios confiáveis; e 4) ao superestimar seu próprio poder, o país pode cair na armadilha em que caíram no passado outros Estados imperiais, o autofechamento, levando os demais países a buscar alternativas que descartam uma dominação estadunidense.

Para Ikenberry:

mais do que inventar uma nova grande estratégia, os Estados Unidos deveriam revigorar as antigas, que se baseavam na idéia de que seus sócios em matéria de segurança não são meras ferramentas, mas elementos-chave de uma ordem política mundial a preservar dirigida pelos Estados Unidos. (Ikenberry, 2002b, p.60)

A idéia de que o unilateralismo poderia representar o prenúncio de uma futura perda de hegemonia é compartilhada por diversos analistas, que apresentam um conjunto de fatos econômicos e políticos que fortalecem essa hipótese.

No âmbito da economia, a percepção de crise tornou-se mais visível desde a administração Bush, com a diminuição do crescimento que caracterizou o período de Clinton, paralelamente à elevação do desemprego e à forte expansão dos gastos com defesa, cujo orçamento teve, em 2003, um incremento de US$ 37 bilhões em relação ao ano anterior, chegando a US$ 355 bilhões e US$ 400 milhões, ou quase 17% do orçamento nacional total do país, de US$ 2 trilhões e US$ 100 bilhões (Montoya, 2003). Para o ano fiscal de 2006, o secretário da Defesa solicitou US$ 419,3 bilhões, que representam, segundo os cálculos do próprio departamento, elevação de 5% em relação ao ano anterior e de 41% em relação a 2001 (Department of Defense, 2005). De acordo com Chalmers Johnson, "93% das alocações para assuntos internacionais estão indo para a área militar e apenas 7% para o Departamento de Estado" (Johnson, 2004, p.288).

Para Johnson, a atuação internacional dos Estados Unidos aparenta adotar a tese do "choque de civilizações", embora em sentido oposto ao do isolacionismo prescrito por Huntington, recriando um missionarismo fundamentalista cristão que serve de base a uma nova fase imperial. Diferentemente do imperialismo posterior à independência, quando o país ampliou suas dimensões territoriais na América do Norte, os Estados Unidos passam a criar "não um império de colônias, mas um império de bases", construindo um complexo imperial permanente de "bases navais, aeródromos militares, guarnições do exército, postos de escuta e espionagem, e enclaves estratégicos em cada continente do globo" (Johnson, 2004, p.23). (Quadro 1.5)

Quadro 1.5 Bases militares dos Estados Unidos no exterior (2001–2005)

Ano fiscal	Número de bases	Número de países
2001	725	38
2002	725	38
2003	702	40
2004	860	46
2005	770	39

Fonte: *Base Structure Report* 2002, 2003, 2004, 2005. Departamento da Defesa. (http://www.acq.osd.mil/ie/irm/irm_library/BSR%202005%20Baseline.pdf)

Apesar de avaliar negativamente os custos econômicos do militarismo, que desvia recursos da economia privada e contradiz o espírito de livre iniciativa, Johnson não assume uma posição definitiva sobre o futuro: "deve-se reconhecer que qualquer estudo sobre o nosso império é um trabalho em andamento. Mesmo que possamos conhecer seus resultados eventuais, não está totalmente claro o que vem depois" (Johnson, 2004, p.310).

Afora o aumento de gastos do governo Bush, alguns autores chamam a atenção para indicadores que expressam uma tendência de deterioração econômica que vem de períodos anteriores: crescente déficit comercial, que passa de US$ 100 bilhões em 1990 para US$ 450 bilhões em 2000, necessitando de entradas financeiras de um bilhão por dia para cobri-lo; concentração da renda, que para os 5% mais ricos passa de 15,5% em 1980 para 21,9% em 2000 e para os 80% menos ricos cai de 56,9% para 50,6% (Todd, 2003); dependência energética, dado que o país conta com apenas 5% da população mundial, 2% das reservas globais de petróleo e 11% de sua produção mundial, mas consome quase 26% do total extraído no mundo, sendo que para os próximos vinte anos, calcula-se um incremento no seu consumo de 6 milhões de barris diários (Rifkin, 2002).

A dimensão petroleira é um dos aspectos destacados por David Harvey em sua caracterização das motivações do militarismo de Bush no Oriente Médio. Situando-se no campo do marxismo, sua abordagem toma como referência a interação entre as estratégias do Estado e do capital, como atores centrais da variedade capitalista do imperialismo. Dessa perspectiva, a ação no Iraque articula interesses que vão além do conjuntural em termos de garantir a presença de um governo confiável em um país que detém a segunda maior reserva de petróleo, favorecendo um aumento da produção que diminua o mais rapidamente possível os preços do barril. Considerando que grandes competidores internacionais dos Estados Unidos nos campos de produção e finanças, como Europa, Japão e o Leste da Ásia, incluindo a China, são fortemente dependentes do petróleo da região do Golfo Pérsico, Harvey formula duas questões importantes sobre as motivações do intervencionismo de Bush:

> Que melhor forma de os Estados Unidos evitarem essa competição e garantirem sua posição hegemônica do que controlar o preço, as condições e a distribuição do recurso econômico decisivo de que dependem esses competidores? E que modo melhor de fazê-lo do que usar a linha de força em que os Estados Unidos ainda permanecem todo-poderosos – o poder militar? (Harvey, 2004, p.30)

O PODER ESTADUNIDENSE 65

Essa posição, embora expresse uma racionalidade estratégica, seria reveladora da ausência de outras opções capazes de reverter o quadro de crescente deterioração da competitividade internacional da economia dos Estados Unidos. Nesse aspecto, Harvey partilha das posições de Arrighi e Silver de que está em andamento um processo de transição hegemônica no qual o declínio busca ser compensado com políticas explícitas de dominação.

No campo dos argumentos políticos, alguns autores europeus começam a questionar a relevância mundial que os Estados Unidos se atribuem. Para Emmanuel Todd, os fatores econômicos anteriormente apontados geram crescente necessidade de inflacionar ameaças, alimentando o ativismo internacional do país. Isso levaria o governo norte-americano a assumir um "militarismo teatral" composto por três características principais:

— Nunca resolver definitivamente um problema, para justificar a ação militar indefinida da "única superpotência" em escala planetária.

— Fixar-se em micropotências — Iraque, Irã, Coréia do Norte, Cuba etc. A única maneira de continuar politicamente no centro do mundo e "enfrentar" atores menores ...

— Desenvolver novas armas que supostamente poriam os Estados Unidos "muito à frente", em uma corrida armamentista que não pode mais cessar. (Todd, 2003, p.32)

Todd aposta na insustentabilidade do império estadunidense, cujo desaparecimento se daria antes de 2050, por duas razões básicas:

Seu poder de coerção militar e econômica é insuficiente para manter o nível atual de exploração do planeta; seu universalismo ideológico está em declínio e não lhe permite mais tratar os homens e os povos de maneira igualitária, para garantir-lhes a paz e a prosperidade tanto quanto para explorá-los. (Todd, 2003, p.98)

Na esteira de Todd, Alain Joxe critica a fragilidade das premissas em que se apóia o atual poderio estadunidense, que ele caracteriza como "império do caos", ao assumir uma ação de combate aos sintomas e não às causas dos conflitos que se disseminam pelo mundo, construindo um "sistema que apenas se consagra a regular a desordem por meio de normas financeiras e expedições militares, sem um projeto de permanência no terreno conquistado" (Joxe, 2003, p.21).

Caso continue predominando essa atitude na política externa dos Estados Unidos, o autor vê como tendência a emergência de um regime antidemocrático mundial, diante do qual ele propõe a recuperação da tradição republicana européia, que considera menos maniqueísta na abordagem dos conflitos, cujas relações exteriores deverão ser pautadas no respeito à pluralidade, na tolerância, na não-intervenção e na busca de maior eqüidade econômica e social. Nessa tradição:

> A tirania não é considerada humana senão um modo de governo antidemocrático; a luta de classes não é um crime senão um estado normal das sociedades desenvolvidas que deve se pacificar na democracia, mas não "desaparecer". A redistribuição da renda mediante um procedimento voluntário de repartição eqüitativa é o a-bê-cê da ciência política desde Aristóteles, e não o pensamento delirante de um subversivo louco.
> A visão européia do "outro", concebida como oposição política, é portanto essencialmente diferente da dos estadunidenses, que a constroem como exclusão. (Joxe, 2003, p.239-40)

Para Ulrich Beck, a União Européia exemplifica as possibilidades de construção de um sistema estatal transnacional e cosmopolita, resposta necessária a uma dinâmica global que já não pode ser interpretada por meio de leituras nacionais. O conceito adequado seria o de "metajogo da política mundial", cenário no qual interatuam seus três grandes protagonistas, os Estados, o capital e a sociedade civil global, configurando um equilíbrio de poderes em que nenhum ator tem condições de impor seus interesses.

Todos necessitam coligar-se para tornar realidade seus objetivos respectivos, o que põe em funcionamento uma dinâmica de entrelaçamento, ... um regime de inimigos sem inimigos, ou seja, um regime que integra os oponentes mediante a reprodução inclusiva, com o que está perfeitamente em situação de gerar e renovar o dissenso-consenso que assegura seu próprio espaço de poder. (Beck, 2004, p. 377 e 379)

Em termos estratégicos, o desenvolvimento desse processo de transnacionalização da economia e da política conduziria à conformação de um Estado cosmopolita, capaz de reconhecer e defender a igualdade e a diversidade nas dimensões étnicas e nacionais. Para Beck, a política externa dos Estados Unidos pós-11 de setembro caminha em direção contrária a essa tendência, uma vez que atribui ao Estado nacional um papel vigilante e interventor e autonomia para sacrificar a legalidade dentro e fora do país em nome do combate ao terrorismo, ao mesmo tempo que promove de forma sistemática a universalização dos valores de seu modo de vida, edificando um "despotismo cosmopolita".

Entre os europeus, existem vozes discordantes ao questionamento do unilateralismo de George W. Bush e aos anúncios de uma Europa "essencialmente diferente". Para Jean-François Revel, há uma obsessão antinorte-americana que, além de envolver atores mais óbvios à esquerda, traz ao primeiro plano governos aliados dos Estados Unidos cujas manifestações contra sua política externa, no entanto, tendem muitas vezes a superar as dos partidários e simpatizantes do comunismo dos anos da Guerra Fria.

Sem desconhecer os méritos nacionais da atual preponderância estadunidense, Revel chama a atenção para os fatores que se originam do vazio de poder provocado por situações criadas externamente: "a falência do comunismo, o naufrágio da África, as divisões européias e os atrasos democráticos da América Latina e da Ásia" (Revel, 2003, p.46). Contudo, o autor questiona a atribuição da principal responsabilidade por conflitos e calamidades econômicas e sociais que assolam o mundo à vocação imperial da superpotência. Afinal, muitos desses problemas carregam o peso de um passado recente, quando a Europa era protagonista essencial.

À situação criada pelas tentativas européias de suicídio, constituídas pelas duas guerras mundiais e a propensão dos europeus para engendrar os regimes totalitários, estes também intrinsecamente suicidas, veio juntar-se, a partir de 1990, a obrigação de absorver o campo de ruínas deixado pelo comunismo, após seu colapso. (Revel, 2003, p.47)

A decadência européia tem seqüelas nos conflitos presentes em regiões que eram parte de seus impérios coloniais, cuja desagregação deixou marcas permanentes no chamado Terceiro Mundo. O reconhecimento do peso de suas ações e omissões como um dos fatores responsáveis pela preponderância dos Estados Unidos e a adoção de uma posição que, além de cooperativa, exerça um papel vigilante contra os eventuais abusos da superpotência são as principais recomendações de Revel para a recuperação de maior protagonismo europeu. A continuidade do antinorte-americanismo obsessivo só fortalecerá o unilateralismo, uma vez que o governo dos Estados Unidos, considerando de antemão o posicionamento crítico dos aliados ocidentais, tenderá a agir cada vez mais por conta própria, sendo que, ao menos por um bom tempo, possui os recursos de poder necessários para isso.

No âmbito dos conservadores dos Estados Unidos, posições como as defendidas por Revel soam muito mais expressivas. Entre os nomes de destaque está Robert Kagan, um dos fundadores, com William Kristol, do *Project for the New American Century*. Para ele, a existência de visões divergentes entre os Estados Unidos e a Europa é incontestável, especialmente "na importantíssima questão do poder, da eficácia do poder, da moralidade do poder, da vontade de poder" (Kagan, 2003, p.7).

A Europa está afastando-se do poder, ou, em outras palavras, está caminhando para além do poder, rumo a um mundo isolado repleto de leis, normas, negociações e cooperação internacional. Está entrando num paraíso pós-histórico de paz e relativa prosperidade, a concretização da "paz perpétua" de Immanuel Kant. Os Estados Unidos, entretanto, continuam chafurdando na história, exercendo o poder num mundo hobbesiano anárquico, onde as leis e as diretrizes internacionais não são dignas de confiança, a verdadeira segurança, a defesa e a promoção da ordem liberal ainda dependem da posse e do uso do poderio militar. (Kagan, 2003, p.7)

A despeito do reconhecimento da diversidade de percepções e posições, os contrastes não expressariam a oposição entre uma Europa essencialmente pacifista e democrática e uns Estados Unidos com vocação natural para o exercício realista do poder, mas capacidades diferenciadas, e ao mesmo tempo complementares, de uso da força. Para Kagan, mais que uma escolha baseada em princípios, a atual posição da Europa não difere daquela adotada pelos Estados Unidos no século XIX, então militarmente pouco expressivos, cujo cálculo estratégico de acúmulo de poder recomendava uma política de afastamento das disputas hegemônicas entre as potências européias, cuja visão do mundo refletia o momento de auge do poder econômico, militar e colonial da Europa. Nos dias atuais, as posições se inverteram. Estados Unidos e Europa assumiram posições equivalentes a seu peso nas relações internacionais. No entanto, há um paradoxo no posicionamento europeu, cuja:

passagem à pós-história dependeu do fato de os Estados Unidos não fazerem tal passagem. Por não ter disposição nem capacidade de proteger seu próprio paraíso e impedir que ele seja invadido, tanto espiritual quanto fisicamente, por um mundo que ainda não adotou a lei da "consciência moral", a Europa tornou-se dependente da disposição americana de usar seu poderio militar para conter e derrotar aqueles que, ao redor do mundo, ainda são partidários da política do poder. (Kagan, 2003, p.75)

As expedições armadas que atacam os sintomas e não as causas das crises, que Joxe associa a um império do caos, são funcionais à indisposição da Europa para assumir maior envolvimento, especialmente quando se desencadeiam em seu próprio território, como aconteceu com os conflitos nos Bálcãs, na década de 1990.

Para Kagan, tanto a posição adotada pela Europa quanto a dos Estados Unidos não sofrerão alterações substanciais. A não ser que aconteça uma catástrofe militar ou econômica cujas proporções abalem a continuidade do poder estadunidense, "é razoável presumir que acabamos de ingressar numa longa era de hegemonia americana" (Kagan, 2003, p. 90).

Alguns indicadores tendem a reforçar essa avaliação, especialmente os que se referem aos custos da manutenção da atual política para a economia nacional, que não seriam insuperáveis. Em relação aos déficits externos, conforme mostra o Quadro 1.6, o financiamento do consumo norte-americano seria funcional à estabilidade da economia mundial, garantindo superávits comerciais para diversos países e regiões.

No caso da China, dados da Goldman Sachs apresentados pelo National Intelligence Council (NIC, 2004, p.32) mostram uma tra-

Quadro 1.6 Déficit comercial dos Estados Unidos com países e regiões selecionados

País/Região	Déficit comercial dos Estados Unidos	
	2003	2004
China	–124.068,2	–161.938,0
Japão	–66.032,4	–75.562,1
Europa Ocidental	–100.320,3	–113.378,8
México	–40.648,2	–45.066,5
América do Sul e América Central	–26.882,8	–37.183,3
Coréia do Sul	–13.156,8	–19.755,5
Israel	–5.876,5	–5.382,4
Rússia	–6.170,7	–8.930,3

Fonte: Elaborado com base no U.S. *Census Bureau*, Department of Commerce: Country Data (http://www.census.gov/foreign-trade).

jetória de crescimento econômico que projeta a ultrapassagem do PNB da Inglaterra, Alemanha e do Japão até 2016, e dos Estados Unidos até 2041. No entanto, essa expansão tem no mercado interno estadunidense um impulso do qual não poderá prescindir tão cedo (Quadro 1.6) e acarreta forte dependência energética. De acordo com projeções feitas pelo Departamento de Energia dos Estados Unidos, apresentadas por Michael Klare, a demanda de petróleo da China passará de 3,5 milhões de barris diários para 8,8 milhões em 2020, apresentando um crescimento médio anual de 3,8%. Nesse mesmo período, o consumo dos Estados Unidos passará de 18,3 milhões de barris para 24,7, com crescimento médio anual de 1,2% (Klare, 2003, p.61). O aumento da demanda chinesa coincide com a maior dependência de fontes externas, porque o país passou a utilizar petróleo importado a partir de 1993, o que representa atualmente 40% de seu consumo.

Em relação ao nível de comprometimento do PNB com gastos militares, os Estados Unidos fizeram um progresso considerável, situando-se próximos do patamar da Inglaterra no auge de sua hegemonia, de 1815 à década de 1870, entre 2% e 3% do PNB (Kennedy, 1989). Conforme aponta Gilberto Dupas, a disparidade entre o tamanho da economia estadunidense e o de outras potências nucleares, como a Rússia, implica custos relativos menores para a manutenção do unilateralismo.

Atualmente, ainda que permaneça sendo a segunda potência militar mundial em termos de ogivas nucleares, a Rússia gasta, a duras penas, 8% do seu PIB para defesa (cerca de 25 bilhões de dólares); enquanto isso os Estados Unidos, com 4% do seu PIB, acumulam mais de 480 bilhões de dólares para despesas militares. (Dupas, 2005b, p.23)

Niall Ferguson, um defensor explícito da necessidade do império norte-americano como fator de estabilidade e progresso mundiais, também relativiza o impacto do orçamento com defesa na economia do país. Para ele, há um problema de déficits crônicos das finanças nacionais que não se origina dos compromissos externos assumidos pelas forças armadas. Para sustentar sua afirmação, o autor compara o volume de gastos dos Estados Unidos, que excedem o conjunto dos orçamentos de defesa da União Européia, China e Rússia, com a parcela que consome do PNB, correspondente a uma média de 3,5% na primeira metade da presente década (2000), bem menor que os 10% dos anos 1950. Dessa forma, conclui: "Assim como o império liberal britânico um século atrás, o nascente império liberal americano é surpreendentemente barato para funcionar" (Ferguson, 2004, p. 262).

Essa posição é compartilhada por Deepak Lal. Para equilibrar o poder militar norte-americano, as demais potências teriam de apostar em um processo contínuo de expansão da economia, em níveis elevados e durante um longo período. No Quadro 1.7, o autor dimensiona esses esforços, tomando como referência dados que projetam, como base de comparação, uma taxa de crescimento anual dos Estados Unidos de 3% e uma relação entre gastos militares e PNB de 3,1%.

Quadro 1.7 Crescimento estimado do PNB dos membros do Conselho de Segurança da ONU para equiparar o poder militar estadunidense

	2020	2050	2100
China	8,5	5,2	4,1
França	14,3	7,4	5,2
Inglaterra	14,6	7,5	5,2
Rússia	12,7	6,8	4,9

Fonte: Dados sobre paridade do poder de compra (PNB) relativos a 2000. (Lal, 2004, p. 72)

O poder que advém do medo

Primeiro, esses extremistas querem acabar com a influência americana e ocidental no vasto Oriente Médio, porque nós estamos a favor da democracia e da paz, e somos um obstáculo às suas ambições ... Em segundo, a rede militante quer usar o vácuo criado por um recuo americano para ganhar o controle de um país, uma base de onde lançar ataques e conduzir sua guerra contra os governos muçulmanos não-radicais ... Terceiro, os militantes acreditam que controlando um país poderão arregimentar as massas muçulmanas, permitindo-lhes derrubar todos os governos moderados na região, e estabelecer um império islâmico radical abarcando da Espanha a Indonésia. Com maior poder econômico, militar e político, os terroristas poderiam avançar sua agenda declarada: desenvolver armas de destruição em massa, destruir Israel, intimidar a Europa, agredir o povo americano, e ameaçar o nosso governo com o isolamento. (Bush, 2005)

Ao sistematizar as posições dos autores que vinculam o unilateralismo com a perda de capacidade dos Estados Unidos para gerar consensos na administração do sistema internacional, destacamos três argumentos: 1) a exacerbação do poder duro, apesar de eventuais ganhos conjunturais, tende a comprometer a posição de supremacia a médio e longo prazo; 2) a administração do *status* de única superpotência global torna-se cada vez mais dependente de respaldo financeiro externo, em um contexto de crise da economia e fortalecimento crescente do setor privado transnacional; e 3) o aprofundamento das desigualdades promovido pelo modelo econômico vigente, incapaz de responder às demandas da maioria dos excluídos do sistema, está cristalizando um impasse social.

No contexto atual, o impasse social assume formas diversas: fundamentalismo antiocidental, com desdobramentos na perpetração de atentados terroristas, como os de 1998 nas embaixadas do Quênia e da Tanzânia, ganhando maior fôlego a partir do 11 de setembro; as crises financeiras inauguradas pela desvalorização do peso mexicano em dezembro de 1994, atingindo posteriormente a Coréia do Sul, a Rússia, o Brasil e a Argentina; movimentos sociais contra a agenda de liberalização dos mercados, que assumem maior visibilidade com as manifestações de rua paralelas à reunião da Organização Mundial de Comércio (OMC) de Seattle, em novembro de 1999; fortalecimento de partidos críticos da ordem nos eleitorados do "Terceiro Mundo", com possibilidades concretas de alcançar o poder governamental (Venezuela, Brasil, Uruguai e Bolívia nos exemplos mais emblemáticos da América Latina).

Diante desse cenário, a percepção do caráter irremediável e irreversível da polarização entre países e setores sociais – pelo menos a curto e médio prazo – conduz o governo dos Estados Unidos a uma opção pela explicitação dos limites que demarcam a segurança do sistema, deflagrando uma campanha de amplo espectro destinada a diminuir níveis de incerteza, combatendo os "novos bárbaros" da era global.

Da nossa perspectiva, a radicalização de posições por parte do governo Bush não está associada ao abandono do consenso hegemônico, decorrente da aceleração de uma crise de caráter estrutural que impõe a dominação aberta como única alternativa. O que verificamos é uma sinalização em favor do endurecimento, como ação preventiva contra os fatores de instabilidade associados a uma conjuntura de transição entre o mundo bipolar e a ordem em configuração.

O antecedente mais próximo dessa conduta na política externa é a administração de Ronald Reagan, que enfrentou um contexto mais delicado, envolvendo diversas frentes: no aspecto econômico, o segundo choque do petróleo, a recessão mundial e a perda de posições do país em relação ao Japão e à então Alemanha Ocidental; no âmbito político, as seqüelas da derrota no Vietnã e do escândalo Watergate, paralelamente à expansão da esfera de influência da União Soviética e às revoluções no Irã e na Nicarágua.

Conforme analisaremos no próximo capítulo, o unilateralismo daquele momento, com a diplomacia do dólar forte e o combate ao "império do mal", foi opção de uma equipe oriunda de círculos neoconservadores, cuja influência se estende às administrações de Bush pai e filho. A convicção desses modernos adeptos do *big stick* de que a derrota soviética e a retomada da hegemonia dos Estados Unidos decorrem fundamentalmente do sucesso das políticas adotadas nos anos 1980 fortalece o favoritismo em prol da deflagração de uma nova cruzada.

Diferentemente daquele contexto, não se visualizam no horizonte novos inimigos do sistema. Nos Capítulos 3 e 4 mostraremos como a percepção da ausência de alternativas sistêmicas por parte do *establishment* da política externa dos Estados Unidos estimula a continuidade do intervencionismo, adotando diversas abordagens que buscam combinar o exercício do poder duro contra governos e organizações identificados com o "eixo do mal" e o poder brando nas ações destinadas à prevenção de conflitos e à construção de nações nos chamados Estados falidos.

Para a caracterização desse quadro de carência de desafios sistêmicos, consideramos três aspectos centrais: 1) as organizações que defendem programas anticapitalistas, além de pouco expressivas, não contam com o respaldo de potências nucleares com ambições internacionais hegemônicas; 2) nos países governados por partidos de esquerda, predomina uma posição internacional pautada pela negociação das diferenças e do respeito à legalidade – na América Latina estão inclusos nessa categoria regimes políticos de partido único, como o de Cuba, e regimes de democracia representativa, como o do Brasil; e 3) os movimentos sociais antiglobalização questionam, basicamente, seus desajustes, em especial a exclusão, de forma diferente da esquerda comunista, que colocava o acento da crítica na propriedade privada dos meios de produção e na extração de excedente no processo de trabalho, buscando atingir os fundamentos do capitalismo.

Expandir o acesso e a inclusão torna-se um dos desafios estratégicos da ordem proclamada pelos Estados Unidos. No entanto, enquanto não se verificam ganhos significativos nesse campo, a opção pelo endurecimento busca deixar explícitos os limites estruturais da mudança possível, estabelecendo a economia de mercado e a democracia liberal como fundamentos inegociáveis de um modo de vida a preservar. Tendo essa perspectiva estratégica como referência central, o governo Bush entra em campo na disputa pelo apoio político

O PODER ESTADUNIDENSE 77

dos "ganhadores" da globalização, evidenciando que, se o momento é de guerra, a defesa das hierarquias conquistadas se antepõe a perdas conjunturais e localizadas de liberdade e bem-estar material e exigindo o fechamento de fileiras contra o crescente ativismo dos "perdedores", que estaria contaminado por uma irracionalidade com fortes componentes de ressentimento e destruição. A partir do momento em que se configure um desenlace favorável no combate aos novos inimigos, será possível restabelecer a normalidade. Enquanto isso, cabe aos "falcões" cuidar da governabilidade sistêmica, assumindo os custos políticos do Estado de exceção.

De nossa perspectiva, a atuação internacional dos Estados Unidos tem uma dimensão essencialmente estrutural. As diferenças entre o unilateralismo republicano e o multilateralismo democrata, entre os defensores do poder brando e os do poder duro, as abordagens cosmopolitas, imperiais ou nacionais, realistas, liberais ou institucionais referem-se mais aos meios que aos fins da política externa. Nesse contexto, não vislumbramos ameaças à continuidade da ordem mundial cuja defesa anima o espírito da Doutrina Bush.

Ao longo de sua história, e de acordo com os desafios de cada época e de cada país, o capitalismo conviveu com regimes monárquicos, de democracia representativa, totalitarismos nazi-fascistas, ditaduras militares, nacionalismos populistas. Por que desta vez seria diferente?

Da mesma forma que na transição do século XIX para o XX, o exercício da hegemonia do imperialismo atual busca respaldo em parcela significativa das audiências nacionais e dos governos dos países de capitalismo avançado ou atrasado, construindo um poder que se pretende incontestável nas dimensões econômica, militar, política e cultural.

CAPÍTULO 2

A persuasão conservadora

No capítulo anterior, argumentamos que o atual posicionamento internacional dos Estados Unidos, longe de representar uma resposta improvisada aos atentados de 11 de setembro, expressa uma abordagem sistemática, coerente em termos da racionalidade entre meios e fins, e de longo alcance sobre o papel do país no ordenamento do mundo, que tem no neoconservadorismo sua principal fonte de sustentação intelectual.

Neste capítulo, abordaremos com mais detalhe a trajetória, as idéias e os principais expoentes dessa corrente de pensamento. Em seguida, faremos um recuo histórico para estabelecer um contraponto entre as controvérsias suscitadas pelas concepções e práticas do governo Bush associadas à influência dos neoconservadores e aquelas surgidas no âmbito da esquerda, a partir do aparecimento da II Internacional Socialista, sobre as relações entre partido, Estado e poder. A análise focalizará a atuação dos partidos social-democratas, que passam a concentrar sua ação política no interior das instituições da democracia representativa e dos partidos comunistas de filiação marxista-leninista que, em nome da ditadura do proletariado, assumem a defesa do direito natural de exercer solitariamente o poder nos países em que lideram revoluções bem-sucedidas.

A comparação revela a existência de importantes afinidades nas posições de neoconservadores, social-democratas, atuais e ex-comunistas sobre o poder, a ordem e as fontes de conflito capazes de ameaçá-los – posições que, em nosso entender, repercutem nas políticas externas de atores relevantes como Estados Unidos, Inglaterra, Rússia e China.

Para além das diferenças de regime político e de doutrinas que orientam a abordagem dos interesses nacionais nesses Estados, as convergências sobre a necessidade de manutenção do *status quo* em cada país e/ou região de influência e a identificação de inimigos comuns na difusa guerra global contra o terrorismo contribuem para o estabelecimento de parâmetros de convivência que favorecem a estabilização do sistema interestatal.

Uma direita de inspiração gramsciana

A atuação dos neoconservadores ganha mais visibilidade na década de 1970, quando um grupo de intelectuais próximo à esquerda do Partido Democrata começa a assumir posicionamento crítico sobre os rumos das políticas interna e externa dos Estados Unidos. Os principais veículos de expressão para o pensamento desses intelectuais foram as revistas *Commentary*, fundada em 1945 pelo Comitê Judeu Americano, o qual teve, de 1960 a 1995, Norman Podhoretz como editor-chefe, *The Public Interest* e *The National Interest*, criadas, respectivamente, em 1965 e 1985 por iniciativa de Irving Kristol.

Os embates teóricos e políticos assumidos pelos neoconservadores no processo de afirmação e reconhecimento como corrente de pensamento tiveram três momentos marcantes:

1) A crítica às políticas de contenção e dissuasão referentes à União Soviética, propondo uma atitude menos tolerante dos Estados Unidos e substituindo a aceitação tácita da existência dos regimes comunistas por um combate mais firme, cujo objetivo fosse a derrota de tais regimes como opção política. Nesse campo, distanciam-se do pragmatismo realista de administrações republicanas como a de Richard Nixon e defendem uma posição missionária, confiantes na possibilidade de mudar o mundo;

2) a crítica às políticas de ação afirmativa do governo de Lyndon Johnson – dentro dos programas da grande sociedade em favor do acesso de minorias étnicas à universidade e ao emprego por meio de cotas – que convivem com a ascensão dos movimentos da contracultura, matriz de um multiculturalismo cujo relativismo estaria na contramão dos valores fundacionais da nação estadunidense, delineando uma tendência de declínio da cultura democrática;

3) na direção contrária da ortodoxia dos conservadores tradicionais, defendem a manutenção do *welfare State*, embora propondo melhor delimitação dos beneficiários, na perspectiva de incentivar o consumo mediante o corte de impostos, politizando a economia com base na busca de amplos consensos populares em torno da defesa de um capitalismo próspero e distribuidor de benefícios, capaz de responder aos apelos igualitários do comunismo.[1]

---

[1] No que se refere ao papel do Estado, para Kristol: "Os Neocons não gostam da concentração dos serviços no Estado de bem-estar e se sentem gratificados estudando formas alternativas de distribuir estes serviços. Mas são impacientes com a noção hayekiana de que estamos 'no caminho da servidão'. Os Neocons não sentem esse tipo de alarme ou de ansiedade com o crescimento do Estado no século passado, vendo-o como natural, certamente inevitável" (Kristol, 2004, p.35). Em relação ao estímulo da oferta,

Essas concepções, que vão delineando o perfil do neoconservadorismo como corrente intelectual, têm também uma fonte existencial vinculada à trajetória de suas principais lideranças. O antagonismo com a União Soviética já estava fortemente enraizado em Irving Kristol desde a década de 1930, quando era estudante do City College of New York e militava no grupo trotskista Young People's Socialist League. No caso de Podhoretz, dez anos mais jovem que Kristol, seu batismo político se deu nos movimentos radicais do início da década de 1960 (Podhoretz, 1996; Kristol, 1995). O fervoroso anti-stalinismo dos anos da juventude desses líderes deu lugar a um anticomunismo visceral.

A valorização do Estado de bem-estar social e a crítica às políticas de ação afirmativa têm suas raízes na vivência de ambos, de famílias de imigrantes, dos anos do New Deal, em que o governo de Franklin Roosevelt buscou superar a pior crise econômica até então enfrentada pelo país. A recuperação da pobreza com base em políticas estatais que estimulam o crescimento econômico, impulsionando a ascensão social daqueles que apostam no esforço e no mérito, é uma marca distintiva na formação das convicções peculiares dos novos conservadores, que assumiram papel de destaque na política nacional quando da ascensão de Ronald Reagan à presidência.

Conforme assinala Irving Kristol, a influência das idéias neoconservadoras em temas-chave das plataformas de governo republicanas imprimiu nova marca na política nacional:

---

o autor defende sua relevância como parte das políticas que trouxeram mais popularidade aos presidentes republicanos: "Uma dessas políticas, a mais visível e controversa, é o corte de impostos a fim de estimular um crescimento econômico constante. Essa política não foi inventada pelos Neocons, e não eram as particularidades dos cortes de impostos que os interessaram, mas o foco constante no crescimento econômico" (Kristol, 2004, p.34).

desde sua origem entre intelectuais liberais desiludidos nos 1970, o que nós chamamos de neoconservadorismo foi uma daquelas tendências intelectuais ocultas que emergem apenas intermitentemente. Não é um "movimento", como é tido pelos críticos conspirativos. Neoconservadorismo é o que o último historiador da América Jacksoniana, Marvin Meyers, chamou de "persuasão", que se manifesta por um certo tempo, mas irregularmente, e cujo significado só percebemos claramente em retrospecto. Visto desta maneira, pode-se dizer que a tarefa histórica e a finalidade política do neoconservadorismo pareceriam ser esta: converter o partido republicano, e o conservadorismo americano em geral, contra suas vontades respectivas, em um tipo novo de política conservadora apropriada a governar uma democracia moderna. (Kristol, 2004, p.33)

Reaganomics e neoconomics

Os indicadores da década de 1970 mostram uma reversão da tendência de grande expansão da economia dos Estados Unidos, característica do período que vai do fim da Segunda Guerra Mundial até a década de 1960. Entre 1974 e 1980, o PNB real cresceu 2,5% contra 4% no período anterior, o índice de preços ao consumidor passou de 3% para 8% anuais, decaiu a produtividade de 2,5% a 0,1% ao ano, e o desemprego aumentou de 4,7% a 7,0% (Sela, 1985, p.11-2). Setores tradicionalmente importantes, como a indústria siderúrgica e a automobilística, perderam competitividade internacional diante do Japão e da Europa Ocidental.

O presidente Ronald Reagan elegeu-se com base em um discurso que prometia a retomada do crescimento. As diretrizes principais para atingir esse objetivo estavam presentes na plataforma do Partido Republicano, que anunciava uma política baseada na economia do lado da oferta (*supply side*):[2]

> O Partido Republicano considera que um orçamento equilibrado é essencial, mas se opõe à tentativa democrata de atingi-lo por meio de impostos mais elevados. Acreditamos que um aspecto fundamental no equilíbrio do orçamento consiste em restringir o gasto governamental e em acelerar o crescimento econômico, e não em incrementar a carga fiscal nas costas dos homens e das mulheres que trabalham. A estendida distribuição da propriedade privada é um dos alicerces da liberdade norte-americana. Sem ela não pode sobreviver nosso sistema de livre empresa nem nossa forma republicana de governo. As reduções de impostos estimularão o crescimento econômico e desta maneira se reduzirá a necessidade do gasto governamental com desemprego, bem-estar e programas de trabalhos públicos.[3] (Bejár; Bianchi, 1986, p.283)

As mudanças mais radicais na política econômica do governo Reagan atingiram a estrutura do gasto público e as áreas tributária e monetária. Na estrutura do gasto público, promoveu-se a redução de despesas por intermédio do corte seletivo de programas sociais da ordem de 110 bilhões de dólares para o período 1981-1984 (Sela, 1985, p.23), e ampliaram-se os gastos com defesa, como decorrên-

---

[2] De acordo com Paul Krugman, duas idéias essenciais definem a economia do lado da oferta: "Primeiro, as políticas pelo lado da procura, especialmente as monetárias, são completamente ineficazes. Segundo, os impactos sobre os incentivos resultantes da diminuição da carga tributária são muito grandes, de modo que diminuir impostos aumenta tremendamente a atividade econômica, talvez a tal ponto que as receitas tributárias aumentem em vez de cair" (Krugman, 1997, p.107-8).

[3] Plataforma Republicana. Béjar, Maria D. e Bianchi, S. *Reagan, los neoconservadores en Estados Unidos*. In: Plá, 1986, v.69, p.283.

cia da retomada de uma posição ofensiva contra a União Soviética, prevendo aumento anual de 8% nos cinco primeiros anos (Béjar; Bianchi, 1986, p.230). Na política tributária, a poupança e os investimentos foram estimulados com a redução de impostos para as pessoas físicas e o aumento de incentivos fiscais para as empresas. Na política monetária, buscou-se controlar a inflação por meio da elevação da taxa de juros e da valorização do dólar. A chamada "diplomacia do dólar forte" destinava-se a financiar os déficits comercial e orçamentário pela captação da poupança internacional.

Os resultados foram favoráveis às expectativas do governo. A inflação caiu de 12% ao ano no fim do governo Carter para 5% em 1983. Entre 1982 e 1983, o desemprego caiu de 10,7% para 7,3%, e a renda média teve elevação de 9%, contribuindo para a reeleição de Reagan em 1984.

Em relação a indicadores como inflação, desemprego e aumento da demanda, o desempenho manteve-se positivo até o fim do segundo mandato. Os aspectos mais controversos apresentaram-se na área social e no setor externo, que não tiveram quadro tão promissor.

Os cortes em programas sociais, com o argumento de reduzir gastos públicos, foram compensados pelo aumento das despesas militares, que elevaram o déficit para 200 bilhões de dólares em 1985. A captação da poupança externa, favorecida pelas altas taxas de juros, permitia financiar esse déficit e controlar a inflação, porém o dólar valorizado comprometeu ainda mais a competitividade da indústria do país, barateando as importações e aumentando o saldo negativo da balança comercial.

Além de promover o consumo, a política tributária de Reagan deixou a estrutura social mais polarizada. Entre 1979 e 1989, a parcela 1% mais rica da população aumentou sua parte na renda nacional de 25% para 35% do total (De Brie, 1989, p.6).

No segundo mandato, alguns limites à continuidade dessa política começaram a aparecer. Nos Acordos do Plaza (setembro de 1985) e do Louvre (fevereiro de 1987), celebrados pelo Grupo dos Sete (G7),[4] o banco central dos Estados Unidos (FED) forçou a desvalorização do dólar, impondo grandes perdas a seus credores. Essa decisão foi tomada em um momento em que a dependência financeira externa do país atingia um estágio crítico por causa do crescimento acelerado do déficit fiscal, que chegava a US$ 220 bilhões em 1986.

Em outubro de 1987, deu-se o *crack* da bolsa de valores de Nova York, no qual US$ 1,5 trilhão se evaporou. Parte do déficit fiscal de US$ 148 bilhões nesse ano foi coberta com reservas oficiais, dada a relutância dos investidores, principalmente japoneses, em continuar financiando as políticas de Reagan.

Nos debates da época, a idéia de declínio dos Estados Unidos começava a ganhar força crescente (Kennedy, 1989). Os indicadores de perda de competitividade e dependência do financiamento externo eram claros: em 1986, 26 bancos japoneses figuravam entre os cem primeiros do mundo, controlando 40% dos ativos, contra 14 dos Estados Unidos, que controlavam 12%; a participação na produção industrial mundial caiu de 53% em 1946 para 19,5% em 1987 e, nas exportações, de 36% para 10%. De acordo com dados apresentados por Arrighi (1996, p.328), que incluem, além dos dois períodos presidenciais de Reagan, parte do mandato de seu sucessor, George Bush, entre 1981 e 1991, o déficit do orçamento federal e o total da dívida pública passaram, respectivamente, de US$ 74 bilhões e US$ 1 trilhão, para mais de US$ 300 bilhões e US$ 4 trilhões.

Para Irwin Steltzer, diretor de Estudos Econômicos do Hudson Institute,[5] a política de Reagan apresentava uma lógica coerente com

---

[4] O G7 incluía, na época, Estados Unidos, Japão, Alemanha Ocidental, Inglaterra, França, Itália e Canadá.

[5] O Hudson Institute, fundado em 1961, é um dos *think tanks* que se situam no campo mais ideológico do conservadorismo estadunidense. Seu objetivo é desenvolver análises de política pública para o governo, os negócios e os

objetivos estratégicos, destacando a abordagem de *supply side* como grande contribuição dos neoconservadores à retomada da hegemonia dos Estados Unidos. Em sua perspectiva, os déficits gerados pelo corte de impostos e a elevação dos gastos militares representaram um investimento. Deixavam o governo livre para gastar, com ganhos eleitorais proporcionais à percepção popular de aumento do poder aquisitivo e estimulavam o espírito empreendedor, levando os agentes econômicos a assumir maiores riscos. No plano internacional, o retorno mais visível foi a vitória na Guerra Fria, tornando insustentável para a União Soviética manter a corrida armamentista. Nesse sentido, os déficits dos anos 1980 foram compensados pelos cortes de gastos com defesa da década de 1990.

Políticas similares estariam sendo implementadas pelo governo de George W. Bush, favorecendo bons resultados eleitorais, como a reeleição do presidente e a obtenção da maioria no Poder Legislativo pelo Partido Republicano. Stelzer ilustra a lógica dessas políticas com uma piada bem reveladora: "A vantagem dos déficits neoconservadores é que nos deixam livres para gastar o que queremos quando estamos no poder e forçam os democratas a elevar os impostos quando vão para a Casa Branca" (Steltzer, 2004a, p.196). Efetivamente, de um déficit herdado de US$ 290 bilhões em 1992, o governo Clinton deixou para o sucessor um superávit de US$ 237 bilhões – em parte obtido com uma política de aumento de impostos – que no

---

setores não voltados para fins lucrativos. Entre os funcionários de administrações republicanas vinculados à instituição destacam-se Dan Quayle, vice-presidente no governo de George Bush, Elliot Abrams, subsecretário para Assuntos Interamericanos do Departamento de Estado nas duas administrações de Ronald Reagan e assessor especial de George W. Bush para assuntos do Oriente Próximo e da África do Norte, e Paula Dobriansky, subsecretária para Assuntos Globais do Departamento de Estado na gestão de Colin Powell.

final do primeiro mandato de George W. Bush se transformou em um déficit de US$ 307,4 bilhões.

Ao analisar o contexto posterior à reeleição de Bush, Steltzer defende a continuidade das políticas de *supply side*, não visualizando a necessidade de mudanças radicais no combate aos déficits orçamentários. Para ele, não é nem viável nem defensável desmontar totalmente o Estado de bem-estar, sobretudo por meio da privatização do sistema de seguridade social. O que recomenda é a maior liberalização, diminuindo a presença do Estado. Também não vê como provável a alteração da política de corte de impostos do primeiro mandato. O crescimento da economia, em especial nos níveis de consumo e de emprego, tenderá a compensar favoravelmente eventuais perdas de arrecadação (Stelzer, 2004b).

Paul Krugman, um crítico das políticas tributárias aplicadas por Reagan e George W. Bush, vê algumas diferenças de concepção entre os dois presidentes.

> Não sou um admirador de Reagan, mas ele pelo menos apresentou seu plano de maneira honesta: não negou que estava propondo grandes cortes de impostos para os ricos nem escondeu o fato de que esses cortes podiam custear-se só à luz das teorias econômicas do lado da oferta. Quando Bush propôs um plano similar, o apresentou de forma enganosa: aparentou que o corte de impostos era principalmente para a classe média e alegou que era claramente coerente com um orçamento responsável. (Krugman, 2004, p.151)

De acordo com seus cálculos, o alívio tributário no corte do imposto de renda para as famílias que ganham US$ 50 mil ao ano seria de US$ 800 dólares, para aquelas que ganham um milhão ao ano seria de aproximadamente US$ 50 mil (Krugman, 2004, p.164).

O corte de impostos foi apresentado como necessário para combater tendências recessivas que teriam sido acentuadas pelo 11 de setembro, no entanto Krugman vê um padrão de comportamento que marca a influência neoconservadora na administração Bush. Da mesma forma que a invasão do Iraque, a política tributária fazia parte de planos anteriores, que se tornam politicamente viáveis a partir do forte impacto dos atentados.

A globalização da Doutrina Monroe

Em meados dos anos 1990, momento de refluxo da influência neoconservadora na política nacional, Norman Podhoretz sistematiza a nova posição a ser assumida pelo grupo: "Agora somos todos gramscianos" (Podhoretz, 1996, p.26). Mais do que a presença física nos espaços de poder, é importante que as idéias fundamentais sejam absorvidas pelos atores relevantes, transformando-se, como diria Marx, em força material. Com a ascensão de Bush, torna-se possível conciliar as duas dimensões. "Como resultado, o neoconservadorismo começou a desfrutar de uma segunda vida, num momento em que seus obituários ainda estavam sendo publicados" (Kristol, 2004, p.37).

Para Irving Kristol, na política externa, assim como na economia e na cultura, não há uma teoria neoconservadora, mas um conjunto de idéias, uma persuasão,[6] que ele sistematiza em quatro princípios:

---

[6] Comentando os diálogos a respeito da justiça na *República* de Platão, Leo Strauss, importante influência filosófica nas idéias de Kristol, apresenta a persuasão como uma arte "necessária para convencer os governantes e em especial as assembléias governantes, ao menos na aparência, da sua própria vantagem. Até os governantes necessitam da arte da persuasão para convencer seus súditos de que as leis, promulgadas pensando exclusivamente no benefício dos governantes, beneficiam aos súditos" (1993a, p.48).

Primeiro, o patriotismo é um sentimento natural e saudável e deve ser incentivado por instituições privadas e públicas... Em segundo, um governo mundial é uma idéia terrível uma vez que pode conduzir a uma tirania mundial. As instituições internacionais que têm como finalidade um governo mundial devem ser olhadas com a suspeita mais profunda. Em terceiro lugar, o estadista deve, sobretudo, ter a habilidade de distinguir amigos de inimigos... Finalmente, para uma grande potência, "o interesse nacional" não é um termo geográfico, à exceção dos temas razoavelmente prosaicos como as regulamentações comerciais e ambientais... E as grandes nações, cuja identidade é ideológica, como a União Soviética de ontem e os Estados Unidos de hoje, inevitavelmente têm interesses ideológicos além dos outros interesses materiais. (Kristol, 2004, p.36)

Em termos históricos, as idéias apresentadas por Kristol, assim como as posições assumidas pelo governo de George W. Bush, recuperam a tradição da Doutrina Monroe, cujo alvo original foi o Hemisfério Ocidental, mas que após a invasão do Iraque passa a animar a ação internacional estadunidense.

Durante o século XIX, a política externa dos Estados Unidos pautou-se pelo isolacionismo, evitando o envolvimento em disputas entre as potências européias. Com base na doutrina formulada pelo presidente Monroe, em 1823, a defesa do isolamento em relação à Europa passou a ser estendida ao conjunto do hemisfério. Preocupados com as intenções da Espanha de reverter, com o apoio da Santa Aliança, o processo de independência latino-americano, os Estados Unidos decidiram fixar limites à intervenção de potências européias no continente.

Afirmamos, como um princípio em que os direitos e interesses dos Estados Unidos estão envolvidos, que os continentes americanos, pelo fato de terem assumido e de manter sua condição livre e independente, não devem ser considerados sujeitos a futuras colonizações por parte de qualquer potência européia... consideraríamos qualquer tentativa de estender seu sistema a qualquer parte deste hemisfério como perigo para nossa paz e segurança. (Monroe, 1998, p.202)

Nesse momento, inaugurou-se uma política externa cujos delineamentos principais estiveram presentes nas relações com a América Latina no decorrer do século XIX e em boa parte do século XX. Três argumentos destacam-se na posição assumida pelos Estados Unidos de guardião da segurança hemisférica: 1) a existência de ambições expansionistas na região por parte de potências extracontinentais; 2) a defesa de um modo de vida que expressa o maior grau de avanço conhecido pela civilização, na época representado pelo regime político republicano, a ser defendido das ambições colonialistas das monarquias européias; e 3) a fragilidade das novas repúblicas latino-americanas para defender seus próprios interesses sem a ajuda dos Estados Unidos.

A Doutrina Monroe nunca foi formalmente abandonada, no entanto sua invocação explícita se limita ao período de 1823 a 1904, quando formulados seus cinco corolários. O primeiro, do secretário de Estado Henry Clay, de 1825, vetava a possibilidade de transferência de Cuba e Porto Rico, colônias da Espanha, a qualquer outra potência. Os alvos eram, sobretudo, a Inglaterra, o México e a Colômbia, no caso dos dois últimos, pelo fato de poderem estimular a independência de Cuba. O segundo, formulado pelo presidente James K. Polk, em 1845, buscava desestimular qualquer interesse, em particular da Inglaterra, pelo Texas, que foi separado do México em 1936 e, posteriormente, incorporado à União Americana. Em 1871, o presidente Ulysses S. Grant invocou a Doutrina Monroe com o objetivo de desestimular eventuais intenções de recolonização da República Dominicana por parte da Espanha, após a anexação de 1861 e sua retirada em 1865. Em 1895, o secretário de Estado Richard Olney enviou uma mensagem a Londres sobre a disputa fronteiriça entre Venezuela e Guiana Inglesa, propondo que os Estados Unidos fossem mediadores do conflito de interesses, sob o argumento de que a Doutrina Monroe não estava sendo respeitada. O quinto, e mais conhecido, foi formulado por Theodore Roosevelt, em dezembro de 1904, cuja denominação mais comum é *big stick*. Sob o pretexto de defender o hemisfério das políticas imperiais de potências extracontinentais, por causa de problemas surgidos com a insolvência da Venezuela no pagamento de sua dívida externa –o que resultou no bloqueio de seus portos por uma esquadra de barcos ingleses, alemães e italianos –, os Estados Unidos adjudicaram-se o direito exclusivo de intervenção:

> Nossos interesses e os dos nossos vizinhos do Sul são em realidade os mesmos. Eles possuem grandes riquezas naturais, e se dentro de seus limites o reino da lei e da justiça é alcançado, então é certo que a prosperidade virá junto. Enquanto obedecem assim às leis primárias da sociedade civilizada, podem eles ficar tranqüilos e certos de que serão por nós tratados num clima de simpatia cordial e proveitosa. Eles só merecerão a nossa interferência em último caso, e então apenas se for constatado claramente que sua inabilidade ou fraqueza para executar a justiça em casa e no exterior tenha violado os direitos dos Estados Unidos ou incitado a agressão estrangeira em detrimento do conjunto das nações americanas. (Morris, 1956, p.184-5)

Após o governo de Theodore Roosevelt, e até o fim da Guerra Fria, embora a Doutrina Monroe não tivesse sido invocada como justificativa de ações na região, os três argumentos do intervencionismo apontados continuam presentes.

A partir de 1930, durante a presidência de Franklin Roosevelt, conhecida nas relações hemisféricas como o período da boa vizinhança, não se verificaram intervenções unilaterais. No entanto, no contexto

A PERSUASÃO CONSERVADORA 93

da Segunda Guerra Mundial, houve pressão para o envolvimento da região com os Aliados, impondo até mesmo formas de ajuda econômica, como no caso da Bolívia, que vendeu seu estanho abaixo do preço de mercado (Ayerbe, 2002). A proteção da região da influência das potências vinculadas ao Eixo, seja pelo alinhamento de países com a política externa da Alemanha, seja pela adoção de sistemas políticos similares, levou os Estados Unidos a promover o isolamento regional de governos suspeitos de simpatias com o totalitarismo nazi-fascista, conforme aconteceu com a então ditadura militar argentina.

Durante a Guerra Fria, quando os Estados Unidos assumiram o papel internacional de guardiões do chamado mundo livre contra o avanço do comunismo, a região passou a sofrer crescentes interferências, sob o argumento de combate ao expansionismo soviético, que poderia encontrar terreno favorável nas fragilidades do desenvolvimento da região, especialmente as decorrentes das desigualdades sociais acentuadas. O exemplo emblemático que sustenta esse tipo de preocupação é a Revolução Cubana. A resposta norte-americana pautou-se pela combinação de pressões econômicas em favor da promoção da abertura dos mercados nacionais ao capital estrangeiro e do combate aos regimes nacional-populistas e de esquerda, que expressariam as escolhas "erradas" para lidar com os desafios do desenvolvimento. Como resultado, promoverá a disseminação de governos aliados (militares ou não) na agenda global contra o comunismo.

Essa política obteve sucesso. Entre os anos 1960-1980, assistimos à derrota militar da esquerda armada, com desdobramentos na repressão a todas as formas de oposição, pacíficas ou não, e à paulatina substituição das políticas econômicas de cunho nacionalista pela implementação de uma agenda de liberalização econômica.

A vitória alcançada na América Latina contra os adversários do sistema e a eficiência demonstrada pelas políticas exteriores dos Estados Unidos, da segunda metade do século XX, na condução da região para um caminho de "convergência" com o modo de vida vigente no norte do hemisfério se tornaram exemplo encorajador de novas posições missionárias.

Após os atentados em Washington e Nova York, o tema da segurança assumiu o destaque principal, direcionando as atenções para o Oriente Médio. No enfrentamento de um novo inimigo, cuja periculosidade é posta em patamares similares ou superiores aos da Guerra Fria, os neoconservadores defendem a retomada da tradição do *big stick*. Para David Frum e Richard Perle, ex-funcionários da administração Bush e pesquisadores do American Enterprise Institute (AEI), o grande sinal enviado pelo 11 de setembro é a perda de capacidade de contenção da ameaça terrorista dentro de fronteiras limitadas, o que demanda mudança de estratégia.

Dependendo da posição de cada país na guerra contra o terrorismo, são propostas três linhas de ação. No caso dos governos que assumem com decisão o combate às ameaças no interior das fronteiras nacionais, os Estados Unidos devem fornecer todo o apoio necessário. Em relação àqueles que conciliam com o terrorismo, o poder de retaliação estadunidense deverá ser aplicado com todo rigor. Já nas situações em que a fraqueza do Estado dificulta a defesa do país, recomenda-se o intervencionismo unilateral.

Nessa última situação, é invocada a Doutrina Monroe, especificamente o corolário formulado por Theodore Roosevelt, em 1904, considerado mais atual e eficaz do que o "superado" sistema das Nações Unidas.

A sabedoria transparente do corolário de Roosevelt – que reconhece que, se os Estados Unidos não mantiverem a ordem no Caribe, os alemães ou os ingleses o farão – cedeu espaço às esperanças idealistas da carta da ONU de que poderíamos administrar tudo coletivamente. Aquelas esperanças viraram pó há muito tempo. E agora, um século depois, uma versão atualizada do corolário de Roosevelt parece retornar como o direito internacional das nações. (Frum e Perle, 2003, p.120-1)

Nessa empreitada civilizadora, os neoconservadores reivindicam a construção de Estados como uma das tarefas necessárias à implementação da estratégia de guerra preventiva. Respondendo a críticas do secretário-geral das Nações Unidas, Kofi Annan, ao questionar a viabilidade de uma democratização do Iraque imposta pela força, Frum e Perle assumem a validade desse tipo de ação: "Annan está errado. Na maior parte das vezes, a democracia não terá chance, a menos que seja ajudada do exterior – e pela força, se necessário" (Frum e Perle, 2003, p.278). Para eles, o país já fez isso antes, com sucesso, na Europa Ocidental e no Leste da Ásia, no fim da Segunda Guerra Mundial, e mais recentemente na América Central. Voltaremos a este tema no próximo capítulo.

A exacerbação do unilateralismo por parte do governo Bush, como resposta aos desafios apresentados pela agenda de combate ao terrorismo, revela uma opção pelo endurecimento que busca tornar mais explícitas as fronteiras políticas, econômicas e culturais da ordem mundial propostas pelos Estados Unidos, recriando os três elementos que destacamos na caracterização da trajetória iniciada por Monroe: o terrorismo como nova ameaça global ao "mundo livre", encontrando nas fragilidades enfrentadas pelos países em desenvolvimento um campo fértil para a desestabilização dos esforços estadunidenses em favor da disseminação dos valores da democracia, do bom governo e da livre iniciativa, justificando sua intervenção direta na defesa da "civilização" contra a "barbárie".

Modernidade *versus* niilismo

> *"esta nação está em guerra com os fascistas islâmicos que usarão todos os meios para destruir aqueles de nós que amam a liberdade, para ferir nossa nação".*
> (George W. Bush, 2006)

No âmbito da cultura, os neoconservadores alertam para a emergência de uma guerra contra os valores e os princípios que estariam na raiz da civilização ocidental. Irving Kristol chama a atenção para a mudança de agenda dos movimentos sociais após o fim da Guerra Fria, focalizando especialmente os da contracultura. Para ele, as posições que enfatizam a diferença, baseadas na valorização do pluralismo de origem étnica, racial e sexual, ameaçam uma tradição marcada pela capacidade de os Estados Unidos, país de imigrantes, assimilar outras culturas, fortalecendo uma tendência em direção à desocidentalização.

Nesse sentido, o componente terceiro-mundista do multiculturalismo faz parte de uma estratégia política e ideológica antiamericana e antiocidental, cujas batalhas principais se dão nos *campi* universitários.

Não é um exagero dizer que esses radicais dos campi (tanto professores como estudantes), tendo desistido da "luta de classes", mudaram agora para uma agenda de conflito étnico-racial. A agenda, na sua dimensão educacional, tem como propósito explícito induzir nas mentes e sensibilidades de uma minoria de estudantes a "consciência terceiro-mundista" – de acordo com a frase que utilizam ... O que esses radicais brandamente chamam de multiculturalismo é mais uma "guerra contra o Ocidente" como alguma vez o foram o nazismo e o stalinismo. (Kristol, 1995, p.52)

Na perspectiva de intelectuais neoconservadores como Alan Bloom e Gertrude Himmelfarb,[7] o pós-modernismo e o descons-

---

[7] Alan Bloom, já falecido, foi professor de História das Idéias na Universidade de Chicago, discípulo do filósofo Leo Strauss, tornou-se um dos principais divulgadores do pensamento neoconservador no âmbito da filosofia política e da cultura, especialmente por meio do seu *best seller The closing of the American mind*, [O fechamento da mente americana] que aqui utilizamos em sua edição portuguesa. Gertrude Himmelfarb, historiadora especializada na Inglaterra do período vitoriano, compartilha, com Irving Kristol, com quem é casada, longa trajetória política que começou nos anos do trotskismo.

trucionismo são a grande fonte teórica desses movimentos, disseminando concepções pautadas pelo historicismo e pelo relativismo de valores, cujo principal desdobramento é a diluição das hierarquias. Para Bloom,

> Negar a possibilidade de conhecer o bem e o mal é suprimir a verdadeira abertura. Uma atitude histórica adequada levaria uma pessoa a duvidar da verdade do historicismo (a perspectiva de que todo o pensamento está essencialmente relacionado com o seu próprio tempo e não pode transcendê-lo) e a tratá-lo como uma característica da história contemporânea. O historicismo e o relativismo cultural são realmente um meio de evitar testar os nossos próprios preconceitos e de evitar perguntas, por exemplo, se os homens são realmente iguais ou se essa opinião é meramente um preconceito democrático. (Bloom, 1987, p.34)

Himmelfarb identifica componentes politicamente perigosos nas concepções que questionam a adoção de julgamentos absolutistas em relação ao que é "certo" ou "errado", "virtude" ou "vício", "verdade", "objetividade", "conhecimento" e "realidade", que tenderiam a relativizar a valoração moral de atrocidades inquestionáveis como o holocausto, o *apartheid*, a escravidão e a limpeza étnica.

Com essa contracultura, coexiste uma cultura "dissidente", que Himmelfarb denomina contra-contracultura, pautada pela adesão a valores morais austeros, em contraposição às "patologias sociais" que marcariam as posições dominantes, em especial "o colapso de hábitos e princípios éticos, a perda do respeito pelas autoridades e instituições, o colapso da família, o declínio da civilidade, a vulgarização da cultura elevada e a degradação da cultura popular" (Himmelfarb, 2001, p.20). Entre as forças da contra-contracultura, o autor destaca a direita religiosa, os evangélicos e os tradicionalistas das igrejas protestantes e católica, os mórmons e os judeus ortodoxos. A essas forças institucionais, incorporam-se também setores não necessariamente religiosos, mas que partilham da crítica ao que consideram a dissolução dos valores fundacionais da nação.

Para Himmelfarb, a divisão no âmbito da cultura tende a polarizar cada vez mais o debate político, antepondo-se aos conflitos vinculados a temas econômicos, o que se tornou visível nas eleições de 2000. George W. Bush seria o primeiro candidato presidencial a perceber esse fenômeno, colocando no centro de sua mensagem "a restauração da autoridade moral dos valores americanos" (Himmelfarb, 2001, p. 149).[8] Essa situação se repete nas eleições de 2004, na qual a divisão do eleitorado refletiu menos a economia que os valores.

A inclusão do pós-modernismo entre os protagonistas da "desconstrução" da idéia de Ocidente evidencia o desconforto com a disseminação no meio acadêmico de uma posição teórica cujo ponto de partida é a deslegitimação dos grandes relatos universalizantes da modernidade, colocando o liberalismo na categoria de subproduto da razão eurocentrista. Para os neoconservadores, recuperar o "Ocidente" significa delimitar uma totalidade historicamente determinada, em constante progresso, atualmente no auge de sua evolução, em oposição a um conjunto heterogêneo de culturas que perpassam, cada vez mais, os espaços nacionais. A substituição da idéia de história como processo unitário de desenvolvimento da humanidade por uma visão atomizada de infinitos pequenos relatos introduz elementos perturbadores para a hegemonia de valores considerados universais, relativizando o conteúdo de terminologias que distinguem a ordem da desordem: "democracia", "liberdade", "soberania", "segurança", "mercado", "propriedade". Em consonância com essa percepção, a contracultura é estigmatizada como prenúncio da dissolução das hierarquias, do niilismo, em uma dimensão comparável à crise de

---

[8] A autora cita frase de Shelby Steele em artigo do *Wall Street Journal*.

identidade que abalou a República de Weimar e abriu espaço à ascensão do nazismo na Alemanha. Conforme aponta Bloom,

> A ciência social nega que o pensamento ... pudesse ter tido qualquer coisa a ver com o êxito de Hitler. Mas a República de Weimar, tão atraente na sua versão de esquerda para os americanos, também continha pessoas inteligentes que foram atraídas, pelo menos no princípio, para o fascismo, por razões muito parecidas com as que motivaram os ideólogos da Esquerda, idéias sobre autonomia e criação de valores. Logo que uma pessoa mergulha no abismo, não há qualquer certeza de que a igualdade, democracia ou socialismo se encontram no outro lado. Quando muito, a autodeterminação é indeterminada. (Bloom, 2001, p.130)

Derrotados o nazi-fascismo e o comunismo, os dois totalitarismos antiliberais do século XX, as baterias neoconservadoras voltam-se para o fundamentalismo de origem islâmica, que conquista corações e mentes em segmentos significativos da população muçulmana nos países do norte da África, do Oriente Médio e da Ásia, e ameaçariam se disseminar para as comunidades de imigrantes dessa origem na Europa e nos Estados Unidos.

Para combater esse novo inimigo, Charles Krauthammer[9] defende a política externa adotada por George W. Bush, para a qual cunha a expressão "realismo democrático", que define "o interesse nacional não como poder, mas como valores" (Krauthammer, 2004a, p.14). Para ele, a guerra preventiva e a construção de Estados democráticos representam a única alternativa capaz de enfrentar os inimi-

---

[9] Krauthammer, ensaísta vinculado ao neoconservadorismo, escreve no jornal *The Washington Post* e na revista *Time*, além de contribuir com *The Weekly Standard*, *The New Republic* e *The National Interest*.

gos responsáveis pelo 11 de setembro, já que o problema não se resume à pessoa de Bin Laden, mas envolve

o caldeirão da opressão política, da intolerância religiosa e da ruína social no mundo árabe-islâmico – opressão transformada e desviada num antiamericanismo virulento e assassino por regimes sem nenhuma legitimidade. Não é um homem; é uma condição.[10] (Krauthammer, 2004a, p.17)

---

[10] Frum e Perle complementam os argumentos de Krauthammer explicitando, sem meias-palavras, sua percepção do fundamentalismo islâmico como expressão da falência sistêmica de um modo de vida: "Pegue uma vasta área da superfície da Terra, habitada por povos que se lembram de uma grande história. Enriqueça-os o suficiente para que tenham recursos para conectar-se via satélite e Internet, de modo que possam ver como é a vida atravessando o Mediterrâneo ou o Atlântico. Então os condene a viver em cidades apertadas, miseráveis e poluídas, governadas por funcionários corruptos, incompetentes. Enrede-os em regulamentos e controles de modo que ninguém possa nunca fazer muito da sua vida exceto pagando por fora a algum funcionário desonesto. Subordine-os a elites que se tornaram de repente incalculavelmente ricas através de transações sombrias que envolvem os recursos do petróleo que supostamente pertencem a todos. Cobre-lhes impostos para o benefício de governos que não fornecem nada em retorno, exceto estruturas militares que perdem todas as guerras que lutam: sem estradas, sem clínicas, sem água limpa, sem iluminação nas ruas. Negue-lhes qualquer fórum ou instituição ... onde possam livremente discutir suas queixas. Mate, prenda, corrompa ou mande para o exílio cada figura política, artista ou intelectual capaz de articular uma alternativa moderna à tirania burocrática. Negligencie, feche ou simplesmente fracasse em criar um sistema escolar eficaz – de modo que as mentes da geração seguinte sejam formadas inteiramente por clérigos cuja mente não contém nada além de teologia medieval e um conhecimento vago da autopiedade do nacionalista do terceiro mundo. Combine tudo isso, e que outra coisa poderia se esperar fora uma população enfurecida, pronta a transmutar cada frustração da sua frustrante vida diária em um ódio fanático de tudo aquilo 'não-islâmico'"? (Frum e Perle, 2003, p.160-1)

A PERSUASÃO CONSERVADORA 101

A nova cruzada incorpora, no interior dos Estados Unidos, o ideário da guerra cultural, questionando o patriotismo daqueles que se opõem à invasão do Iraque sob argumentos "pós-modernos", como o direito de autodeterminação das nações, defesa do pluralismo e da autonomia de modos de vida. Como aconteceu durante a Guerra do Vietnã, considera-se que as ações de grupos pacifistas e demais subprodutos da contracultura podem dificultar a capacidade decisória do governo no combate ao terrorismo e na exportação da democracia. A persuasão neoconservadora tende a ganhar adeptos entre setores anteriormente críticos do intervencionismo estadunidense, cuja adesão é proporcional ao convencimento de que uma nova forma de fascismo ameaça o Ocidente, diante do qual não devem ser cometidos os mesmos erros que os governantes da França, da Inglaterra e dos Estados Unidos, assim como setores da esquerda e da intelectualidade, cometeram em relação à ascensão de Hitler. Com base nessa avaliação, assumem como necessário que se tomem medidas preventivas capazes de anular na raiz qualquer possibilidade de expansão da cultura política totalitária que animaria o fundamentalismo islâmico.

Essa posição é defendida por Paul Berman, vinculado ao periódico de esquerda *Dissent*, que manifesta seu apoio à política externa de George W. Bush sob o argumento de que se trata de uma "guerra liberal de libertação, em parte militar, mas, em última instância, intelectual, uma guerra de idéias, de combate ao redor do mundo" (Berman, 2003, p.191). Em apoio à sua posição, invoca os discursos do presidente em resposta ao 11 de setembro, que não se limitam ao combate ao terror, identificando como alvos o totalitarismo, a defesa dos direitos das mulheres, da liberdade e do progresso social e político no mundo muçulmano.

Certamente, Berman não desconhece a existência de objetivos realistas na estratégia dos Estados Unidos para o Oriente Médio, tendo em vista a origem conservadora da administração Bush, seus vínculos históricos com as elites e os governos autoritários da região e os interesses relacionados ao petróleo. No entanto, sua abordagem identifica um conflito de alcances históricos e culturais que remetem à defesa dos avanços promovidos pela ordem liberal que se estabelece no Ocidente a partir do século XIX, em especial após o fim das Guerras Napoleônicas. Para ele, a despeito dos interesses políticos, econômicos e militares que acompanharam a formulação da Doutrina Bush, há aspectos progressistas que devem ser recuperados e promovidos, basicamente a defesa de valores, atitudes e concepções que conformariam a base do liberalismo, mas estariam ausentes no modo de vida pregado pelo fundamentalismo do Islã.

É o reconhecimento de que a vida não está governada por uma única autoridade que tudo sabe, todo-poderosa – por uma força divina. É a idéia tolerante de que cada esfera da atividade humana – a ciência, a tecnologia, a política, a religião e a vida privada devem funcionar independentemente das outras, sem tentar juntar tudo sob a guia de uma única mão. É uma crença em muitos, em vez de um. É uma insistência na liberdade do pensamento e na liberdade da ação – não na liberdade absoluta, mas... na liberdade relativa: uma liberdade que reconhece também a existência de outras liberdades. Liberdade que chegou conscientemente. Liberdade que é escolhida, e não apenas concedida por um Deus elevado. (Berman, 2003, p.37-8)

Um componente destacado por Berman no totalitarismo avivado pelo terrorismo dos atentados suicidas é o desprezo pela vida. Nesse aspecto, remete à descrição que Albert Camus faz dos niilistas e suas crenças, em que o suicídio e o assassinato representam os dois lados de um mesmo sistema, assumindo-se como um antiniilista para quem a própria segurança está amparada pela liberdade dos outros (Berman, 2003, p.210).

A preocupação com a disseminação do terrorismo como forma de ação política também está presente na análise de Oriana Fallaci, jornalista e escritora italiana que adquiriu notoriedade na década de 1960 por seus artigos críticos sobre a intervenção dos Estados Unidos no Vietnã. Suas posições atuais, embora adotem um tom militante que beira o panfletário, expõem sem meias-palavras os medos que assombram parte importante das elites do Ocidente.

Para Fallaci, as ações suicidas são parte de uma concepção de mundo que vê na morte um privilégio e, longe de representar uma visão extremista de grupos minoritários, é componente essencial do Islã, que promove uma estratégia de dominação de longo prazo, combinando o terrorismo, a migração e a expansão demográfica.[11] Citando dados da ONU, a autora mostra que a taxa de crescimento anual das populações de origem muçulmana oscila entre 4,60% e 6,40%, enquanto a de origem cristã é de 1,40%. O maior impacto ocorre nos países da Europa, grandes receptores de imigrantes do norte da África e do Oriente Médio.

Fallaci vê nessa expansão uma guerra contra o Ocidente que, além do componente da violência física, incorpora a "guerra que se faz roubando um país de seus cidadãos" (Fallaci, 2004, p.159). Isso se daria por meio das ações afirmativas que os líderes religiosos promovem em favor de direitos especiais que legalizem a prática de hábitos culturais de suas comunidades, mesmo que se contraponha às leis do país anfitrião, em especial aquelas que tratam da igualdade

---

[11] Um exemplo que Fallaci cita para mostrar que o expansionismo islâmico é uma estratégia que já dura há várias décadas é o discurso proferido em 1974 pelo então presidente da Argélia, Boumedien, na Assembléia Geral das Nações Unidas, anunciando que: "Um dia milhões de homens abandonarão o Hemisfério Sul para irromper no Hemisfério Norte. E não o farão precisamente como amigos. Porque irromperão para conquistá-lo. E o conquistarão povoando-o com seus filhos. Será o ventre das nossas mulheres o que nos dará a vitória" (Fallaci, 2004, p.60).

dos sexos, da monogamia e da formação religiosa nas escolas. Na promoção dessa agenda multicultural, eles estariam sendo beneficiados pelo apoio dos que defendem o relativismo e a autonomia de estilos de vida em nome do "politicamente correto", que "negam sempre o mérito ... Substituem sempre a qualidade pela quantidade. Mas é a qualidade que move o mundo ... O mundo avança graças aos poucos que têm qualidade, que valem, que rendem" (Fallaci, 2004, p.241).

A estratégia expansionista do Islã não é nova, mas Fallaci reconhece que passou despercebida até o fim da Guerra Fria, quando a dicotomia capitalismo/comunismo deixou de monopolizar as atenções. Agora, tornou-se claro que o Ocidente enfrenta outro desafio, que não vem da esquerda, mas de uma direita que floresce nos países mais retrógrados do mundo:

> Fora a América Latina, onde a civilização ocidental é um sonho nunca realizado, ou nem sequer perseguido, esses países são todos países do Oriente Médio e do Extremo Oriente e da África. Países muçulmanos. Países subjugados por séculos e séculos pelo Islã. A Direita ruim, reacionária, obtusa, feudal hoje se encontra somente no Islã. É o Islã. (Fallaci, 2004, p.238)

Por visualizar na política de Bush uma resposta à altura dos desafios do Islã, Fallaci lança um apelo ao Ocidente para que acorde e reencontre as forças da paixão e da razão.

A racionalidade dos fins

As análises anteriores mostram os argumentos dos setores que assumem a defesa da política externa de Bush em nome dos desafios impostos pela emergência de inimigos do Ocidente que põem em risco a continuidade da civilização. A invasão do Afeganistão teve o amparo das Nações Unidas e de ampla coalizão de países que não tinham dúvidas sobre as relações entre o regime Talibã e a rede Al Qaeda, ao mesmo tempo que reconheciam o direito de defesa dos Estados Unidos contra um ato de guerra.

A decisão de intervir no Iraque não obteve o mesmo apoio, e o governo Bush foi à guerra sem o aval da ONU e de numerosos países. Os Estados Unidos aparecem claramente como os agressores, atacando de modo unilateral uma nação soberana que não tinha assumido nenhuma atitude bélica contra o país. A justificativa foi a necessidade de derrubar o regime de Saddam Hussein, acusado de fabricar armas de destruição em massa e de manter vínculos com a Al Qaeda. A ação preventiva justificar-se-ia pelo grau de periculosidade e imprevisibilidade de uma ditadura unipessoal, com antecedentes de agressão a países vizinhos (Irã e Kuwait) e utilização de armas químicas no combate a inimigos internos (curdos) e externos (iranianos). A sustentação dos argumentos em relação aos vínculos com o terrorismo e a posse de armas de destruição massiva ampararam-se em relatórios de inteligência, em especial da CIA.

Meses depois da ocupação e após exaustivas investigações, não foram encontrados vestígios da produção de armas e não se conseguiu estabelecer vínculos orgânicos entre a Al Qaeda e o ex-presidente Saddam Hussein. Esses resultados têm forte impacto político, gerando controvérsias que já envolvem não apenas aqueles que sempre se opuseram à política de Bush, mas um conjunto de setores que passam a questionar eticamente o presidente e sua equipe. Em que medida houve premeditada intenção de mentir em nome de "razões de Estado", ou trata-se de uma manifestação de incompetência do governo e de suas agências de inteligência?

A influência neoconservadora na decisão de invadir o Iraque assume um lugar de destaque nas discussões sobre as concepções, os métodos e as motivações que orientam a política externa de Bush. Alguns analistas começam a apontar vínculos entre as idéias de Leo

Strauss, filósofo alemão de origem judaica que se radicou nos Estados Unidos após a ascensão do nazismo, e práticas adotadas por seus discípulos no governo, em especial dois funcionários do Departamento da Defesa que freqüentaram seus cursos quando faziam o doutorado na Universidade de Chicago, o subsecretário Paul Wolfowitz e o diretor da Oficina de Planos Especiais (OPS), Abram Shulsky (Mann, 2004a; Norton, 2004).

Entre as características peculiares da atuação dos "straussianos" estariam a validação da impostura e da ilusão como ferramentas de poder e uma concepção de inteligência que, na falta de evidências inquestionáveis em relação a fatos que orientam decisões políticas, legitima hipóteses formuladas por analistas treinados nas metodologias de pesquisa caras ao mundo acadêmico.

De acordo com Shadia Drury, estudiosa da obra de Strauss, o filósofo era

um profundo crente na eficácia e na utilidade das mentiras na política.[12] O apoio público à guerra do Iraque se baseou na mentira de que o Iraque representava uma ameaça iminente aos Estados Unidos ... Agora que se descobriram as mentiras, Paul Wolfowitz e os demais partidários da guerra negam que essas tenham sido as verdadeiras razões para levar a cabo a guerra. Então, quais foram as verdadeiras razões? Reorganizar o equilíbrio de poder no Oriente Médio em favor de Israel? Expandir a hegemonia norte-americana

---

[12] Em um comentário sobre as contribuições de Maquiavel para a filosofia política, Strauss destaca o fato de ele "ser o único pensador político cujo nome entrou no uso comum para designar um tipo de política que existe e continuará existindo qualquer que seja sua influência, uma política guiada exclusivamente por considerações de conveniência, que emprega todos os meios, justos ou injustos, o aço ou o veneno, para alcançar seus fins – sendo seu fim o engrandecimento da própria pátria –, mas também pondo a pátria a serviço do engrandecimento do político ou do estadista, ou do próprio partido" (Strauss, 1993b, p.286-7).

no mundo árabe? É possível. Mas essas razões não teriam sido suficientes em si mesmas para mobilizar o apoio do povo norte-americano à guerra. (Postel, 2003)

A ideologia neoconservadora, que para Drury domina o Partido Republicano, reflete temas caros ao filósofo alemão, fortemente marcado por sua experiência de vida durante a ascensão do nazismo. A comparação entre o processo que levou ao colapso da República de Weimar e as tensões políticas e culturais da década de 1960 nos Estados Unidos influencia sua visão crítica das modernas democracias de massas, cujas fragilidades as expõem ao niilismo e ao fascismo, sobretudo pela perda de referências religiosas, fundamentais na manutenção da ordem social. Nesse aspecto: "Ele não discorda de Marx de que a religião é o ópio do povo, ele apenas pensa que o povo necessita desse ópio" (Drury, 1999)[13]

Para lidar com os desafios desagregadores enfrentados pelas democracias liberais – sistema político em que se bem "as massas nunca governam, ninguém pode governar sem seu consenso" (Drury, 1999, p.16) –, é fundamental a constituição de uma elite capaz de combinar o exercício do poder com a arte da persuasão. Como explica Strauss, em um comentário sobre *As leis*, de Platão:

> O legislador sábio não se limitará simplesmente a dar ordens acompanhadas de sanções, ou seja, ameaças de castigo. Esta é a

---

[13] Referindo-se às concepções de Maquiavel sobre a religião, Strauss destaca como ponto mais importante a afirmação de "que todas as religiões, incluindo o cristianismo, são de origem humana, não divina ... De fato, não reconhece outra teologia que a teologia civil, a teologia que serve ao Estado e poderá ser utilizada ou não utilizada pelo Estado se assim o requerem as circunstâncias. Indica que é possível prescindir de religiões se há um monarca forte e capaz. Na realidade, isto implica que a religião é indispensável nas repúblicas" (Strauss, 1993b, p. 301-2).

maneira de guiar escravos, não homens livres. Anteporá às leis uns preâmbulos que expliquem as razões das leis. No entanto, necessita-se de diferentes tipos de razões para persuadir a diferentes tipos de homens, e a multiplicidade das razões pode resultar confusa, pondo assim em perigo a simplicidade da obediência. Então o legislador deve possuir a arte de dizer diferentes coisas simultaneamente a diferentes tipos de cidadãos de tal maneira que o discurso do legislador obtenha em todos os casos o mesmo simples resultado: obediência às suas leis. (Strauss, 1993a, p.91)

Os "sábios" que formularam a Doutrina da Guerra Preventiva, com base na qual defenderam a necessidade de intervenção unilateral no Iraque, validaram suas posições com argumentos diferentes para platéias diferentes. Para o público, as acusações já mencionadas em relação a Saddam Hussein, municiadas por informações "legitimadas" pelos serviços de inteligência. No âmbito interno do governo, o apelo à aceitação da hipótese de que o histórico de Saddam Hussein, assim como a racionalidade que movia suas ações, não deixa dúvidas de que a posse de armas de destruição em massa fazia parte de seus objetivos estratégicos e, uma vez realizado esse objetivo, o emprego contra os Estados Unidos e seus aliados regionais seria uma questão de tempo. A comprovação definitiva do estágio em que estaria o processo de fabricação das armas dependeria da derrubada do regime iraquiano e da realização de novas inspeções.

Trabalhar com hipóteses e validá-las como elemento efetivo de um processo decisório, mesmo que haja dúvidas em razão da ausência de evidências definitivas, é inerente à lógica da estratégia da prevenção e da preempção, que busca se antecipar a uma ameaça considerada possível, mas cujo grau de factibilidade é incerto. No entanto, sua aplicação seria impensável contra a China, com capacidade para responder a um ataque infligindo danos devastadores. Nesse caso, continua valendo a dissuasão. A Doutrina Bush ajusta-se a Estados militarmente fracos, incapazes de reagir para além de uma defesa precária. É justamente a percepção de seu caráter seletivo que anima países como o Irã a buscar desenvolver seu próprio arsenal nuclear, forma reconhecidamente eficaz de compensar a assimetria com grandes potências com projetos intervencionistas, conforme mostra a experiência da Coréia do Norte.

A adoção da estratégia de ação preventiva implica mudanças adaptativas na estrutura dos serviços de inteligência. Nesse campo, também se revelam as contribuições dos neoconservadores. Em estudo elaborado antes de ingressar no governo, quando fazia parte da Rand Corporation,[14] Abram Shulsky apresentou os novos temas que a administração a ser eleita em 2000 deveria levar em conta no âmbito da inteligência. Algumas falhas cometidas pelas agências do país nos anos recentes, como não ter antecipado os testes nucleares da Índia em 1998, a interceptação pela inteligência iraquiana de iniciativas contra Saddam Hussein e a subestimação dos avanços do programa de mísseis balísticos da Coréia do Norte, demonstram a necessidade de rever a estrutura de funcionamento do sistema. No plano mais amplo dessa avaliação, o autor inclui os imperativos colocados pela democratização do acesso à informação proporcionada pela era informacional, com suas vantagens e perigos decorrentes.

No âmbito das relações entre os *policymakers*, cuja autonomia na obtenção de informações tem aumentado drasticamente, e a comunidade de inteligência, cujos analistas trabalham com fontes secretas, surgem complicadores para o exercício da tomada de decisões. Como distinguir,

---

[14] A Rand Corporation, criada em 1946, tem como um dos seus principais clientes a Força Aérea. Pelo Conselho Diretor da instituição passaram funcionários importantes do governo de George W. Bush, como Condoleezza Rice, ex-conselheira de Segurança Nacional e atual secretária de Estado, e Donald Rumsfeld, secretário de Defesa. Zalmay Khalilzad, enviado especial do presidente para negociar com a oposição a Saddam Hussein, embaixador no Afeganistão e atual embaixador no Iraque, foi pesquisador sênior da Rand.

nas análises proporcionadas pelas agências, o que provém de atividades de inteligência daquilo que está disponível nas redes a que têm acesso os formuladores políticos? De acordo com Shulsky, "os *policymakers* freqüentemente não podem saber, quando suas visões diferem do analista, se devem adotá-las como baseadas em uma evidência superior ou se é razoável para eles a disputa" (Shulsky, 2000, p.264).

O dilema para os que tomam decisões é: até que ponto, em momentos de choque de opiniões com a comunidade de inteligência, pode-se confiar em informações que invocam o segredo das fontes, sendo que os *policymakers* dispõem de acesso a um conhecimento detalhado e aprofundado dos fatos sobre os quais se deve decidir? Para Shulsky,

> A resposta da inteligência poderia ser que, mesmo na ausência... de fatos sabidos somente pelos analistas, a interpretação destes deve ser preferida na base de que estudam o assunto em tempo integral, o que obviamente não acontece com os *policymakers*. Por outro lado, os *policymakers* podem ter mais experiência em tratar do assunto, ou com o país em questão, e muitos tiveram um contato mais pessoal com os funcionários estrangeiros relevantes. (Shulsky, 2000, p.264)

Em estudo que busca estabelecer a aplicabilidade das concepções de Strauss ao mundo da inteligência, Abram Shulsky e Gary Schmitt, este último diretor-executivo do "Project of the New American Century", enfatizam as contribuições da filosofia política para a análise dos diferentes tipos de regime – cujo comportamento e racionalidade não podem ser deduzidos de um universalismo pautado no *american way of life* – e para a interpretação de fontes abertas, em que o rigor analítico representa um recurso valioso na compreensão dos vínculos entre o discurso e as ações dos líderes estrangeiros, mesmo reconhecendo que para o filósofo alemão a impostura e a ilusão sejam a norma da política (1999).

Para os autores, os analistas de inteligência devem assumir um peso maior nas decisões, uma vez que os resultados de seu trabalho incorporam não apenas a coleta de informações, mas sua capacidade dedutiva e de formulação de hipóteses em caso de o acesso a fontes fidedignas ser limitado.

A concepção de Shulsky e Schmitt das atribuições do mundo da inteligência tem muito em comum com a análise de Strauss sobre a comunidade dos "homens de juízo", que retoma estudos desenvolvidos pelo filósofo islâmico Alfarabi, em seu *Compêndio das leis de Platão*. Pertencem a essa categoria:

> aqueles homens que adquiriram o hábito de discernir e alcançar o que é útil. Este hábito se adquire através da observação e da valoração adequada das observações. A valoração apropriada das observações consiste em construir juízos universais verdadeiros partindo de um número limitado de observações. (Strauss, 1970, p.182.)

O momento neoconservador

Paralelamente às desconfianças geradas pela inexistência de armas de destruição em massa e de provas consistentes de que Saddam Hussein patrocinava o terrorismo, surgem outras fontes de questionamento em relação à administração Bush. À evolução negativa da situação no Iraque, onde as forças de ocupação começam a enfrentar oposição armada de alcances inesperados, somam-se reações internacionais de indignação diante da descoberta de práticas de tortura de prisioneiros iraquianos que, mais do que excessos localizados, apontam um padrão de comportamento determinado por uma política de Estado dirigida pelo Departamento de Defesa.

Nos círculos próximos ao governo Bush, começam a ser discutidos os limites da intervenção no Iraque e da doutrina que lhe dá lastro. A grande questão é se o momento neoconservador está apenas no começo ou em sua fase final.

Em debate promovido pelo Hudson Institute, para o qual foram convocados analistas de diversas posições, apesar dos desacordos em torno da necessidade ou não de se buscar o aval da ONU e maior coalizão de países antes de lançar ataques preventivos, houve consenso a respeito de que um aspecto importante da influência das idéias neoconservadoras nas decisões tomadas pelo presidente é a capacidade do grupo de apresentar resposta prática e coerente ao 11 de setembro, não com ações isoladas de retaliação, mas com estratégia de longo alcance, amparada por uma avaliação consistente das relações internacionais.

Para fundamentar essa opinião, questionando as teorias "conspiratórias" sobre a existência de um grupo infiltrado nos altos escalões das instituições que criam a política externa, Gary Schmitt destaca o fato de que Condoleezza Rice, Colin Powell, Donald Rumsfeld e o próprio George W. Bush não são neoconservadores.

Richard Perle, vinculado ao governo na época do 11 de setembro, considera que o momento neoconservador está apenas começando; para além de suas virtudes conceituais, sua influência se deve ao fato de que "é uma abordagem dos assuntos internacionais que reflete senso comum, pragmatismo" (Hudson Institute, 2004).

Para Adrian Wooldridge, correspondente em Washington do *The Economist*, a influência do grupo tende a diminuir, embora reconheça que suas idéias, presentes no debate intelectual e político dos Estados Unidos há bastante tempo, encontraram na confusão generalizada do imediato pós-11 de setembro um espaço favorável de projeção. Nesse sentido, destaca três componentes da visão de mundo neoconservadora:

Um é o diagnóstico pessimista da natureza do mundo. Isso foi dramaticamente provado como verdadeiro pelo 11 de setembro. O

A PERSUASÃO CONSERVADORA 113

segundo é o "nacionalismo assertivo", de que a maneira de lidar com isso ... é pela afirmação do poder americano ... E um terceiro aspecto que faz o neoconservadorismo é esta idéia transformadora de que nós ... podemos levar a democracia a essa parte do mundo. (Hudson Institute, 2004)[15]

Para Wooldridge, as duas últimas idéias estariam perdendo força, uma vez que colocam em pauta questões estruturais polêmicas. Passado o impacto inicial dos atentados e das respostas do governo no Afeganistão e no Iraque, não há tanto consenso sobre a necessidade de manutenção de um estado de guerra permanente e do empreendimento de novas iniciativas contra outros países associados com o terrorismo, que implicam também a adoção posterior de custosos e complicados programas de construção de Estados.

Em artigo no *The National Interest* sobre o "momento neoconservador", Francis Fukuyama, signatário do "Project of the New American Century", põe em dúvida alguns dos pressupostos da política de Bush, criticando o realismo democrático defendido por Charles Krauthammer. Em primeiro lugar, questiona a noção de que a Al Qaeda, Saddam Hussein ou o fundamentalismo islâmico sejam inimigos existenciais dos Estados Unidos, como o foi a ex-União Soviética ou o nazismo; talvez sim para o Kuwait, o Irã, Israel e os governos do Oriente Médio. Sem desconhecer os danos que esses

---

[15] Em *The Right Nation* [A nação correta], Adrian Wooldridge e John Micklethwait, editor do *The Economist*, fazem um retrato da direita dos Estados Unidos que dimensiona os valores em detrimento das questões de classe, chamando a atenção para o enraizamento em parcelas substantivas da população do país, inclusive jovens, de um conservadorismo que incorpora traços nacionais peculiares: "seu otimismo, seu individualismo e sua crença sem complicações no capitalismo" (Micklethwait e Wooldridge, 2004, p.353).

adversários podem causar, não verifica uma ameaça civilizacional. Para ele, o islamismo carece de um apelo universalizante capaz de se contrapor ao Ocidente. Ao mesmo tempo, pergunta-se o que determina que sejam esses e não outros os principais inimigos do país, como as guerrilhas colombianas ou o regime de Chávez na Venezuela, muito mais próximos geograficamente. Mas a principal crítica é direcionada à assunção de que é possível impor pela força a democracia e o capitalismo liberal. Aqui, Fukuyama chama a atenção para uma contradição entre as concepções defendidas internamente e as práticas implementadas no exterior.

> estes mesmos neoconservadores têm passado a maior parte da geração anterior advertindo ... sobre os perigos de ambiciosas engenharias sociais, e como os planejadores sociais nunca poderiam controlar o comportamento ou lidar com conseqüências imprevistas. Se os Estados Unidos não podem eliminar a pobreza ... em Washington, D.C., como esperam levar a democracia a uma parte do mundo que a resistiu obstinadamente e é virulentamente antiamericana? (Fukuyama, 2004, p.60)

A visão negativa de Fukuyama sobre a viabilidade de construção de nações se apóia nas evidências históricas sobre o envolvimento dos Estados Unidos com tais projetos, que se dá desde a conquista das Filipinas, em 1899, até as recentes invasões do Afeganistão e do Iraque. Com exceção dos sucessos na Alemanha, no Japão e na Coréia do Sul, que o autor atribui à relegitimação de sociedades em Estados que já eram fortes anteriormente, as outras experiências não demonstraram resultados encorajadores. Sua recomendação é para que o país, que se transformou efetivamente na única superpotência, seja ajuizado no exercício de seu poder, reforçando o trabalho diplomático e a criação de coalizões e instituições globais, algo que considera desprezado pela administração Bush.

Em resposta a essas críticas, Krauthammer sistematiza o ideário neoconservador que embasa a política externa dos Estados Unidos. Para ele, o islã representa um inimigo existencial de maior apelo global do que o nazismo, cujo racismo excluía todos os que não fossem brancos de ascendência ariana e tinha muito menos simpatizantes fora da Alemanha. O islamismo, por sua vez, está "baseado numa religião venerável com perto de um bilhão de aderentes que fornecem não somente uma pronta fonte de recrutas... mas pode se beneficiar de uma tradição longa e profunda de fervor, expectativas messiânicas e culto do martírio" (Krauthammer, 2004b, p.20).

Em relação à exportação da democracia para o Oriente Médio, Krauthammer aponta para uma mudança necessária da abordagem estadunidense, que incorreu no erro de acreditar na existência de um excepcionalismo árabe que redundou em valorizar as alianças em relação a outros inimigos e deixar a seu livre-arbítrio a forma pela qual geriam seu país e sociedade. Isso continuaria caso não houvesse acontecido o 11 de setembro.

A política do excepcionalismo árabe nunca foi enunciada, mas foi universalmente compreendida: a América buscava a democratização na Europa, no leste da Ásia, na América do Sul e Central – em toda parte exceto no mundo árabe. (Krauthammer, 2004b, p.23)

Se houve sucesso nessas regiões, por que não no Oriente Médio? Porém, mesmo considerando que as críticas à Doutrina Bush tenham procedência, qual é a alternativa? Para Krauthammer, as propostas de Fukuyama resumem-se à criação de novas instituições e ao maior esforço diplomático. Dependendo do contexto de aplicação, não são incompatíveis com a política em curso, já que não representam uma visão diferenciada, mas recomendações de alguém que, no limite, compartilha dos principais pressupostos do realismo democrático. Enquanto não surgirem proposições diferentes e consistentes, e as percepções políticas predominantes sobre os desafios à segurança permanecerem, não há motivo para anunciar o fim do momento neoconservador.

Em livro posterior, Fukuyama retoma esse debate, com uma proposta de nova abordagem da política exterior, o realismo wilsoniano, posicionado por ele como eqüidistante entre o realismo clássico e o democrático de Krauthammer. Por reconhecer o relevante papel intelectual e político desempenhado pelos neoconservadores, a cuja trajetória está profundamente vinculado, os argumentos que explicitam as discordâncias do autor expressam também uma delimitação estrutural sobre o momento histórico desse ideário, que ele situa no passado, sistematizando quatro princípios que compõem o núcleo de seu legado:

> A crença em que a natureza interna dos regimes é importante e que a política externa deve refletir os valores mais profundos das sociedades liberais democráticas. ... A crença de que o poder americano foi e poderá ser usado com propósitos morais, e que os Estados Unidos precisam permanecer engajados nos assuntos internacionais ... A descrença nos projetos ambiciosos de engenharia social ... E finalmente o ceticismo em relação à legitimidade e eficiência das leis e instituições internacionais para a obtenção de segurança e justiça. (Fukuyama, 2006, p.48-9)

Na guerra global contra o comunismo, esses princípios foram adequados, conforme se revelou com o governo de Ronald Reagan. No entanto, a retomada do ativismo daqueles anos, acreditando na possibilidade de acelerar processos de mudança de regime na direção da universalização da democracia liberal, passando muitas vezes por cima dos âmbitos decisórios multilaterais, a exemplo do Iraque, tem-se revelado problemático para os interesses nacionais estadunidenses, conduzindo a um crescente antinorte-americanismo de alcances preocupantes. Em contraposição, o realismo wilsoniano, embora se ampare no idealismo caro aos neoconservadores, atribui forte importância às instituições, seja no plano das decisões que envolvem intervenções internacionais, seja no processo de desenvolvimento político e econômico no interior das nações. Em termos concretos, propõe o fortalecimento do poder brando, pela promoção de uma

> desmilitarização dramática da política externa e revalorização de outros tipos de instrumentos políticos. A guerra preventiva e a mudança de regime através de intervenções militares nunca podem ser colocadas totalmente fora da mesa, mas têm que ser compreendidas como medidas muito extremas ... Os Estados Unidos devem promover o desenvolvimento político e econômico, e importar-se com o que acontece dentro dos Estados ao redor do mundo. Nós devemos fazer isto focalizando primeiramente na boa governança, na responsabilidade política, na democracia e em instituições fortes. (Op. cit., p.184-5.)

A democracia dura enquanto dura a obediência[16]

> Esta democracia tão perfeita fabrica seu inconcebível inimigo, o terrorismo. De fato, ela prefere ser julgada a partir de seus inimigos e não a partir de seus resultados. A história do terrorismo foi escrita pelo Estado; logo, é educativa. As populações espectadoras não podem saber tudo a respeito do terrorismo, mas podem saber o suficiente para ficar convencidas de que, em relação a esse terrorismo, tudo o mais deve lhes parecer aceitável ou, no mínimo, mais racional e mais democrático (Guy Debord, 1997, p.185).

---

[16] Frase extraída da letra da música ¡¡Nos estáis obligando a sentir cada vez más odio!, do grupo espanhol Habeas Corpus.

No interior dos Estados Unidos, as reações ao "momento" neoconservador são variadas. Como vimos, entre os que aderem à sua persuasão há setores tradicionalmente críticos das intervenções externas estadunidenses. Contudo, defensores históricos do capitalismo e da democracia liberal reagem com indignação ao cinismo aberto que vislumbram na política oficial.

Paul Krugman é um dos que se situam na segunda categoria, expressando os temores com a ascensão de um poder revolucionário no país que não se submete às regras do sistema vigente, que questiona sua legitimidade, com força e disposição para destruir seus marcos de referência, e avança sob o olhar atônito da oposição moderada:[17] "As pessoas que sempre estiveram acostumadas à estabilidade não podem acreditar no que está acontecendo quando se encontram com um poder revolucionário, e portanto não são efetivas em se opor a ele." (Krugman, 2004, p.39)

O sistema tributário, a separação de igreja e Estado e o multilateralismo nas relações internacionais são exemplos ressaltados por Krugman entre os marcos de referência sob o ataque neoconservador. No caso da política externa, ele denuncia a quebra de uma tradição que se teria consolidado após a Segunda Guerra Mundial, quando o país construiu "sua política exterior ao redor de instituições internacionais, e tem tentado deixar muito claro que não é um poder impe-

---

[17] Krugman toma como referência os estudos de Henry Kissinger sobre o concerto europeu do século XIX. Kissinger considera Napoleão III e Bismark dois revolucionários que tiveram um papel de destaque na destruição do sistema de equilíbrio de poder vigente desde o Congresso de Viena em 1815. Para ele, é bastante difícil responder à pergunta sobre o que é um revolucionário: "Se a resposta não contivesse ambigüidades, poucos revolucionários teriam sucesso, pois quase sempre partem de uma posição inferior de poder. Eles vencem porque a ordem estabelecida é incapaz de perceber sua própria vulnerabilidade. Ainda mais quando o desafio revolucionário não vem em marcha à Bastilha, mas em roupas conservadoras. Poucas instituições têm defesa contra quem lhes promete preservação" (Kissinger, 2001, p.128).

rialista, que usa a força militar como melhor lhe convém" (Krugman, 2004, p.34).

A contrariedade de Krugman com o avanço dos neoconservadores, que promovem sua "revolução" sob o amparo da legalidade obtida com o voto majoritário do Congresso, invoca um suposto paraíso perdido em que os governantes se comportavam como guardiães da probidade, da tolerância e do respeito às instituições, expressão de um modo de vida no qual esses princípios eram a marca reconhecida do sistema estadunidense, com autoridade moral para se apresentar ao mundo como modelo de emulação.

Na direção contrária das idealizações de Krugman, Robert Kagan não vê novidades na chamada Doutrina Bush, os princípios que guiam a política externa são os mesmos de sempre:

> Promoção da democracia? ... Qualquer um que olha para a vasta extensão da história americana teria que dizer que impulsionar a democracia em outras nações, freqüentemente após invasões empreendidas para outras finalidades, é mais a norma do que a exceção. Quanto ao unilateralismo ... essa realmente foi a norma histórica. O sistema de alianças da Guerra Fria era uma aberração, bem-vinda, sem dúvida, mas fortemente influenciada por circunstâncias geopolíticas que não vigoram mais. E a preempção? Não somente esta foi uma característica proeminente da política externa dos Estados Unidos por dois séculos ... mas todos, de Michael Walzer a Henry Kissinger, Kofi Annan e John Kerry concordam que a ação preventiva é uma parte inevitável dos assuntos de Estado em um mundo de proliferação de armas de destruição maciça e terrorismo internacional.[18] (Kagan, 2004, p.A23)

---

[18] No relatório ao secretário-geral da ONU do Grupo de Alto Nível sobre as ameaças, os desafios e a mudança, há uma referência explícita à eventual necessidade de utilização de ataques preventivos: "No mundo do século XXI,

A racionalidade que move os argumentos e a ação dos neoconservadores na defesa da Ordem não traz novidades para aqueles que, servindo-se de outros referenciais teóricos, especialmente o marxismo, não perdem de vista os vínculos entre a estrutura econômica e as formas de Estado, concebendo o capitalismo como um sistema cujas afinidades incluem regimes monárquicos, de democracia representativa, totalitarismos nazi-fascistas, militarismos, nacionalismos populistas ou repúblicas islâmicas.

Também não há nada de inédito no discurso missionário neoconservador para aqueles que padeceram as ditaduras latino-americanas, cujo argumento existencial foi a defesa da civilização ocidental e cristã, justificativa da decretação de medidas de exceção por prazo indeterminado. O novo é que a lógica do poder duro se torna explícita no interior dos Estados Unidos, mostrando uma fase do sistema que permanecia oculta para boa parte das elites tradicionais.

Essa fase emerge nos lugares e nos momentos em que o *establishment* percebe desafios que considera ameaçadores ao *status quo*. A despeito dos discursos glorificadores da democracia liberal como única forma de governo em que a expansão de direitos e de liberdades não tem fronteiras predeterminadas, os limites existem. Manifestam-se de tempos em tempos como estados de exceção que incorporam traços peculiares do espírito de cada época, sobretudo na invocação dos inimigos a destruir.

Como bem mostra Giorgio Agamben, ao analisar comparativamente a crise da democracia alemã no período do Terceiro Reich, quando logo após sua eleição Hitler suspende vários artigos da Cons-

---

a comunidade internacional tem de se preocupar com cenários apocalípticos que combinam terroristas, armas de destruição em massa e Estados irresponsáveis e muito mais, que podem, concebivelmente, justificar o uso da força não apenas como reação, mas também preventivamente e antes que uma ameaça latente se torne iminente" (United Nations, 2004, p.64).

A PERSUASÃO CONSERVADORA 121

tituição que protegiam direitos individuais, e as medidas de segurança propostas pelo governo Bush e aprovadas pelo Congresso na esteira do 11 de setembro,[19] há uma identidade de argumentos na adoção do estado de exceção, ao se invocar uma situação de necessidade que por definição não tem lei, mas ao mesmo tempo requer sua própria lei:

> não é uma ditadura (constitucional ou inconstitucional, comissária ou soberana), mas um espaço vazio de direito, uma zona de anomia em que todas as determinações jurídicas – e, antes de tudo, a própria distinção entre público e privado – estão desativadas ... Por um lado, o vazio jurídico de que se trata no estado de exceção parece absolutamente impensável pelo direito; por outro lado, esse impensável se reveste, para a ordem jurídica, de uma relevância estratégica decisiva e que, de modo algum, se pode deixar escapar. (Agamben, 2004, p.78-9)

Assim como espanta a Krugman a usurpação de seu paraíso democrático, mesmo que não tenha havido desrespeito à legalidade institucional, a presença neoconservadora na política estadunidense se revela uma aberração para Shadia Drury, porque traz para o primeiro plano uma elite cultivada pelas idéias de Leo Strauss que, além de perniciosa, careceria de sabedoria, sagacidade e sensatez:

---

[19] Referimo-nos à criação do Departamento de Segurança Interna (DSI), aprovado por ampla maioria no Congresso em novembro de 2002. O DSI, com orçamento de quarenta bilhões de dólares, tem sob seu comando 170 mil funcionários e 22 agências governamentais anteriormente vinculadas a outras áreas. Sua criação é considerada a maior reforma da estrutura federal do Estado desde a lei de segurança nacional de 1947, responsável, entre outras medidas, pela instituição do Conselho de Segurança Nacional e da CIA. Em razão de seu objetivo principal de combate ao terrorismo no interior dos Estados Unidos, o DSI tem poderes para limitar, caso considere necessário, as liberdades civis.

Não é sábia porque não pode defender suas crenças perante o tribunal da razão; prega somente para o convertido. Não é boa porque é uma elite manipuladora que se abstém da verdade em favor das mentiras e enganos, e porque se exime dos padrões morais que impõe aos outros – e esta é a estrada para a tirania. (Drury, 1999, p.18)

Movidos pelo espanto e pela indignação, Krugman e Drury tendem a confundir o sistema realmente existente com seu tipo ideal,[20] subestimando aqueles que demonstram capacidade efetiva para alcançar posições de poder e tornar suas idéias cada vez mais influentes, acreditando que se trate de uma falha, uma brecha pela qual se infiltra um grupo de personagens excêntricos e estranhos a tudo o que representa o American way of life.

As concepções e as práticas atribuídas por Drury aos discípulos de Strauss são moeda corrente da política em todas as esferas da vida social em que estão em jogo situações e projetos de poder. Sua excepcionalidade revela-se em outras dimensões.

O neoconservadorismo não é uma teoria, mas um pragmatismo militante e eficiente a serviço de interesses dominantes. Como toda

---

[20] Discutindo as raízes teóricas da tradição liberal, à qual se vincula, Raymond Boudon estabelece uma correlação entre o princípio, caro ao individualismo metodológico, de que "qualquer fenômeno coletivo é produto de ações, crenças ou comportamentos individuais" (Boudon, 2005, p.89), e o tipo ideal de liberalismo, que divide em três dimensões: "Existe um *liberalismo econômico* que pretende dar ao mercado o maior espaço possível e aceita as regulações estatais na condição de estas representarem vantagens incontestáveis. Existe um *liberalismo político* que insiste na igualdade de direitos, em uma extensão tão ampla quanto possível das liberdades e também nos limites à intervenção do Estado. Um e outro são elaborações, nos domínios da economia e da política, respectivamente, do *liberalismo filosófico*, que postula que o indivíduo tem a aspiração a dispor de uma autonomia tão ampla quanto possível e quer ser respeitado na mesma medida em que respeita o próximo" (Boudon, 2005, p.14).

A PERSUASÃO CONSERVADORA 123

posição embasada na ideologia, é maleável, adapta-se, recicla-se, atendendo à mutação dos desafios identificados. Seu propósito principal é a persuasão, o que não significa desdenhar a presença direta nos processos decisórios. No segundo mandato de George W. Bush, o perfil da equipe de política externa mostra um fortalecimento dos setores mais comprometidos com a nova doutrina de segurança nacional. A substituição de Colin Powell por Condoleeza Rice coloca à frente do Departamento de Estado alguém do círculo mais próximo do presidente, cujas posições combinam a defesa realista da expansão do poder nacional com a promoção dos valores do sistema estadunidense, situando-se em um campo diferente, mas não antagônico em relação aos neoconservadores. Suas próprias declarações, reproduzidas pelo *Washington Post* em outubro de 2002, deixam clara essa concepção:

> Na vida real, o poder e os valores estão casados completamente ... As grandes potências importam bastante – tem a capacidade de influenciar as vidas de milhões e de mudar a história. E os valores de grandes potências também são importantes. Se a União Soviética ganhasse a Guerra Fria, o mundo se veria hoje muito diferente. (Kessler, 2004, p.A-8)

Conforme assinala Helle Dale, da Heritage Foundation,[21] durante o primeiro mandato de George W. Bush: "O Departamento de Estado geralmente perdeu para o Conselho de Segurança Nacional e

---

[21] A Heritage Foundation, criada em 1973, explicita a adoção de uma perspectiva conservadora na abordagem dos temas para os quais direciona sua análise, cujo objetivo não é apenas a pesquisa, mas a proposição de políticas governamentais. Sara Youseff, assessora especial da presidência para Política Interna, Elaine L. Chao, secretária do Trabalho, e Michael J. Gerson, assessor político sênior do presidente George W. Bush, provêm da Heritage.

o Pentágono na estruturação da política externa, em matérias que vão da Coréia do Norte ao Iraque e ao Oriente Médio" (2004). Apesar das derrotas de Powell em praticamente todas as batalhas, a visibilidade das divergências arranhou a imagem do governo.

No segundo período, além da consolidação de uma concepção sobre a inserção internacional dos Estados Unidos que incorpora boa parte do ideário neoconservador, algumas de suas figuras representativas ocupam posições de destaque em organizações internacionais e no interior da administração. Paul Wolfowitz torna-se presidente do Banco Mundial, John Bolton é indicado como representante nas Nações Unidas, Elliott Abrams é promovido a assessor especial do presidente, responsável pela Estratégia de Expansão Global da Democracia, Zalmay Khalilzad é nomeado embaixador no Iraque, Douglas Feith permanece como subsecretário de Política do Departamento da Defesa, Abram Schulsky, como diretor do Escritório de Planos Especiais, vinculado ao setor dirigido por Feith, e Paula Dobriansky, como subsecretária do Departamento de Estado para Assuntos Globais.

A presença dos neoconservadores na política estadunidense mantém estreita relação com a emergência de situações de conflito, quando os limites aos espaços de liberdade se tornam mais rígidos e a população, mais propensa a aceitar raciocínios maniqueístas. Foi assim nos anos Reagan de exacerbação do confronto com a União Soviética, aos quais sobreveio o ostracismo do período Clinton e o retorno triunfante após o 11 de setembro. Por causa das crescentes dificuldades enfrentadas pela administração Bush para manter o estado de exceção e dar credibilidade ao discurso em favor da guerra perpétua contra o terrorismo e das intervenções unilaterais em "Estados fora-da-lei", poderá haver novo recuo neoconservador, seja pelo retorno dos democratas ao governo, seja pela mudança de correlação de forças no interior do Partido Republicano. Em qualquer das duas hipóteses, a agenda de desafios e prioridades deverá abrir espaços para outros temas além da segurança.

O socialismo e a razão de Estado

Se deixarmos de lado a natureza do modo de vida que os neoconservadores invocam como alvo de defesa e direcionarmos a análise para as concepções e práticas que predominam nos setores que assumem a vanguarda do *status quo* em situações consideradas de risco sistêmico, encontraremos diversos aspectos em comum nas controvérsias no interior da esquerda que acompanham a ascensão política de partidos socialistas nas últimas décadas do século XIX.

Entre os anos 1890 e 1914, o capitalismo europeu ingressou em uma fase de grande expansão, conhecida como *belle époque*. A integração da economia internacional aumentou consideravelmente, o processo de industrialização se disseminava para áreas periféricas da Europa, América do Norte e do Japão. Estados Unidos e Alemanha deslocaram a Inglaterra da liderança como potência industrial.

Paralelamente a esse processo, aumentavam a população, o consumo, a urbanização e a renda do setor assalariado nos países mais desenvolvidos. No âmbito político, houve fortalecimento do movimento operário, das organizações sindicais e dos partidos socialistas, que ganharam impulso e articulação após a criação, em 1889, da II Internacional, sob a liderança de Friedrich Engels.

As transformações no capitalismo europeu trouxeram conseqüências nas relações internacionais. A diferenciação entre países industrializados e de economia agropastoril acentuou-se, cresceu a dependência dos primeiros em relação ao acesso a produtos primários, à medida que se multiplicava a demanda tanto da indústria quanto do consumo de massa, o que exigia cada vez mais o controle das fontes de fornecimento, especialmente as situadas na África, na Ásia e na

América Latina, acirrando a disputa pela posse de colônias. No plano ideológico, o apelo para o sentimento de nacionalidade aparecia como forte elemento de coesão. Em face do crescimento dos movimentos e das organizações políticas de apelo classista, a associação das melhorias econômicas e sociais com o ideário de conquista, glória e poder imperial buscavam amenizar as contradições internas.

No seio da II Internacional, dirigentes como Eduard Bernstein, Rosa Luxemburgo e Vladimir Lenin, entre os principais, começavam a dar atenção especial à compreensão da nova dinâmica do capitalismo como premissa necessária à formulação de estratégias capazes de dar resposta aos desafios da ordem em formação.

A expansão constante do sistema no plano mundial, a agressividade de potências emergentes, como a Alemanha, que buscava nova partilha colonial, a relativa estabilização política nos países centrais, a maior organização da classe operária e a melhoria de seu padrão de vida, que a fazia participar, embora de maneira reduzida, dos lucros advindos da expansão imperial, geraram respostas antagônicas no movimento socialista, acendendo um importante debate.

No interior do Partido Social-Democrata Alemão (PSD), a organização mais importante da época na II Internacional, Eduard Bernstein assumiu a vanguarda na reformulação de teses marxistas que considerava superadas, em especial a transformação pela via revolucionária e a inevitabilidade histórica de um socialismo científico. Para ele, a ação legalista no parlamento e nos sindicatos deveria ser a principal linha de ação dos social-democratas, cuja perspectiva estratégica era a humanização do capitalismo por meio da distribuição da renda e o aprofundamento da democracia como um fim.

A Democracia é uma condição para o socialismo ... isto é, não se trata unicamente de um meio, mas da sua própria substância. Sem uma determinada quantidade de instituições e tradições democráticas, a doutrina socialista da atualidade não teria sido verdadeiramente possível. Haveria, por certo, um movimento operário, mas não democracia social. (Bernstein, 1997, p.126)

As teses defendidas por Bernstein não tiveram aceitação imediata no partido. Foram rejeitadas no congresso de 1903 e só no de 1921 receberam reconhecimento oficial. No entanto, as práticas reformistas foram ganhando espaço no PSD na proporção de seu crescente peso na política alemã. Entre 1890 e 1912, sua representação parlamentar passou de 35 membros para 110.[22]

Entre os críticos das transformações pelas quais passou o PSD no fim do século XIX destacamos o militante polonês Jan Waclav Makhayski, que, em texto de 1900, introduziu a noção de socialismo de Estado, na qual mostra as afinidades eletivas entre as posições da social-democracia alemã e os interesses particulares de uma *intelligentsia* que se identificava como porta-voz dos trabalhadores, mas encontrava na política institucional uma forma de inserção privilegiada na estrutura de poder do sistema capitalista.

O lucro, obtido antecipadamente pelos capitalistas, não garante somente uma existência parasitária a um "punhado de capitalistas e latifundiários". Ele dá também a possibilidade de alcançar um nível de vida burguês a toda a sociedade cultivada, ao exército de trabalhadores intelectuais ... O proletariado tomará consciência do fato de ter se comportado com demasiada confiança para com essa força que, certamente, ataca com ele o capital, mas persegue seus próprios fins. Isto ocorre porque a luta do intelectual exprime a exigência de uma partilha "mais justa" do lucro nacional em benefício da sociedade cultivada; partilha prejudicada por um punhado de plutocratas, de "industriais feudais". (1981, p.86-7)

---

[22] Dados extraídos da apresentação de Antônio Paim ao livro de Bernstein (1997).

Para Makhayski, o ideal dessa *intelligentsia* que compunha os quadros dirigentes do PSD era a transferência de meios de produção para o Estado, mediante a nacionalização e a municipalização de empresas, o que aumentou o poder dos partidos eleitos para administrar o país, abrindo espaço de inserção para todas as organizações que participavam do sistema institucional. "É a este ideal que a social-democracia reduz o sentido da luta proletária, transformando assim seu socialismo em um socialismo de Estado." (Op. cit. p.93)

Em 1914, o PSD explicitou suas afinidades com o Estado-nação, quando a maioria de seus deputados se posicionava favoravelmente à Guerra, atitude também assumida pelo Partido Socialista Francês, gerando uma crise na unidade da II Internacional.

Nos setores que promoveram rupturas, destacaram-se Rosa Luxemburgo e Karl Liebknecht, que criaram na Alemanha a Liga Spartaquista, e Vladimir Lenin, liderança do Partido Bolchevique, que defendia a transformação da guerra mundial em guerra revolucionária. Diferentemente das teses revisionistas do PSD sobre o caráter evolutivo do capitalismo na direção de uma democracia social, suas análises vinculavam a prosperidade e o êxito relativo das políticas de conciliação de classes no interior das grandes potências européias a um expansionismo internacional que tinha na guerra mundial seu desfecho inevitável.

Para Rosa Luxemburgo, a expansão imperial não era uma opção entre outras de política externa, mas uma necessidade vital do sistema, que precisava de terceiros mercados não capitalistas que absorvessem a mais-valia que não poderia ser realizada nos países de origem. Uma vez completada a expansão, com o mundo totalmente integrado à lógica do capitalismo, a inexistência desse terceiro mercado inviabilizaria a própria capacidade de acumulação. Isso se traduziria em colapso geral, guerras pela redivisão do mundo, revoluções (Luxemburgo, 1985).

Para Lenin (1979a), a expansão do capitalismo certamente amenizaria as contradições internas nos países mais desenvolvidos, permitindo melhorias salariais e favorecendo políticas reformistas por parte dos partidos socialistas, mas isso não significaria o início de uma era de estabilidade permanente do sistema ou a caducidade da idéia de revolução socialista. Com a prosperidade dos países centrais e a "aristocracia operária", o imperialismo geraria nova divisão internacional do trabalho pela partilha do mundo entre as grandes potências, deslocando os sintomas agudos da gravidade da crise do centro para a periferia do sistema. É nela que se localizariam os elos fracos da cadeia imperialista, com as condições objetivas da revolução.

Com a derrocada do czarismo na Rússia, em fevereiro de 1917, as análises de Lenin passaram a ser a principal fonte de referência da esquerda crítica da II Internacional, fornecendo base teórica a uma tática política de combate às posições favoráveis à guerra, contribuindo para que em um dos elos fracos da cadeia imperialista a guerra mundial se transformasse em guerra revolucionária.

Os acontecimentos na Rússia foram saudados por diversas correntes, desde os anarquistas até as oposições de esquerda dos partidos social-democratas. Depois da derrubada do governo provisório de Kerensky, em outubro de 1917, iniciou-se nova fase da revolução, na qual o Partido Comunista, nome assumido pelos bolcheviques em 1918, tornou-se ator central na construção de um Estado de novo tipo. Entre as principais medidas, o governo negociou um armistício com a Alemanha, dissolveu a Assembléia Constituinte eleita em novembro e promoveu o poder dos *soviets*, conselhos surgidos durante a insurreição contra o czarismo, disseminando-se pelo campo e pela cidade, atingindo fábricas e destacamentos militares, os quais passaram por um processo de "bolchevização" (Reis Filho, 2004).

A centralização do poder no partido gerou fortes divergências entre setores da esquerda que apoiaram a revolução desde o início. Para Rosa Luxemburgo, a dissolução da Assembléia Constituinte, sob o argumento de que não refletia a correlação de forças posterior aos eventos de outubro, uma vez que os bolcheviques, no poder, tinham representação minoritária, não deveria levar a seu abandono, mas à convocação de outra Assembléia que fosse, sim, expressão da nova realidade. Mesmo reconhecendo que as intenções de Lenin e Trotsky, principais lideranças na proposição do regime soviético, se pautavam pelos objetivos mais nobres, ela desconfiava da institucionalização de um poder concentrado no voluntarismo de um reduzido grupo de indivíduos, para o qual não via outro destino exceto a crescente burocratização.

A vida pública entra pouco a pouco em sono. Algumas dezenas de chefes de uma energia infatigável e de um idealismo sem limites dirigem o governo e, entre eles, os que governam de fato são uma dezena de cabeças eminentes, enquanto uma elite da classe operária é convocada de tempos em tempos para reuniões com o fim de aplaudir os discursos dos chefes e de votar unanimemente as resoluções que lhes são apresentadas. É, pois, no fundo, um governo de grupo, uma ditadura, é verdade, não apenas do proletariado, mas a de um punhado de figurões, isto é, uma ditadura no sentido burguês, no sentido da dominação jacobina. (Luxemburgo, 1946, p.36)

Também de uma perspectiva crítica, Emma Goldman vinculou a revolução bolchevique a uma substituição da ditadura da burguesia pela do proletariado, sob a guarda do partido, mantendo os principais fundamentos da dominação das classes oprimidas. Militante anarquista, ela tinha visto com simpatia as formas de representação direta inauguradas pelos sovietes, processo que considerou truncado a partir do golpe de outubro, que repôs a lógica instrumental da conquista do poder estatal. Para ela,

"Razões de Estado" mascaradas de "interesses da revolução e do povo" tornaram-se o único critério de ação e até mesmo de sentimento ... Essa perversão dos valores éticos cedo se cristalizou no lema dominante do Partido Comunista: os fins justificam os meios ... Toda a experiência humana ensina que métodos e meios não podem ser separados do objetivo principal. Os meios principais acabaram por se tornar, através dos hábitos individuais e da prática social, parte e parcela do objetivo final; eles exercem sua influência sobre ele, modificam-no até que objetivos e meios se tornam uma coisa só. (Goldman, 1981, p.146-7)

Nos anos iniciais da revolução, dadas as condições excepcionais que enfrentava o país, que saía de uma guerra devastadora, no meio do caos econômico e rodeado de inimigos, a centralização do poder nas mãos do partido que liderou o processo não teve grandes oposições, e sua defesa combinou as peculiaridades do momento com a invocação de princípios inspirados no marxismo, que estaria sendo aplicado de forma criativa nas condições concretas.

As teses sobre o papel de vanguarda do Partido Comunista – uma organização de quadros que formula a teoria, as táticas e a estratégia da revolução, única com autoridade e capacidade para levar a consciência de classe para o proletariado, que por si só não consegue ir além da luta reivindicatória de caráter sindical – já haviam sido formuladas por Lenin no livro *Que fazer?* (1978), publicado em 1902. Suas concepções sobre a democracia nas sociedades de classes, que no capitalismo expressa a ditadura burguesa e no socialismo a ditadura do proletariado contra a burguesia e demais classes proprietárias na transição ao comunismo, foram sistematizadas em *Estado e a revolução*(Lenin, 1980), escrito entre agosto e setembro de 1917.

Com a ascensão de Stalin, as concepções formuladas por Lenin com base em sua interpretação dos escritos de Marx e Engels foram reelaboradas à luz do processo de institucionalização do poder revolucionário, transformando-se em doutrina oficial sob o nome de marxismo-leninismo, que se tornou hegemônico no movimento comunista internacional por meio da influência exercida pela III Internacional, fundada em Moscou em 1919. Referindo-se à necessidade da ditadura do proletariado, Stalin afirma, citando Lenin, que:

> "O problema fundamental da revolução é o problema do poder" (Lenin). Quer ele dizer porventura que tudo se limita à tomada do poder, à conquista do poder? Não. A tomada do poder não é mais do que o princípio. A burguesia, embora tenha seu poder derrubado num país, continua sendo, durante muito tempo e por inúmeras razões, mais forte que o proletariado que a derrubou. Por isso, o problema reside em manter-se no Poder, em consolidá-lo, em fazê-lo ser invencível. (Stalin, 1979, p.41)

Para ele, o instrumento essencial e superior do proletariado para conquistar o poder, sustentar e fortalecer sua ditadura é o Partido Comunista,

> única organização capaz de centralizar a direção da luta do proletariado, convertendo assim todas e cada uma das organizações sem partido da classe operária em órgãos auxiliares e em correias de transmissão que ligam o partido à classe. (Stalin, 1979, p.96)

A institucionalização do sistema de partido único, concebido como versão acabada do socialismo pelos seus defensores dentro e fora da União Soviética, recebeu forte crítica da esquerda dissidente. Para os setores vinculados ao trotskismo, houve um processo de degeneração do Estado Operário pela ação de um grupo (stalinista) que se apossou da direção do partido e traiu os princípios originais da revolução.[23] Outras interpretações dão menos ênfase à atuação dos indivíduos na história, voltando-se para os fatores sociológicos que explicam a burocratização do poder e o estabelecimento de novas relações de exploração. É essa a visão de Cornelius Castoriadis em seus artigos dos anos 1950 na revista *Socialismo ou Barbárie*. Para ele:

> a burocracia assume plenamente os poderes e as funções da classe exploradora, ou seja, a gestão do processo de produção em todos os níveis, a disposição dos meios de produção, as decisões sobre a destinação do excedente social. (Castoriadis, 1976a, p.25)

No entanto, Castoriadis vê na evolução do sistema soviético uma vertente de um processo universal, característico do capitalismo moderno, em que a concentração da produção e a burocratização das estruturas decisórias colocam em lados opostos os que dirigem e os que executam.

Nem a grande empresa pode ser nem é dirigida por um "patrão privado", senão por um aparelho burocrático de direção, nem a economia de uma nação moderna se rege simplesmente pelas "leis de mercado": senão cada vez mais por uma burocracia através do Estado. A supressão dos patrões privados por meio de uma revolução proletária não dá uma resposta automática a esta pergunta: quem dirigirá agora a economia; os produtores organizados ou uma

---

[23] Conforme as palavras de Trotsky: "A União Soviética saiu da Revolução de Outubro como um Estado operário. A estatização dos meios de produção, condição necessária para o desenvolvimento socialista, abriu a possibilidade de um crescimento rápido das forças produtivas. O aparelho de Estado Operário sofreu entretanto uma degenerescência completa, transformando-se de instrumento da classe operária em instrumento de violência burocrática contra a classe operária" (Trotsky, 1978, p.62).

nova burocracia? Nesse sentido, a degeneração da Revolução Russa, favorecida sem dúvida por fatores específicos, tem um alcance absolutamente universal. (Castoriadis, 1976b, p.308-9)

A dimensão universal da burocratização soviética é também destacada por Guy Debord em sua crítica às concepções bolcheviques sobre os vínculos entre classe operária, partido e Estado. Para ele, os caminhos do leninismo e da social-democracia, embora conflitantes, integram o processo de proletarização do mundo, aberto pela vitoriosa "separação generalizada entre o trabalhador e o que ele produz". (Debord, 1997, p.22). Ambos são parte constituinte da "sociedade do espetáculo", em que imperam a representação, as relações sociais mediadas por imagens e o monopólio da aparência.

O mesmo momento histórico em que o bolchevismo triunfou *por si próprio* na Rússia, e em que a social-democracia lutou vitoriosamente *pelo velho mundo*, marca o nascimento completo de uma ordem de coisas que está no âmago da dominação do espetáculo moderno: a representação operária opôs-se radicalmente à classe. (Debord, 1997, p.67-8)

Neoconservadores, social-democratas e ex-comunistas

Retomando a discussão sobre as interpretações que vislumbram com espanto o "assalto ao poder" dos neoconservadores, que estariam traindo os princípios fundamentais da democracia na América, há nos debates sobre a trajetória do socialismo a partir da II Internacional um conjunto de interpretações que recuperam os fatores sociológicos que vinculam as posições políticas com a defesa de determinados interesses. Por trás do auto-enaltecimento de uma *intelligentsia* que se apresenta como indispensável à defesa do interesse geral (o proletariado, os trabalhadores, o modo de vida norte-americano, o Ocidente) há uma lógica de poder.

Nos países de capitalismo avançado, em que a partir do pós-Segunda Guerra Mundial a democracia e suas estruturas de representação tendem à estabilidade, os vínculos entre burocracias políticas, sindicais, empresariais e estatais adquirem maior organicidade, tornando o sistema menos vulnerável às mudanças de correlação de forças no âmbito da gestão do governo e permitindo a concepção e a implementação de políticas de Estado. O exemplo da Inglaterra das décadas recentes mostra a afirmação de uma aliança internacional estratégica com os Estados Unidos que perpassa administrações conservadoras ideologicamente comprometidas com o neoliberalismo, como a de Margaret Tatcher, ou trabalhistas promotoras da terceira via, como a de Tony Blair.

A consolidação desse processo deve muito às políticas de bem-estar social (*welfare state*) implementadas na maioria dos países ocidentais, com destaque para os governos europeus encabeçados por partidos social-democratas. Nesse sistema, o Estado passa a promover o crescimento econômico por intermédio de medidas acordadas com os setores produtivos, atuando como agente de redistribuição da renda mediante programas sociais, comprometendo amplas parcelas da classe operária com a viabilização do capitalismo. Anthony Giddens sistematiza quatro grupos de *welfare state* europeus:

O sistema do Reino Unido, que enfatiza os serviços sociais e a saúde, mas tende também a ter benefícios dependentes da renda. Os *welfare states* escandinavos ou nórdicos, que têm uma base de impostos muito elevada, são de orientação universalista, fornecem benefícios generosos e serviços estatais adequadamente mantidos, incluindo a assistência à saúde. Os sistemas da Europa Central, que têm um compromisso relativamente tênue com serviços sociais, mas benefícios bem providos em outros aspectos, financiados sobretudo pelo emprego e baseados em contribuições para a previdência social. Os sistemas da Europa Meridional, semelhantes na forma aos da Europa Central, mas menos abrangentes, que pagam níveis mais baixos de pensões e aposentadorias. (Giddens, 1999, p.16-7)

Para a crítica neoliberal, o *welfare state* foi funcional a contextos de continuado crescimento, como o das primeiras décadas do pós-Segunda Guerra Mundial, tornando-se anacrônico desde as crises da década de 1970, que exigiam ajustes fiscais e políticas de competitividade internacional incompatíveis com essa modalidade de intervenção estatal na economia (Ayerbe, 2002). No entanto, a existência de programas compensatórios para os setores mais pobres não está sendo posta em questão pelos diversos partidos que governam o capitalismo avançado, que reconhecem sua funcionalidade para a administração das demandas do conjunto da sociedade em um cenário de maior estabilidade. Conforme defendem os neoconservadores, trata-se fundamentalmente de rever sua atualidade e abrangência.

O Quadro 2.1 apresenta diferentes concepções de *welfare state*, tomando como referência a divisão estabelecida por Anthony Giddens entre a social-democracia tradicional, a nova direita e a social-democracia da terceira via.

Em alguns países de capitalismo atrasado que entraram recentemente em processos de democratização, verifica-se tendência similar. No caso do Brasil, o Partido dos Trabalhadores (PT) mostra uma evolução parecida com a vivenciada pelo PSD alemão. De uma origem de oposição ao *status quo*, em que convergem movimentos sociais, sindicalistas, setores da Igreja Católica, intelectuais, organizações de esquerda e militantes independentes, tende cada vez mais a priorizar a atuação institucional.

O rápido crescimento do PT ocorre paralelamente à consolidação de sua imagem como expressão de uma alternativa às elites do-

Quadro 2.1 O *welfare state* nas versões social-democrata clássica, neoliberal e da terceira via

Social-democracia clássica	Thatcherismo ou neoliberalismo	Terceira via
"*Welfare state* abrangente, protegendo os cidadãos 'do berço ao túmulo'",* numa economia mista ou social com forte peso do Estado e restrições ao mercado.	"*Welfare state* como uma rede de segurança",** que amenize os impactos da liberalização econômica e da instauração do Estado mínimo.	"*Welfare* positivo",*** como cobertura de riscos em uma nova economia mista, que envolve o terceiro setor no sistema de bem-estar, já não como Estado, mas como sociedade de bem-estar.

*Giddens, 1999, p.17. ** Op. cit., p.18. *** Op. cit., p.80.

minantes da política nacional, apresentadas pelo partido como sustentáculos de um capitalismo marcado pela concentração de renda, exclusão social e inserção subordinada na chamada globalização neoliberal. Como conseqüência, expandem-se fortemente a representação parlamentar e a presença do PT no governo de cidades e estados, culminando na vitória de sua principal liderança, Luiz Inácio Lula da Silva, nas eleições presidenciais de 2002, após ter chegado em segundo lugar nas três disputas anteriores.

Uma vez no governo, revela-se rápida mutação, cujo exemplo emblemático é o aprofundamento das políticas econômicas implementadas pelo presidente anterior, Fernando Henrique Cardoso, do Partido da Social Democracia Brasileira (PSDB). A nova posição é apresentada como busca pragmática de credibilidades nacional e internacional que favoreçam a governabilidade de uma administração que, embora liderada por um partido de esquerda, expressa uma coalizão de forças políticas muito mais amplas. Conforme mostraremos no Capítulo 4, esses objetivos obtêm resposta favorável. Na percepção de boa parte do *establishment* da política externa estadunidense, o governo de Luiz Inácio Lula da Silva não representa fator de questionamento da ordem interna e das relações hemisféricas, mas, ao contrário, favorece a governabilidade sistêmica, incorporando à estrutura de poder setores anteriormente oposicionistas, e a estabilidade regional, contrabalançando o ativismo antiestadunidense de governos como o de Hugo Chávez, na Venezuela.

Nos países atualmente governados por partidos comunistas, coloca-se no horizonte de possibilidades uma realidade não prevista nas análises da esquerda crítica do stalinismo: a transição de uma economia centralmente planificada para o capitalismo. A extinção da União Soviética trouxe para os gestores do Estado a dimensão de uma transformação cujo descontrole pode comprometer sua continuidade como grupo de poder. Como bem destaca Reis Filho, na primeira etapa da transição russa, quando, sob a influência do FMI e do Banco Mundial, aplicou-se terapia de choque para liberalizar a economia com um movimento súbito e sem volta, houve um rápido e profundo processo de concentração da riqueza privatizada, em que

> dirigentes políticos e administrativos, a maioria constituída de ex-comunistas, passaram rapidamente a acumular grandes fortunas, provenientes da canalização irregular de subsídios remanescentes e dos mecanismos de privatização denunciados como fraudulentos. Apesar das estatísticas imprecisas, há um certo consenso de que se destacou uma camada de cerca de 10% da população, os mais ricos, que passou a concentrar algo em torno de 40% da renda nacional. (Reis Filho, 2004, p.159)

A mudança abrupta e desorganizada privou os antigos dirigentes do partido de uma transição articulada e ordenada do poder, gerando uma situação caótica que só se estabilizou com a ascensão de Vladimir Putin, antigo dirigente comunista e funcionário da KGB, que deu início à reestruturação do Estado, buscando reinserir a Rússia no primeiro plano da política mundial. Nesse processo, o país tem assumido posições internacionais pautadas pelo pragmatismo e pela moderação, na perspectiva de ganhar espaço para a consolidação da reorganização econômica e política interna. Após o 11 de setembro, o governo russo foi um dos primeiros a defender a formação de uma coalizão contra o terrorismo. Ao mesmo tempo, assumiu um discurso claro em favor da prevenção das chamadas novas ameaças da ordem mundial, especialmente aquelas que desafiam a integridade do próprio país, como os conflitos étnicos, o terrorismo e o separatismo. Nessa direção, estabeleceu pontos em comum com os alvos principais da estratégia de segurança dos Estados Unidos, sem, contudo, assumir a defesa do unilateralismo, ao contrário, os esforços do governo russo apontam para o fortalecimento da multipolaridade nas relações internacionais, ressaltando o papel da ONU no estabelecimento de um ordenamento mais equilibrado.

"Império ou desordem": realidade e ideologia

As revoluções de 1917 na Rússia e de 1949 na China representaram marcos decisivos na transformação posterior desses países em grandes potências. Nas duas experiências, constrangimentos provocados do exterior tiveram papel fundamental na criação de um clima propício à revolta contra o *status quo*: as fragilidades do sistema czarista foram expostas em um nível sem precedentes com sua participação desastrada na Primeira Guerra Mundial e o crescente esforço imposto à população russa; a ocupação japonesa e a posição titubeante do

Kuomitang, partido no poder na China, geraram campo favorável para a radicalização política. Em ambos os casos, o comando das ações oposicionistas esteve a cargo de organizações que explicitaram sua inspiração marxista, os bolcheviques e o Partido Comunista da China, com estratégias definidas sobre os caminhos a serem seguidos após a conquista do poder que os colocou sob o comando centralizado da nova ordem, cuja consolidação se tornou prioridade, à qual se subordinam todos os debates em torno da agenda da construção do socialismo, tanto no âmbito nacional quanto no internacional. A política externa da União Soviética e da China não se afastaram da lógica da razão de Estado das potências capitalistas. Enquanto existiu, a União Soviética colocou os interesses nacionais em primeiro lugar, sem deixar de invocar sua estreita relação com a promoção dos princípios do marxismo-leninismo à escala global. A defesa de Stalin do socialismo em um só país a partir de 1928, a assinatura de um pacto de não-agressão com Hitler em 1939 e a coexistência pacífica com o capitalismo assumida por Kruschev, nos marcos do processo de desestalinização iniciado pelo XX Congresso do Partido Comunista de 1955, são exemplos da subordinação da agenda internacionalista do movimento comunista aos imperativos estratégicos de um Estado-nação.

No caso da República Popular da China, a orientação inicial de sua política externa se pautou pelos chamados "cinco princípios de coexistência pacífica", estabelecidos de comum acordo com a Índia e Miamar na conferência de Bandung, em 1955, que propuseram o respeito mútuo à soberania e à integridade territorial, a não-invasão recíproca, a não-interferência nos assuntos internos, a igualdade e o benefício mútuos e a coexistência pacífica. O início de hostilidades com a União Soviética, desencadeadas pela mudança de rumos após a morte de Stalin, levou o país a definir sua inserção internacional com base em um cálculo estratégico que assumiu seu isolamento tanto do mundo capitalista quanto no socialista.

Em 1972, com a visita de Nixon, normalizaram-se as relações com os Estados Unidos. Como conseqüência, a China tornou-se membro permanente do Conselho de Segurança da ONU. No contexto de afastamento da União Soviética e aproximação dos Estados Unidos, o governo chinês formulou a "teoria dos três mundos", que apresentou o hegemonismo das duas superpotências como o principal desafio à paz mundial e à libertação dos povos do Terceiro Mundo.[24] No entanto, estabeleceram-se diferenças entre os Estados Unidos, considerados um "tigre de papel", e a União Soviética, definida como um social-imperialismo emergente e, portanto, de caráter mais agressivo, cujas contradições deveriam ser exploradas, apoiando-se na potência mais vulnerável para isolar e combater a mais ameaçadora.

A política adotada desde os anos 1970 libertou a China das pressões da Guerra Fria, que recaíram sobre a União Soviética, permitindo-lhe iniciar um processo de modernização econômica e abertura de seu mercado ao investimento estrangeiro, que, embora não tenha alterado a natureza do regime político, contou com o apoio do capitalismo avançado.

Após o colapso soviético, as relações com os Estados Unidos mantiveram-se cooperativas, sobretudo no plano econômico, em que o país permaneceu como grande mercado das exportações chinesas e

---

[24] Conforme relata o *Jornal do Povo de Pequim*, em novembro de 1978, em sua apresentação dos documentos do Partido Comunista sobre a teoria dos três mundos: "Em fevereiro de 1974, em conversação mantida com um dirigente de um país do terceiro mundo, o presidente Mao disse: 'A meu juízo, os EUA e a União Soviética constituem o primeiro mundo; forças intermédias como Japão, Europa e Canadá integram o segundo mundo, e nós formamos parte do terceiro'. 'O terceiro mundo compreende uma grande população.' Toda a Ásia, exceto o Japão, pertence ao terceiro mundo; a África inteira pertence também a este, e igualmente a América Latina'". (http://www.uce.es/textos/TTM.html)

fonte importante de seu investimento estrangeiro direto. No âmbito regional, foi iniciada uma política de reunificação do território nacional, negociando com Inglaterra e Portugal a cessão de Hong Kong e Macau, assegurando a manutenção do capitalismo sob o lema "dois sistemas e um só país". Tal sucesso não foi obtido em relação a Taiwan, cujo governo se opôs à integração e contou com o apoio dos Estados Unidos (Pomar, 2004).

As divergências nesse âmbito não comprometeram a manutenção do diálogo. Apesar da oposição do governo chinês à invasão do Iraque, sua atitude não chegou a assumir um antagonismo militante. Na chamada guerra ao terrorismo, Pequim tem-se aproximado de Washington na valorização desse tema na agenda global, inclusive por razões de interesse nacional associadas ao combate dos movimentos separatistas das minorias muçulmanas da região de Xinjiang.

Como se pode perceber, a política externa das potências socialistas tende menos à desestabilização do que à busca sistemática do equilíbrio mediante a coexistência pacífica entre as nações, em uma lógica que subordina as relações exteriores aos imperativos da ordem interna criada pela revolução.

Nesses países, assim como no capitalismo, a atuação do Estado é essencial para que vigorem os três princípios definidos por Hedley Bull na caracterização da ordem social: "segurança contra a violência, o cumprimento dos acordos e a estabilidade da propriedade" (Bull, 2002, p.11). Dessa perspectiva, independentemente do sistema vigente (capitalista ou socialista), não há diferenças entre os partidários do *status quo* e os revolucionários, cujo objetivo se limitaria a "mudar os termos dessas relações, de tal forma que deixem de servir aos interesses especiais dos elementos dominantes" (Bull, 2002, p.68-9).

No âmbito interestatal, as posições assumidas pelos países do capitalismo avançado, da China e da Rússia favorecem a configuração de uma ordem relativamente pacífica. No entanto, a estabilidade social e internacional promovida pelos Estados não representa por si só garantia de ordem mundial, cujo grau de abrangência acompanha o processo de globalização e seus atores emergentes.[25] Como bem destaca Stanley Hoffman, "a ordem internacional pode existir ainda que a ordem mundial não exista" (Hoffman, 1992, p.95).

No capítulo anterior, mostramos como, após o fim da bipolaridade e a ascensão dos Estados Unidos como liderança militar inquestionável, as noções de ordem internacional e o equilíbrio de poder passam por um debate fortemente influenciado pelo enaltecimento da preempção e da prevenção como valores que embasam a doutrina inaugurada pela administração de George W. Bush. Nesse sentido, Kenneth Waltz chama a atenção para uma questão inevitável: como contrabalançar a capacidade de uso da força e combater os eventuais abusos cometidos pela única superpotência?

Diferentemente de Waltz, Niall Ferguson considera mais do que oportuna a emergência de um império "benigno" liderado pelos Estados Unidos e secundado pela União Européia, que representaria "a contraparte política da globalização econômica" (Ferguson, 2004, p.183). Remetendo às experiências do passado, especialmente da Inglaterra, ele destaca as virtudes liberais do império, que não apenas:

subscreve a troca internacional livre dos produtos, do trabalho e do capital, mas também cria e sustenta as condições sem as quais os mercados não podem funcionar – a paz e a ordem, o império da lei, uma administração não corrupta, políticas fiscais e monetárias estáveis, assim como fornece bens públicos, tais como infra-estrutura para o transporte, hospitais e escolas, que não existiriam de outra maneira. (Ferguson, 2004, p.2)

---

[25] Adotamos a diferenciação de Hedley Bull entre ordem internacional e mundial. Esta última envolveria os "padrões ou disposições da atividade humana que sustentam os objetivos elementares ou primários da vida social na humanidade considerada em seu conjunto" (Bull, 2002, p. 26).

Em um estudo dedicado à América Latina, Antonio Negri e Giuseppe Cocco buscam definir com maior precisão as diferenças entre império, imperialismo e suas estruturas de dominação.

> Por Império entendemos a situação política global na qual a soberania assumiu uma nova forma e compõe-se de uma série de organismos nacionais e supranacionais unidos por uma única lógica de governo. Colocado além das regras do imperialismo e do colonialismo (que não eram mais que evoluções da soberania dos Estados-nação além das suas próprias fronteiras), o Império não estabelece um centro territorial de poder e não se apóia em fronteiras ou em barreiras fixas. O Império é uma estrutura descentralizada e desterritorializada de governo, que integra progressivamente o espaço do mundo inteiro dentro de fronteiras abertas e em perpétua expansão. É um não-lugar universal. (Negri e Cocco, 2005, p.49)

Império–imperialismo e hegemonia–dominação são dicotomias bem ilustrativas dos contornos do debate sobre a política externa dos Estados Unidos, em que o alcance temporal atribuído ao unilateralismo é um dos elementos diferenciadores na utilização das terminologias. Em uma perspectiva menos conjuntural, as denominações revelam diferenças teóricas e políticas mais profundas.

O império tende a associar-se com uma etapa evolutiva, crescentemente abarcadora, do ordenamento regional (Roma), internacional (Inglaterra) ou mundial (Estados Unidos). Aqui temos coincidências que vão de Ferguson, que enaltece seu caráter benigno, a Hardt, Negri e Cocco, que anunciam um momento culminante do capitalismo, base material da "revolução da multidão". Diferentemente, o imperialismo é associado a comportamentos intervencionistas de grandes potências, fase superior (e "superada") de um capitalismo que integrava a lógica de poder dos Estados-nação e das suas empresas monopolistas.

A PERSUASÃO CONSERVADORA 145

Nessa linha, Richard Haass, diretor de Planejamento Político do Departamento de Estado durante a gestão de Colin Powell e presidente do Council on Foreign Relations (CFR),[26] pontua as diferenças entre a política imperial, que recomenda para os Estados Unidos, e o imperialismo.

Uma política externa imperial não deve ser confundida com imperialismo. Este é um conceito que conota exploração, normalmente com finalidades comerciais, freqüentemente requerendo o controle territorial. Está fundado num mundo que não existe mais, em que um número pequeno de Estados majoritariamente europeus dominou um grande número de povos, a maioria dos quais viveu em colônias que por definição careciam de autodeterminação ... Advogar em favor de uma política externa imperial significa reivindicar uma política externa que tente organizar o mundo em torno de determinados princípios que influenciem as relações entre Estados e as suas condições internas ... A influência refletiria a sedução da cultura americana, a força da economia americana, e o atrativo das normas que estariam sendo promovidas, assim como a ação intencional da política externa dos Estados Unidos. A coerção e o uso da força seriam normalmente um último recurso. (Haass, 2000)

O texto de Haass, escrito antes da eleição de 2000, quando exercia o cargo de diretor de Política Externa da Brookings Institution,

---

[26] O Council on Foreign Relations (CFR), fundado em 1921, é o *think tank* mais importante dos Estados Unidos. Desde os primeiros anos de existência, e até os dias atuais, membros da instituição estiveram presentes nas mais altas esferas decisórias da política externa do país, independentemente da origem partidária de cada administração, incluindo presidentes, vice-presidentes, secretários de Estado, da Defesa, do Tesouro e, após a Segunda Guerra Mundial, assessores do Conselho de Segurança Nacional e diretores da CIA.

revela fortes coincidências com as análises de Ferguson e Joseph Nye, podendo-se estabelecer uma equivalência entre o império e o *soft power* como expressões de um processo de busca sistemática do consenso na construção de um ordenamento mundial em que a primazia dos Estados Unidos está associada à paz e à prosperidade.

Na contramão da equivalência "benigna" entre hegemonia e império, estaria o lado "maligno" do imperialismo e da dominação. Caso as ações unilaterais fossem percebidas como imperialistas, perderiam sua credibilidade, comprometendo a eficácia do uso da força, recurso necessário da liderança de um Estado que se apresenta como fiador de valores universais de liberdade e justiça.

Apesar da diversidade de nomenclaturas, e independentemente das posições favoráveis ou críticas, as abordagens que apresentamos sobre a posição dos Estados Unidos no mundo coincidem em delinear uma política externa em que prevalecem as seguintes características:

- Como potência ideocrática,[27] define seus interesses nacionais não apenas em termos materiais (comerciais, ambientais), mas também ideológicos, resultando em permanente projeção internacional de seu poder como instrumento a serviço de uma missão civilizadora. (Kristol, 2004.)
- Promove modelo econômico que favorece a maximização dos lucros das empresas estadunidense no exterior, articulando interesses no âmbito do Estado, do setor privado e dos organismos multilaterais. (Huntington, 2000)
- Sendo um "país que consome mais do que produz, sem se importar com sua balança comercial" (Todd, 2003, p.77),

---

[27] Conforme destaca Raymond Aron: "Toda grande potência ideocrática é *imperialista*, qualquer que seja seu regime econômico – se considerarmos imperialismo o esforço para difundir uma idéia e impor fora das fronteiras nacionais um modelo determinado de governo e de organização social, até mesmo com o emprego da força" (Aron, 2002, p.366.).

busca o controle das fontes de suprimento de recursos naturais considerados estratégicos para a segurança nacional, utilizando sua superioridade militar e recorrendo, se necessário, à ocupação territorial. (Harvey, 2004)
- Acompanhando as percepções de ameaças reais ou potenciais à manutenção de sua primazia, instaura mecanismos de vigilância e punição de alcance global e natureza variável (missões militares, religiosas, culturais, ONGs) (Johnson, 2004, Hardt e Negri, 2001).

Em nossa perspectiva, esses quatro aspectos põem em evidência um sistema de dominação que acentua as principais tendências do imperialismo do fim do século XIX. Da mesma forma que nos debates da II Internacional sobre seu caráter benéfico ou espoliador, as atuais controvérsias refletem a diversidade de situações dos atores nacionais e sociais. Nesse quadro de continuidades, destacamos outros elementos demarcatórios das especificidades do presente:

- A partir das últimas décadas do século XX, a mundialização do capital alcança dimensões inéditas, tendo na liberalização dos mercados nos países "em desenvolvimento" um dos principais fatores de impulso. Acompanhando o processo de formação de uma base econômica de alcance global, constrói-se uma superestrutura política, jurídica e cultural, visível nos discursos que buscam legitimar as intervenções militares sob o argumento da criação de um ambiente internacional mais seguro, pautado pela democracia e pelo império da lei.
- No lugar da conquista colonial, promove-se a formação de coalizões militares para a ocupação de "Estados fora-da-lei" e "Estados falidos", de caráter transitório, mas sem prazo predeterminado de saída. Os Estados Unidos assumem a liderança na escolha dos alvos e do momento da intervenção,

buscando o apoio das Nações Unidas, mas sem se subordinar a seu processo decisório.

- O exercício da supremacia estadunidense busca o respaldo das audiências nacionais e dos governos dos países do capitalismo avançado ou do atrasado, construindo um poder que se pretende incontestável nas dimensões econômica, militar, política e cultural.

Esse sistema de dominação não deve ser confundido com o império descrito por Hardt, Negri, Cocco, Haas e Ferguson. Embora a política externa estadunidense se apresente como expressão da defesa e promoção de princípios universais de convívio humano, a referência fundamental continua sendo a razão de Estado.

As posições de Huntington colocam em questão essa última perspectiva. Ao adotar como referência analítica as civilizações, que são mais abrangentes que os impérios, ele situa o cosmopolitismo de Clinton e o imperialismo de Bush em uma dimensão histórica de longa duração, que tem em Arnold Toynbee uma das principais fontes de inspiração.

Em seu *Estudo da história*, Toynbee associa o Império Romano com a fase de unificação da civilização helênica em um Estado Universal, período de cinco séculos que acompanha o apogeu, a decadência e o colapso de seu poder. Para ele, os Estados universais apresentam duas características importantes, a condutibilidade e a paz, para cuja viabilização a minoria dominante cria e promove um conjunto de instituições: "comunicações, fortificações e colônias, províncias, cidades capitais; línguas e escrita oficiais; sistemas legais; calendários, pesos e medidas e moeda; forças armadas; serviços civis e cidadania" (Toynbee, 1985, p.21).

Essas instituições, de natureza similar aos bens públicos atribuídos por Ferguson ao império liberal, terminam beneficiando os inimigos do Estado universal, os proletariados interno e externo, conforme a denominação cunhada por Toynbee. Na civilização helênica, o primeiro inclui fundamentalmente a massa de cidadãos desenraizados e economicamente empobrecidos de antigas unidades políticas do mundo grego incorporadas aos domínios romanos e escravos originários dos territórios conquistados; o segundo é formado pelos chamados povos bárbaros que se aglomeram nas fronteiras. O processo de decadência instalou-se quando a minoria dominante perdeu legitimidade e criatividade, abusando da força no exercício do poder, o proletariado interno passou a criar seus próprios padrões culturais de referência – em especial no plano religioso – e, com o proletariado externo, a compor o contingente principal das forças de segurança. O treinamento militar dos proletários e o sistema de comunicações entre cidades e províncias acabaram fortalecendo a capacidade de combate e o avanço das forças invasoras na direção de Roma.

A abordagem de Toynbee sobre o declínio das civilizações é reveladora dos receios e temores de Huntington em relação ao futuro dos Estados Unidos, com suas recomendações em favor do enfrentamento dos desafios domésticos do multiculturalismo e da imigração hispânica (proletariado interno), a delimitação de fronteiras entre o Ocidente e o "resto" (proletariado externo) e a recusa da "miragem da imortalidade" alimentada pelas teses sobre o fim da história, alertando as minorias dominantes para não cederem às tentações de transitar da unipolaridade ao Estado universal.[28]

As divergências no campo conservador entre aqueles que receiam dessa possibilidade e os defensores da hegemonia benigna expressam percepções diferentes sobre o mundo que sobreviveria ao império estadunidense. Para Huntington, deve-se atentar para as novas

---

[28] Para Huntington: "Quando surge o Estado Universal de uma civilização, seu povo fica cego pelo que Toynbee denominou a 'miragem da imortalidade', e convicto de que a sua é a forma definitiva da sociedade humana" (Huntington, 1997a, p.383).

fontes de ameaça às bases culturais da existência do Ocidente, uma civilização entre outras. Para autores como Brzezinski, se bem conduzida, a primazia dos Estados Unidos levará a humanidade a transitar para um mundo sem necessidade de superpotências, uma espécie de civilização universal.

Retornaremos ao tema no capítulo final, colocando em perspectiva comparada diversas interpretações sobre os contornos da ordem em formação, seus atores relevantes e suas possibilidades estruturais de consolidação. No próximo capítulo, daremos continuidade à análise das dimensões do poder dos Estados Unidos, destacando as concepções e políticas que buscam fortalecer sua capacidade de intervenção diante da diversidade de atores que interagem na globalização, na perspectiva de ampliar consensos em favor de seu reconhecimento internacional como "nação indispensável".

CAPÍTULO 3

Prevenção de conflitos e construção de Nações[1]

Após o fim da Guerra Fria, tanto nos países capitalistas quanto naqueles governados por partidos comunistas, predomina uma conduta de dissociação entre a política externa e a imposição de determinados modos de vida. O tom destoante, como vimos, vem dos Estados Unidos, que atualizam seu discurso missionário.

O posicionamento dos Estados em relação à proximidade e à atitude que eles mantêm do capitalismo liberal, apresentado como uma combinação bem-sucedida entre democracia representativa, liberdade de mercado e império da lei, passa a ser incorporado pelos governos estadunidenses como parâmetro da divisão e da hierarquia que acompanha a construção da nova ordem internacional.

Conforme assinalava Madeleine Albright na época em que dirigia o Departamento de Estado (2000), nas fronteiras externas das nações que compõem o núcleo desenvolvido se aglomera um conjunto variado de Estados. Em primeiro lugar, estão os que se esfor-

---

[1] Uma versão anterior deste capítulo foi apresentada em Ayerbe, Luis "Prevenção de conflitos e *nation building*: a dimensão *soft* do poder estadunidense", *Pensamiento Propio* n.21 (2005).

çam por adotar o capitalismo liberal, com ganhos significativos na institucionalização dos marcos formais fundamentais a seu funcionamento, mas ainda presos ao peso do passado de autoritarismo e populismo econômico. São os Estados em transição. Em segundo lugar, estão aqueles em que o subdesenvolvimento se apresenta como marca insuperável, colocando-os sob constante ameaça de colapso em itens básicos da sobrevivência, como alimentação, saúde e segurança física. São Estados falidos, nos quais o conflito é latente, o que os torna presa fácil do ressentimento que alimenta o fundamentalismo dos movimentos que renegam e boicotam o sistema, muitos deles patrocinados pelos "Estados fora-da-lei", que compõem a quarta e última categoria. Em 2002, após os atentados de 11 de setembro, o presidente Bush cunha a expressão "Eixo do mal" para se referir a alguns desses Estados – Iraque, Irã e Coréia do Norte – acusados de estar na vanguarda no patrocínio do terrorismo.

A lógica dos setores conservadores que vêem com bons olhos essa radicalização de posições é bem sintetizada por Michael Ignatieff, que dá boas-vindas a um novo e, para ele, necessário império norte-americano:

> que desde sua derrota no Vietnã tem-se mostrado cauteloso em seus desígnios e forçado, após o ataque dos bárbaros, a passar à ofensiva. Apesar de o despertar ter sido brutal, pode ser que tenhamos motivos para estar agradecidos aos bárbaros ... Foram outorgados ao império uma nova *raison d´être* e um objetivo estratégico de longo prazo: a erradicação do terrorismo. (Ignatieff, 2004, p.14)

As ações das Forças Armadas estadunidenses para responder a situações de risco nos "Estados falidos" e "Estados fora-da-lei" têm encontrado desafios tanto no plano da prevenção de conflitos intra-estatais que possam levar países a uma situação de falência quanto nas etapas posteriores às intervenções. No caso do Afeganistão e do

PREVENÇÃO DE CONFLITOS E CONSTRUÇÃO DE NAÇÕES   153

Iraque, a estabilização enfrenta fortes obstáculos pela resistência dos que se sentem prejudicados com a estrutura de poder emergente e pelo despreparo das forças de ocupação para lidar com o conjunto de imperativos apresentados durante o processo de construção de um novo *status quo*.

A despeito dos problemas, Ignatieff não vê alternativas melhores, já que, nas atuais circunstâncias, essas modalidades de intervenção expressariam o caráter benigno do império do Ocidente, cuja "sustentação moral é liberal e democrática" e seu "objetivo consiste na extensão das eleições livres, o império da lei e o autogoverno democrático a povos que só conhecem o fratricídio" (Ignatieff, 2004, p.100).

Na mesma linha, Nial Ferguson considera que o século XXI demanda, mais do que qualquer outro momento do passado, um império benigno. Entre os argumentos, ele destaca as mudanças nas tecnologias que afetam as comunicações e o setor militar, favorecendo, no primeiro caso, a transmissão de doenças e, no segundo, o acesso de grupos terroristas e governos ditatoriais a armas de alto poder destrutivo a custos relativamente baixos. Porém, o empobrecimento que assola alguns países do mundo exige uma ação mais decisiva.

O que se requer é uma agência capaz de intervir nos assuntos desses Estados para conter epidemias, depor tiranos, para terminar guerras locais e para erradicar organizações terroristas. Este é o argumento egoísta em favor do império. Mas há também um argumento altruísta complementar. Mesmo que não representem uma ameaça direta à segurança dos Estados Unidos, as condições econômicas e sociais em vários países do mundo justificariam algum tipo de intervenção. (Ferguson, 2004, p.24)

Embora Ferguson considere a condição imperial inerente à história estadunidense, ela nem sempre foi assumida, o que estaria mudando desde a administração Bush e o 11 de setembro. As intervenções no Afeganistão e no Iraque, que promovem mudanças de regime e a ocupação militar pelo tempo considerado necessário à estabilização do novo sistema político, "eufemisticamente descritas como construção de nações" (Ferguson, 2004, p.290), reproduzem um comportamento que é próprio dos impérios ao longo da história: "a extensão da sua civilização, geralmente pela força militar, para governar sobre outros povos" (Ferguson, 2004, p.169).

Nas próximas seções, trataremos mais detalhadamente dessas questões, focalizando a análise nas abordagens, nas concepções e nos interesses que orientam a política de prevenção de conflitos e construção de nações dos Estados Unidos.

Introdução sociológica

A elucidação dos diversos fatores que desencadeiam conflitos no interior das sociedades é um desafio permanente para cientistas sociais e atores políticos que acompanham as transformações do capitalismo, das relações entre Estado e sociedade e entre Estados-nação no âmbito do sistema internacional, gerando extensa produção com variadas interpretações. Seja com o objetivo de explicar esse tipo de fenômeno, seja para atuar como parte interessada em sua prevenção, resolução ou desencadeamento, o avanço do conhecimento é significativo.

A despeito da grande diversidade de estudos existentes, não diferem, no essencial, as principais perguntas que orientam o caminho do desvendamento da dinâmica oculta de antigos ou novos processos: Quais as mudanças que se operam fora da esfera de poder decisório dos setores que se revoltam e afetam negativamente a vida cotidiana deles? Quais as mudanças de percepção desses setores em relação à sua realidade que os torna inconformados com a continuidade dela?

Karl Marx e Max Weber forneceram respostas consistentes às questões formuladas. Por caminhos diversos, mas que muitas vezes se complementam, construíram duas abordagens que se tornaram clássicas, influenciando boa parte das análises posteriores.

Na perspectiva marxista, o conflito fundamental é aquele que leva à revolução social, cuja base está nas desigualdades de classe, institucionalizadas em estruturas de poder que legalizam relações de exploração. Nos fatores desencadeadores de um processo revolucionário, são consideradas as relações de produção, entre a estrutura de classes e a distribuição da riqueza e do poder e o papel do Estado na reprodução das relações sociais dominantes. Citando Marx:

> A um certo nível de desenvolvimento, as forças produtivas materiais da sociedade entram em contradição com as relações de produção existentes, ou, o que não passa de expressão jurídica, com as relações de propriedade dentro das quais se tinham movido até então. De formas de desenvolvimento das forças produtivas que eram, essas relações transformam-se em entraves dessas mesmas forças produtivas. Surge, então, uma época de revolução social. (Marx, 1971, p.4)

Theda Skocpol, partindo da perspectiva marxista, caracteriza três modalidades de conflito de classes: as rebeliões, as revoluções políticas e as revoluções sociais.

As rebeliões, ainda quando triunfem, podem abarcar a revolta da classe subordinada, mas não terminam em uma mudança estrutural. As revoluções políticas transformam as estruturas do Estado, e não necessariamente se realizaram por meio de conflito de classes ... O que é exclusivo da revolução social é que as mudanças básicas da estrutura social e da estrutura política ocorrem unidas, de maneira que se reforçam mutuamente. E estas mudanças ocorrem mediante intensos conflitos sociopolíticos, em que as lutas de classe desempenham um papel primordial. (Skocpol, 1984, p.21)

Buscando entender os processos de transformação de situações de descontentamento em revoluções sociais, a abordagem marxista considera as alterações no equilíbrio de poder associadas à ascensão ou ao declínio de determinados setores, ocasionadas por transformações na forma de produção e de apropriação da riqueza ou por mudanças nas regras do jogo político, que podem desencadear reações violentas por parte daqueles que se consideram perdedores, constituindo um campo fértil para a ação das organizações revolucionárias, capazes de dar condução e organicidade às mobilizações. Referindo-se aos indícios que caracterizam o surgimento de uma situação revolucionária, Vladimir Lenin destaca os três que considera essenciais:

1) impossibilidade para as classes dominantes manterem sua dominação de forma inalterada; crise da "cúpula", crise da política da classe dominante ...; 2) agravamento, além do comum, da miséria e da angústia das classes oprimidas; 3) desenvolvimento acentuado, em virtude das razões indicadas acima, da atividade das massas, que se deixam, nos períodos "pacíficos", saquear tranqüilamente, mas que, em períodos agitados, são empurradas tanto pela crise no seu conjunto como pela própria "cúpula", para uma ação histórica independente. (Lenin, 1979b, p.27-8)

Na mesma direção das preocupações de Lenin, Antonio Gramsci detém-se nas relações de força que atuam em determinados contextos de conflito, diferenciando três dimensões ou momentos de análise. O primeiro, vinculado à estrutura da sociedade, situa os agrupamentos conforme as posições que ocupam na produção, de acordo com o grau de desenvolvimento da base material e as correlações entre as ideologias que contestam o sistema e as possibilidades reais de transformação, invocando o princípio de que "nenhuma sociedade se põe tarefas para cuja solução ainda não existam as condições necessárias e suficientes, ou que pelo menos não estejam em vias de aparecer e se desenvolver" (Gramsci, 2002, p.36). O segundo considera a avaliação das forças políticas de acordo com o grau de consciência em relação aos interesses comuns, desde o simples plano econômico-corporativo até:

a passagem nítida da estrutura para a esfera das superestruturas complexas; é a fase em que as ideologias geradas anteriormente se transformam em "partido"... pondo todas as questões em torno das quais ferve a luta não no plano corporativo, mas num plano "universal", criando assim a hegemonia de um grupo social fundamental sobre uma série de grupos subordinados. (Gramsci, 2002, p.41.)

O terceiro refere-se às relações de força no campo militar, que envolvem tanto o plano técnico quanto o político, exemplificadas pelos vínculos que se estabelecem entre nações opressoras e oprimidas, uma vez que "esse tipo de opressão seria inexplicável sem o estado de desagregação social do povo oprimido e a passividade da sua maioria" (Gramsci, 2002, p.43). Nesse caso, as lutas de independência nacional envolvem uma resposta que expressa consciência de interesses comuns e capacidade de organização política e militar.

Nas análises apresentadas, os conflitos que levam à revolução são essencialmente classistas, desencadeados pela tomada de consciência em relação a uma condição de exploração considerada intrínseca ao sistema, independentemente de situações conjunturais mais ou menos críticas. Diferentemente do marxismo, a perspectiva weberiana valoriza a política e a subjetividade na regulação da vida social. Sua abordagem do conflito parte da noção de "fechamento", determinante na caracterização da desigualdade que o desencadeia. De acordo com Weber:

> Uma forma muito freqüente de condicionamento econômico, verificada em todos os tipos de comunidade, é criada pela compe-

tição por oportunidades econômicas: cargos públicos, clientela, ensejos de ganhos mediante ocupação ou trabalho etc. Com o crescente número de concorrentes em proporção à margem de ação aquisitiva aumenta o interesse dos participantes na concorrência em limitar esse número de alguma maneira. A forma como isso costuma ocorrer é aquela em que se toma alguma característica exteriormente comprovável de uma parte dos concorrentes (efetivos ou potenciais) – raça, idioma, religião, origem local ou social, descendência, domicílio etc. – como base para conseguir sua exclusão da concorrência ... Esse processo de "fechamento" de uma comunidade, como o denominaremos, repete-se de modo típico, constituindo a origem da "propriedade" de terras bem como todos os monopólios estamentais e de outros grupos. (Weber, 1991, v.1, p.231-2)

Quando ocorre fechamento, explicitam-se formas de dominação, culturalmente construídas, com desdobramentos em termos de acesso diferenciado a bens e capacidade decisória. O exercício abusivo do poder em ações que tornam visíveis a discriminação e a percepção de afinidades entre setores que se consideram vítimas dessas ações pode desencadear um processo de conflito. As premissas dessa abordagem são as mudanças objetivas que desequilibram uma situação considerada estável e a percepção subjetiva de perda de poder político e/ou econômico. O problema central está associado à exclusão.

Para Norbert Elias, um dos precursores das análises construtivistas, a estigmatização de determinados setores como requisito da afirmação de uma postura de superioridade expressa comportamento comum a praticamente todas as sociedades conhecidas, nas quais fatores econômicos, étnicos, religiosos e históricos, por exemplo, o tempo de presença em determinado território, são invocados como argumentos de separação entre estabelecidos e *outsiders*. O autor associa essa construção de imagens aos medos que envolvem a própria sobrevivência dos grupos humanos, alimentando permanentemente situações conflituosas.

Os grupos humanos vivem na maioria das vezes com medo uns dos outros, e freqüentemente sem conseguirem articular ou esclarecer as razões do seu medo. Eles se observam mutuamente, enquanto se tornam mais fracos ou mais fortes. Sempre que possível, tentam evitar que um grupo vizinho alcance um potencial maior do que o próprio. Sejam quais forem as formas assumidas por essas rivalidades, elas não são subprodutos ocasionais, mas traços estruturais das figurações em que se encontram envolvidos. Tais figurações indicam, em meio a grande variação, determinados aspectos em comum. Um deles é o perigo em potencial que os grupos representam uns para os outros, e com isso o temor que têm uns dos outros. Nessa situação, a promoção da auto-estima coletiva fortalece a integração de um grupo, melhorando suas chances de sobrevivência. (Elias; Scotson, 2000, p.210)

A imposição de estigmas e contra-estigmas faz parte da dinâmica relacional entre grupos dominantes e subalternos, expressando momentos diferentes das percepções de poder. Situações de estabilidade expressam a penetração na auto-imagem dos *outsiders* da estigmatização gerada pelos setores estabelecidos. Situações de conflito refletem a reação dos *outsiders* diante de menor desigualdade de forças resultante do declínio dos estabelecidos. Como resposta, estes tendem a buscar a perpetuação de sua condição por meio do revigoramento de um imaginário que invoca o passado de grandeza, no entanto essas idealizações carregam seus riscos:

> a discrepância entre a situação real e a situação imaginária do grupo entre outros também pode acarretar uma avaliação errônea dos instrumentos de poder de que ele dispõe e, por conseguinte, suge-

rir uma estratégia coletiva de busca de uma imagem fantasiosa da própria grandeza, que é capaz de levar à autodestruição e à destruição de outros grupos interdependentes. Os sonhos das nações (como os de outros grupos) são perigosos. (Elias; Scotson, 2000, p.43)

No centro dos perigos que advêm do medo e dos sonhos de grandeza que separam grupos humanos, situam-se os conflitos armados. Analisando as razões sociais que ocasionam as guerras civis e entre Estados, de acordo com uma abordagem das relações internacionais que se identifica com o realismo, Raymond Aron acompanha os argumentos weberianos sobre o processo de concentração e exclusão que resulta da competição por bens que não podem ser compartilhados, como o poder e a glória. A disputa torna-se violenta "quando um dos adversários recorre à força física para forçar o outro à submissão" (Aron, 2002, p.442).

No âmbito intra-estatal, Aron estabelece três condições que coíbem a escalada da violência:

as relações entre os membros da mesma coletividade estão sujeitas a normas, costumeiras ou legais; há uma autoridade legítima, reconhecida por todos, e uma certa consciência de solidariedade, a despeito do que separa os adversários; uma força superior – o exército ou a polícia – impõe-se irresistivelmente, em caso de necessidade. (Aron, 2002, p.444)

A ausência de uma dessas condições poderá ser suficiente para o desencadeamento de um conflito violento. Passando da dimensão social para uma discussão de caráter essencialista sobre as ameaças à paz, Aron remete a comportamentos inerentes à natureza humana e tornam instável qualquer relação de dominação/submissão. "O homem é o único ser capaz de preferir a revolta à humilhação e a verdade à vida. Por isto, a hierarquia dos senhores e dos escravos nunca poderá ser estável" (Aron, 2002, p. 466). Adotando uma perspectiva teórica similar, Jean-Baptiste Duroselle (1998) considera a guerra uma das regularidades da história do *Homo sapiens*, em cujo desencadeamento percebe-se a intervenção de quatro elementos constantes: 1) a criação de sistemas fechados que, embora se proponham como universais, têm como condição de seu sucesso a exclusão de atores e valores considerados contraditórios a seu avanço (o autor cita como exemplo o internacionalismo proletário da utopia comunista); 2) as diferenças de poder que levam os poderosos a ampliar a ocupação de territórios, agravadas nos momentos em que o maior número de atores com poderio aumenta as possibilidades de disputa; 3) a desconfiança estrutural entre os Estados em sistemas multipolares; e 4) o constante reaparecimento do "insuportável", que favorece a aceitação da possibilidade da morte como componente da luta contra a opressão.

O quarto elemento também está presente em sua análise sobre o ocaso dos impérios. Entre os fatores capazes de dar término ao sistema de dominação imposto por uma grande potência, Duroselle destaca a violência, predominantemente ocasionada por derrotas militares diante de coalizões de potências inimigas; o nacionalismo, caso mais freqüente da dominação colonial, confrontada por movimentos libertadores originários das populações autóctones, e a desagregação interna, cujo caso típico seria a Roma antiga.

Nos casos vinculados ao nacionalismo e à desagregação interna, o sentimento do insuportável aparece como fenômeno cultural próprio das comunidades que se percebem como vítimas do *status quo*. Para Duroselle, a tomada de consciência do insuportável poderia ser desencadeada por diversos motivos, entre os quais se destacam: a degradação de uma situação econômica, decorrente de mudanças que afetam diretamente o modo de vida, como a rápida deterioração das condições de trabalho; evolução do sistema de valores, pelo surgimento de uma consciência de opressão referente a uma situação anteriormente percebida como componente inevitável da existência; maturação de um fenômeno demográfico, provocando reações contra a presença de "estrangeiros", associados a outras etnias, raças ou nacionalidades; e ação do estrangeiro contra uma comunidade pacífica, gerando resistência contra os invasores do território. A transformação de um sentimento pautado pela idéia do inaceitável em consciência do insuportável tem efeitos desencadeadores de resistência contra o agente identificado como agressor.

De acordo com a perspectiva weberiana, as ações dos atores, orientadas pela busca de fins determinados, são passíveis de compreensão à medida que se desvendem suas razões, sua intencionalidade. Conforme salienta Raymond Boudon: "Se o ator social crê em uma determinada verdade, isso é, regra geral, porque essa crença tem sentido para ele, porque tem razões para acreditar nela, e portanto essas razões representam a causa da sua crença" (Boudon, 2005, p.62).

Ao privilegiar tal dimensão da sociologia compreensiva, Boudon busca dar destaque ao individualismo metodológico entre os referentes da tradição identificada com Max Weber, colocando no centro da análise a autonomia do sujeito que age motivado por paixões e interesses, em contraposição às abordagens deterministas que estabelecem causalidades anteriores e independentes. Um exemplo seria a caracterização das Nações Unidas das principais causas da ascensão do terrorismo, que estaria focada nas condições de vida precárias que prevalecem no mundo árabe-islâmico, em vez de visualizar nessas ações a "vontade de minorias ativas, efetivamente ditada, em muitos casos, sem dúvida, por um sofrimento autêntico, e a manifestação de uma estratégia compreensível, como sua eficácia demonstra cabalmente" (Boudon, 2005, p.97).

Entre as causalidades presentes nas ciências sociais, Boudon ressalta as explicações culturalistas centradas na socialização com base em valores, crenças e concepções preexistentes, que ele considera versões reducionistas do paradigma weberiano, cujo relativismo "se concilia facilmente com o postulado segundo o qual o ser humano aderiria a esta ou àquela crença *exclusivamente* porque ela vigora no seu meio envolvente" (Boudon, 2005, p.56). Nessa categoria está incluída a abordagem do "choque de civilizações", que vê nas características próprias de cada cultura uma fonte determinante do conflito.

Na perspectiva apresentada por Boudon, podemos associar o essencialismo de Huntington à obsessão conservadora com o destino do "Ocidente", um ideário construído que estaria ameaçado pelas ações de desconstrução promovidas pelo multiculturalismo. Estabelece-se assim um cenário de confronto de relativismos em que a busca da "objetividade do conhecimento" é o grande ausente.

As diferenças entre o individualismo metodológico e o construtivismo não obscurecem sua matriz original weberiana, que ambas as perspectivas enriquecem com instrumentos analíticos de grande utilidade para a interpretação das motivações dos atores e dos fatores intersubjetivos que intervêm na deflagração de conflitos, assim como na caracterização de normas de conduta, regulações e instituições que tendem a favorecer o processo de construção de nações.

Alexander Wendt considera dois princípios básicos comumente vinculados ao construtivismo:

> 1) as estruturas da associação humana estão determinadas sobretudo por idéias compartilhadas mais do que por forças materiais; e 2) as identidades e os interesses de atores conscientes são construídos por essas idéias compartilhadas mais do que determinados pela natureza. (Wendt, 1999, p.1)

As percepções e o sentido que os sujeitos atribuem à sua ação são fatos sociais que expressam a intersubjetividade na construção de uma intencionalidade coletiva. De acordo com John Gerald Ruggie, "a soberania, como o dinheiro e os direitos de propriedade, existem somente dentro de uma estrutura de sentido compartilhada que os reconhece como sendo válidos" (Ruggie, 1998, p.870).

À medida que os valores, as identidades e os interesses deixam de ser percebidos como elementos estáticos que se originam de uma realidade material que se impõe aos indivíduos, não há limites *a priori* para a criação ou a caducidade de significados que orientam a ação social, abrindo possibilidades transformadoras para iniciativas que impliquem mudanças comportamentais e institucionais.

Ruggie cita como exemplo as negociações de Bretton Woods de 1944, cujos resultados vão além da estruturação de um sistema monetário e de comércio:

> Eles estabeleceram também estruturas intersubjetivas de compreensão que incluíram uma narrativa compartilhada sobre as condições que tinham tornado esses regimes necessários e os objetivos que se pretendia atingir e geraram uma gramática, sob a base da qual os Estados acordavam interpretar convenientemente os atos futuros que não poderiam possivelmente prever. (Ruggie, 1998, p.870)

A abordagem construtivista não desconhece a existência de efeitos estruturais, mas põe em destaque a intencionalidade dos atores, que analisam o contexto, identificam seus interesses e definem sua ação, atribuindo significado às condições materiais. Para Alexander Wendt, as idéias têm efeitos constitutivos: "Sem idéias não há interesses, sem interesses não há condições materiais significativas, sem condições materiais, não há realidade" (Wendt, 1999, p.139).

Das revoluções às rebeliões

Os autores analisados na seção anterior sistematizam aspectos importantes para a compreensão das "velhas" e das "novas" modalidades de conflitos intra-estatais. Como vimos no Capítulo 2, o contexto internacional teve forte influência na precipitação de acontecimentos que levaram às revoluções russa e chinesa. No caso da Revolução Cubana, de 1959, a dinâmica interna foi decisiva na transformação do sentimento do inaceitável em consciência do insuportável.

O golpe militar liderado por Fulgêncio Batista, em 10 de março de 1952, interrompeu um período de oito anos de frágil democracia no país, fechando o caminho da política institucional para aqueles que apostavam na legitimidade do sistema como premissa para o encaminhamento das mudanças socioeconômicas de que o país necessitava. Entre as lideranças contrariadas, destacava-se Fidel Castro, candidato a deputado às eleições de 1° de junho anuladas por Batista. Operou-se, então, um processo de fechamento, no sentido weberiano, que explicita para setores importantes da sociedade cubana (inclusive Fidel) sua exclusão da vida política. A frustração das expectativas dos setores que apostavam na vitória eleitoral deu lugar rapidamente à organização de movimentos de resistência que passaram a considerar a luta armada o principal método de ação política, cuja atuação se tornou fator catalisador da criação das condições da revolução (ou transformação nas relações de força) descritas por Lenin e Gramsci: crescente ativismo dos setores populares no campo e nas cidades, que já não aceitavam pacificamente a deterioração de suas condições de vida; crise na cúpula, com a divisão na base de sustentação do regime de Batista, que se enfraqueceu politicamente ao mesmo tempo que se multiplicaram suas derrotas no campo militar, com o desfecho conhecido da tomada do poder pelos revolucionários (Ayerbe, 2004).

Na América Latina, no contexto do triunfo da Revolução Cubana e da disseminação de regimes ditatoriais nas décadas de 1960 e de 1970, setores intelectuais, estudantis, operários, camponeses e de profissionais liberais, ao mesmo tempo que se identificavam como excluídos do sistema político, coincidiam na percepção de inevitabilidade da resistência por intermédio de todos os meios disponíveis, buscando horizontes comuns na construção de alternativas.

Contudo, o processo de democratização dos anos 1980-1990 representou, em muitos casos, o fim das principais barreiras de inserção no sistema, em especial para aqueles cuja incorporação à revolução se originou do cerceamento de liberdades de expressão, de participação na vida política, do exercício de profissões vinculadas ao livre debate e à divulgação de idéias, da vinculação orgânica a partidos e sindicatos. A consolidação da transição democrática, convivendo com o cenário de crise teórica da esquerda associado à derrota da antiga União Soviética, influenciou mudanças de percepções sobre o "inaceitável" e o "insuportável", dissolvendo antigas solidariedades, convergências e alianças.

Os fundamentos estratégicos das disputas políticas e ideológicas que acompanharam as crises de governabilidade na região entre os decênios de 1950 e de 1980 remetiam para modelos de desenvolvimento com fronteiras claramente delimitadas. Entre os defensores do capitalismo, havia um leque de opções que passava fundamentalmente pelo nacional-populismo, pelo desenvolvimentismo e pelo liberalismo. Entre os críticos, uma ampla variedade de socialismos. No atual contexto, o neoliberalismo aparece como alvo comum do número crescente de setores afetados de modo negativo pelas reformas de mercado, apontado como vertente radicalmente excludente do capitalismo, sem que esteja claro o que seria sua versão mais inclusiva. Crises como as do Equador em 2000 e 2005, da Argentina em 2001 e da Bolívia em 2003 e 2005, em que as autoridades presidenciais foram forçadas a renunciar ou destituídas após fortes manifestações populares, mais do que apontar para rupturas revolucionárias, deixaram explícitas as dificuldades existentes para se definirem alternativas sistêmicas ao capitalismo regional.

Isso confere à América Latina, apesar de seus problemas, um *status* de área periférica nas prioridades dos Estados Unidos na guerra global contra o terrorismo. Os principais riscos localizam-se na região do Oriente Médio, mas também há crescentes preocupações com a profusão de Estados falidos na África. Analisando as novas fontes de conflito que predominam no chamado Terceiro Mundo, Robert Kaplan considera que o grande desafio militar dos Estados Unidos não é o combate com soldados profissionais em guerras convencionais, mas o enfrentamento de novos guerreiros, oriundos dos exércitos de pobres, desempregados e excluídos produzidos pela disseminação do processo de globalização. Isso inclui os "adolescentes assassinos na África ocidental, as máfias russa e albanesa, os traficantes de droga latino-americanos, os terroristas suicidas da Cisjordânia e os cúmplices de Osama bin Laden que se comunicam por correio eletrônico" (Kaplan, 2002, p.180-1).

De modo diferente dos movimentos revolucionários da Guerra Fria, o horizonte estratégico desses atores não se define pelo questionamento do sistema socioeconômico dominante, mas se manifesta em numerosas ações que afetam mais a estabilidade da ordem do que sua existência. Em termos histórico-comparativos, Kaplan atualiza a noção oitocentista do "fardo do homem branco". Para ele,

> A situação do Ocidente é mais parecida à dos últimos vitorianos, que tiveram que se enfrentar com pequenas guerras sujas em rincões anárquicos do globo como Sudão. Por acaso é exagerado imaginar uma expedição por meio de extensões desérticas similares para capturar outro personagem messiânico como Osama bin Laden? (Kaplan, 2002, p.59)

Fontes de conflito: classe e etnia

Entre 1989 e 1998, apenas sete, entre os 108 conflitos armados deflagrados no mundo, foram de natureza interestatal. Nesse período, as Forças Armadas dos Estados Unidos envolveram-se em 25 operações de paz (Szayna, 2000). No âmbito da atuação das Nações Unidas, das 55 operações de paz implementadas entre 1945 e 2003, 80% começaram após 1989 (Dobbins et. al., 2003). Em consonância com essa realidade, o apoio governamental a programas de prevenção ganha maior impulso.

Duas iniciativas importantes são o projeto "Ethnic Conflict and the Process of State Breakdown", desenvolvido pela Rand Corporation, com o patrocínio do *staff* de Inteligência do Exército, e o programa Conducting a Conflict Assessment: "A Framework for Strategy and Program Development", da Usaid (Agência para o Desenvolvimento Internacional), agência do Departamento de Estado. Suas análises pautam-se por atualizada reflexão teórica, que recupera a tradição marxista e weberiana abordada no início deste capítulo, e não pelo preconceito ideológico, pois sua motivação básica é fornecer subsídios à política externa de uma potência com pretensões de hegemonia global.

Na perspectiva do projeto da Rand Corporation, a etnicidade é o elemento substantivo dos conflitos comunitários, em que a afirmação de identidades representa um dos principais fatores causais, estabelecendo barreiras ao convívio multiétnico em um mesmo Estado que se tornam muitas vezes insuperáveis.

Com base no pressuposto de que toda ação social contém uma racionalidade, que leva em conta a adequação entre meios e fins, a pesquisa assume como premissa a factibilidade da prevenção ou da resolução de conflitos étnicos. A compreensão dos fins facilita o caminho da predição. O desvendamento de aspectos comuns presentes nos diversos processos de construção da etnicidade pode permitir a elaboração de modelos que ajudem na caracterização dos conflitos, conduzindo a melhores planejamento e execução das intervenções.

A pesquisa distingue três abordagens principais de etnicidade. Uma delas é a "primordialista", para a qual as diferenças são um

PREVENÇÃO DE CONFLITOS E CONSTRUÇÃO DE NAÇÕES 169

fenômeno natural, baseado em características biológicas, raciais e culturais, definidas *a priori* do processo de socialização. A diversidade não é percebida como problema, mas sim como condição normal da pluralidade própria de todo agrupamento social. Nessa perspectiva, conflitos podem ocorrer em situações de desigualdade na distribuição de poder e bem-estar que explicitem a discriminação de setores com base em critérios étnicos.

A segunda abordagem destacada é a "epifenomenalista", associada, sobretudo, à tradição marxista, para a qual a base do conflito está nas desigualdades originárias da estrutura social. Em comparação à abordagem primordialista, em que a etnicidade desempenha papel relevante, aqui se expressa o mascaramento da luta de classes. Na perspectiva "epifenomenalista", movimentos de classes subalternas, embandeirados de reivindicações de natureza étnica, seriam característicos de fases pré-políticas, nas quais a falsa consciência é fator predominante.

A terceira abordagem, "atributiva", que orienta metodologicamente a pesquisa, tem como principal referência teórica a sociologia compreensiva de Max Weber. A etnicidade, entendida como a percepção, por parte de determinado grupo, de afinidades associadas a características físicas e culturais (cor da pele, religião, língua, comunidade territorial de origem ancestral), é um fenômeno socialmente construído, com uma racionalidade própria, passível de ser compreendida. A identificação de elementos catalisadores da politização da etnicidade pode contribuir para a formulação de estratégias preventivas.

A política cria a etnicidade, que força os indivíduos a descobrirem recursos comuns em suas lutas pela sobrevivência ... como um fenômeno que só se torna real por causa das construções subjetivas de indivíduos sob certas circunstâncias, e não porque ela existe a priori, como alguma solidariedade intrinsecamente permanente que liga um conjunto de indivíduos no tempo e no espaço. (Szayna, 2000, p.26)

O modelo elaborado pelos autores considera três estágios na análise de um conflito étnico. O primeiro tem como objetivo desvendar o potencial desencadeador de violência das modalidades de fechamento existentes em determinada sociedade. Nesse momento, a utilização integrada de categorias weberianas e marxistas assume destaque. Além dos fatores intersubjetivos que explicam a dominação, examinam-se as relações de produção, as relações entre a estrutura de classes e a distribuição da riqueza e do poder e o papel do Estado na reprodução das relações sociais dominantes.

O segundo estágio procura entender o processo que pode transformar situações de descontentamento em conflitos abertos. Alterações no equilíbrio de poder, associadas à ascensão ou ao declínio de determinados setores, ocasionadas por transformações no modo de produção e de apropriação da riqueza ou por mudanças nas regras do jogo político, podem desencadear manifestações violentas (atentados e outras formas de agressão) por parte daqueles que se consideram perdedores. Contextos como esse podem constituir um campo fértil para que empreendedores étnicos, capazes de dar condução e organicidade às mobilizações, capitalizem politicamente a situação. A obtenção de recursos e de respaldo político pela criação de laços de apoio internos e externos completa o quadro da viabilização do conflito étnico (Szayna, 2000, p.52).

O terceiro estágio corresponde à avaliação das capacidades de negociação e barganha política do Estado e dos grupos organizados, permitindo caracterizar situações de ameaça estrutural à governabilidade.

Em relação ao poder do Estado, são avaliadas três dimensões: flexibilidade da estrutura institucional para responder politicamente às demandas, permitindo a abertura de espaços para acomodar a diversidade de interesses; saúde fiscal e acesso a financiamento, capazes de ampliar as possibilidades de oferta de alternativas no processo de negociação; e capacidade de emprego da coerção na eventualidade de se optar pela resolução violenta do conflito.

Em relação à capacidade dos grupos mobilizados, destacam-se: sua habilidade para adaptar-se *vis à vis* com outras formações sociais concorrentes, incluindo o Estado; sua habilidade para sustentar a campanha política pela atenção das suas demandas; e sua habilidade para manter a coesão da identidade emergente do grupo. (Szayna, 2000, p.61)

Apesar de incorporar em seu instrumental metodológico categorias marxistas utilizadas no mapeamento da base econômica das sociedades analisadas, a pesquisa não inclui entre os movimentos sociais com potencial desestabilizador os de natureza anticapitalista. Isso decorre, em nossa interpretação, de dois fatores: um de natureza empírica, associado ao refluxo do socialismo, outro de natureza teórica, relacionado com a adoção do conceito de "fechamento", determinante na caracterização da desigualdade que tende a motivar o conflito.

Em processos de radicalização política, cuja motivação central é o questionamento da estrutura social, não há fundamentação racional para negociação de condições permanentes de convívio entre classes dominantes e subalternas. A utilização ou não de métodos coercitivos por parte do Estado dependerá do poder de mobilização de movimentos cuja agenda antecipa, como desfecho inevitável da conquista do poder, a exclusão das antigas classes dominantes. No acervo do governo dos Estados Unidos há evidência histórica, produção teórica e experiência acumulada suficientes sobre as formas de resolução desse tipo de conflito: no limite, deve-se impor a rendição incondicional, sem restrição na utilização dos meios disponíveis.

O declínio das ideologias pautadas pela luta de classes e o auge dos movimentos que reivindicam identidades étnicas e religiosas representam um desafio de difícil equacionamento para os Estados Unidos, que carecem da experiência necessária para lidar com racionalidades não redutíveis à lógica econômica. Conforme destaca

Michael Mann, "as situações mais perigosas são aquelas em que dois grupos étnicos ou religiosos diferenciados reclamam seu próprio Estado sobre um mesmo território" (Mann, 2004b, p.127).

Durante boa parte do século XX, o comunismo e o liberalismo de alguma maneira se complementavam na subordinação das reivindicações étnico-nacionalistas a disputas sistêmicas entre capitalismo e socialismo, dois modelos ocidentais de desenvolvimento. "Qualquer imperialismo global estadunidense deve enfrentar-se aos supostos 'lutadores da liberdade', que definem o 'povo' em termos étnicos e religiosos" Mann, 2004b, p.128).

Os desafios postos pela dimensão étnico-nacional destacada por Mann estão sendo incorporados à agenda de reformas em setores do governo que lidam com a política externa. Um exemplo importante é a Usaid, instituição do Departamento de Estado voltada para a prevenção e a resolução de conflitos intra-estatais. Conforme abordamos no Capítulo 1, o fortalecimento institucional da Usaid é um dos objetivos do Plano Estratégico 2004-2020, que aponta a necessidade de redefinir urgentemente seu foco de ação, para que ela assuma como eixos centrais da assistência internacional a globalização e a prevenção de conflitos.

Nessa última área, a reforma busca subordinar à temática do conflito as ações que faziam parte de uma meta específica do plano estratégico elaborado pela gestão anterior, o "fortalecimento da democracia e do bom governo" (Ayerbe, 2003). Conforme argumenta Colin Powell:

> Dado o número crescente de Estados falidos e de conflitos internos no período pós-Guerra Fria, alguns dos quais tornaram-se pontos focais da política externa dos Estados Unidos, a Usaid empreenderá maiores esforços na prevenção, administração e resolução de novos conflitos. Essa iniciativa integrará o portfólio existente de programas sobre democracia da Usaid, com novas abordagens

para antecipação de crises, análise de conflito e avaliação compreensiva, e proverá novas metodologias para ajudar as partes em conflito a solucionar pacificamente seus assuntos. (Powell, 2001)

Como parte da reforma da Usaid, em 2002 criou-se o Escritório para Gerenciamento e Mitigação de Conflitos, vinculado ao Bureau para a Democracia, Conflito e Assistência Humanitária, que promove o programa de prevenção "Conducting a Conflict Assessment: a Framework for Strategy and Program Development" (CCA). Em termos metodológicos, o CCA explicita a adoção de uma abordagem construtivista, para a qual

> as identidades étnicas e religiosas são criadas: são moldadas por líderes e variam em função da mudança social, econômica e política. Esta abordagem argumenta que mesmo categorias que parecem tão permanentes como "Islâmico" ou "Sérvio" tiveram diferentes significados em épocas diferentes, e adotaram definições diferentes dos inimigos e das ameaças. Esta visão sugere que não há nada inerentemente conflitivo em relação à etnicidade ou à religião, mas certamente, sob determinadas circunstâncias, a identidade pode passar de um princípio organizativo relativamente neutro a uma ferramenta poderosa de mobilização de violência maciça. (Usaid, 2004, p.6)

De acordo com essa perspectiva, são estabelecidas quatro categorias de causas cuja presença conjunta é capaz de desencadear um conflito: 1) as que motivam a violência, entre as quais se destacam as tensões étnicas ou religiosas, pobreza, disputa por acesso a recursos naturais, pressões demográficas; 2) as que facilitam a mobilização e a expansão da violência, em especial a existência de indivíduos ou grupos com a capacidade organizativa e os recursos materiais adequados para transformar o descontentamento em confronto aberto;

3) as que se vinculam à capacidade de resposta do Estado, com instituições capazes de administrar a diversidade de interesses e reivindicações, além de instrumentos legais e repressivos para a manutenção da ordem; e 4) as que têm origem regional ou internacional, decorrentes da atuação de redes transnacionais de natureza econômica, étnica, religiosa ou criminosa. Paralelamente a essas causas, alguns eventos tendem a agir como gatilhos que disparam a violência, como processos eleitorais controvertidos e desastres naturais, entre outros.

O programa da Usaid considera que a violência não é um resultado inevitável de problemas de natureza econômica, étnica, religiosa, ambiental ou demográfica, os fatores subjetivos associados a "empreendedores do conflito" de origem interna ou externa, assim como eventos conjunturais traumáticos, também intervêm. No entanto, sobretudo nos chamados países em desenvolvimento, os fatores objetivos são o primeiro elemento a se ter em conta. "Compreender as linhas de ruptura de uma sociedade e as pressões que levam pessoas a considerarem a violência um meio para promover seus interesses é a primeira etapa necessária para avaliar o nível de risco em um país" (Usaid, 2004, p.6).

No âmbito dos sistemas políticos, atribuem-se às democracias consolidadas e aos regimes autoritários fortemente implantados maiores possibilidades de sucesso na administração de conflitos. Quanto maior a longevidade, mais arraigada a aceitação das regras do jogo. No entanto, entre as duas modalidades, as democracias bem estabelecidas são apontadas como mais propícias para a construção de uma ordem estável e legítima, em que dificilmente a politização de diferenças e interesses divergentes desbordará as instituições. Por sua vez:

> Uma sociedade civil saudável pode articular objetivos de grupo, monitorar o abuso do poder e propor soluções eficazes para os problemas sociais. Em uma democracia, a inclusão política e a par-

ticipação eficaz garantem que os grupos com interesses concorrentes possam se engajar na busca política de soluções. Finalmente, um setor de segurança forte e responsável e uma lei que impere de forma eqüitativa e imparcial podem garantir a segurança pessoal e os direitos de propriedade, deixando pouco espaço para os comportamentos políticos e econômicos oportunistas. (Usaid, 2004, p.15)

O grande desafio encontra-se nas chamadas democracias parciais, nos países que adquiriram recentemente a independência e nos regimes de transição, em que estão praticamente ausentes as salvaguardas institucionais e a cultura política características das democracias consolidadas. Nesses casos, torna-se muito difícil enfrentar a emergência de um processo de conflito em que as diversas condições já apontadas estejam presentes.

O panorama agrava-se nas sociedades em que a afirmação de identidades de caráter étnico, religioso ou regional representa o principal fator de diferenciação, favorecendo a ação de ativistas e organizações. Por um lado, tendem a atuar em áreas em que o Estado se mostra ineficiente, fornecendo ajuda a desempregados, financiando casamentos, funerais. Em termos organizacionais e de conquista de lealdades

As pessoas do mesmo grupo étnico, religioso ou regional se conhecem; estão incrustadas em redes sociais densas nas quais o comportamento pode facilmente ser monitorado, a informação rapidamente recolhida e adaptada de forma ideal para realizar esse papel, redes de apoio, estruturas de clã, e mesmo grupos civis da sociedade podem preencher o mesmo papel. (Usaid, 2004, p.12.)

Com base nesse diagnóstico, os programas de ajuda da Usaid buscarão agir preventivamente, com o objetivo de aumentar a eficácia dos Estados, em especial no âmbito local, para manter a lei e a ordem; promover a formação de recursos humanos de acordo com uma cultura política inspirada nos padrões das democracias do capitalismo avançado e capacitar as instituições da sociedade civil na adoção de comportamentos que lidem diretamente com os fatores estruturais e conjunturais que alimentam a conflituosidade.

Redes, hierarquias e doutrinas

Os dois programas abordados na seção anterior chamam a atenção para a intervenção de agentes regionais e transnacionais nos conflitos intra-estatais. A Rand Corporation desenvolveu pesquisa específica sobre o tema, analisando a emergência das *netwars* (guerras em rede), características da sociedade de informação global, cujos protagonistas atuam por meio de "organizações dispersas, grupos pequenos e indivíduos que se comunicam, coordenam e conduzem campanhas na internet, freqüentemente sem um comando central preciso" (Arquila; Ronfeldt, 2001, p.6).

As *netwars* são divididas em três modalidades principais: o terrorismo, cujo exemplo mais notório é a rede Al Qaeda; o crime organizado, com destaque para o narcotráfico; e os movimentos sociais, em que o Exército Zapatista de Libertação Nacional (EZLN) assume maior visibilidade.

A inusitada projeção internacional do EZLN, um movimento de raízes indígenas, localizado em uma região marginal do México, é atribuída à ação de redes globais de organizações não-governamentais (ONGs).

> Sem elas (as ONGs), o EZLN provavelmente teria se estabelecido de outra forma, com organização e comportamento mais parecidos com a insurreição clássica ou o conflito étnico. Realmente, a capacidade do EZLN e do movimento Zapatista como um todo de

montar operações de informação, uma característica essencial das guerras sociais em rede, dependeu fortemente da atração das ONGs para a causa do EZLN, e da habilidade das ONGs para impressionar a mídia e usar fax, e-mail e outros sistemas de telecomunicações para espalharem-se pelo mundo. (Ronfeldt et al., 1998, p.26)

Um dos aspectos destacados pelos analistas da Rand é a desvinculação da luta dos zapatistas da ação política tradicional, que coloca como alvo central a conquista do poder, com a conseqüente valorização da organização partidária como meio mais eficaz. Apesar da natureza esquerdista atribuída ao movimento, reconhece-se que a mensagem contra o neoliberalismo tem na sociedade civil seu interlocutor privilegiado, buscando ampliar a conscientização e a mobilização em favor da mudança social no México, atraindo a atenção global para uma ação de alcance universal, capaz de unificar o conjunto dos excluídos e descontentes.[2] Nesse sentido, o EZLN, diferentemente dos movimentos revolucionários de natureza leninista, não se pauta por uma doutrina rígida cuja formulação e domínio exigem um quadro de militantes profissionais em contato permanente por intermédio de uma estrutura hierárquica de comando, limitando a ampliação do número de adeptos e simpatizantes.

Esse *modus operandi* também está presente em outras modalidades de redes voltadas para objetivos políticos. No caso da Al Qaeda, conforme destaca George Friedman:[3]

---

[2] De acordo com os zapatistas: "A FZLN sabe que sua luta é parte do novo movimento internacional que se opõe ao neoliberalismo e se propõe a contribuir nessa grande batalha, de seu país, à vitória de todos os povos do planeta em favor da humanidade e contra o neoliberalismo, pela construção de um mundo onde caibam muitos mundos" (*Resolución sobre política internacional del FZLN*. 15 de março de 1998. www.ezln.org).

[3] Friedman é o fundador e atual diretor da empresa privada de inteligência Stratfor, com sede nos Estados Unidos.

Além de um núcleo duro, não teve um quadro de associados ou uma estrutura. No máximo, era uma federação sem vínculos fixos de gente com opiniões semelhantes. Na base, era um recurso para as pessoas que queriam entrar em ação. A falta de uma infraestrutura organizada torna-a difícil de encontrar e de destruir. (Friedman, 2004, p.36)

Carecendo de uma base fixa, de uma doutrina rígida apenas ao alcance de iniciados e de uma estrutura de comando que torna a organização dependente de uma liderança central, Osama bin Laden criou "uma organização muito fluida, projetada para absorver fortes castigos e sobreviver inerte, se necessário, por períodos de tempo prolongados" (Friedman, 2004, p.37). Dessa forma, pode planejar grandes ataques como os atentados às embaixadas do Quênia e da Tanzânia, em 1998, e a Washington e Nova York, em 2001, atingindo a grande superpotência do momento, apresentada à comunidade islâmica como versão atualizada das cruzadas cristãs, em uma mensagem simples e direta dirigida a ampliar suas bases de apoio e recrutamento.

Independentemente de sua posição antagônica em relação à Al Qaeda, Friedman destaca a racionalidade de sua ação, mostrando seus pontos fortes e fracos:

O soldado jihadista é valente e inteligente. Luta quando tem a vantagem e declina a batalha quando não. Está disposto a morrer pelo que acredita e a matar milhares se necessário. Na guerra, isso é uma força ... Está empreendendo ao mesmo tempo uma guerra internacional e uma guerra civil. Da Al Qaeda às guerrilhas iraquianas, esta é a falha potencialmente fatal dos jihadistas. Eles têm demasiadas ambições e demasiados inimigos. Podem ser destruídos. (Friedman, 2004, p.338)

PREVENÇÃO DE CONFLITOS E CONSTRUÇÃO DE NAÇÕES 179

Seguindo uma linha de argumentação similar em termos da adequação entre meios e fins, John Gray questiona as análises que associam as idéias e as práticas que movem o fundamentalismo islâmico a uma regressão aos tempos medievais. Para ele, esse radicalismo de fundo religioso, da mesma forma que o comunismo e o nazismo, manifesta concepções de progresso e de ascensão de um mundo novo por meio da ação consciente de mentes esclarecidas imbuídas de uma visão finalista da história. No caso específico da Al Qaeda, a modernidade também está presente no emprego de tecnologias e na adoção de formas organizativas que não se diferenciam substancialmente das redes de tráfico de drogas ou de empresas virtuais. "Carente de paradeiro fixo e com membros ativos procedentes de praticamente todas as partes do mundo, Al Qaeda é uma 'multinacional global'" (Gray, 2004, p.110).

A ação das diversas modalidades de redes aqui abordadas desafia os Estados a repensarem seu modo de organização e atuação, incorporando capacidades de interlocução com os atores privados emergentes. Para Ronfeldt et. al., as *netwars* descentralizadas muitas vezes bloqueiam a capacidade de resposta das instituições governamentais responsáveis pela manutenção da ordem, baseadas em uma estrutura hierárquica. Seu enfrentamento requer uma organização equivalente.

Isso leva a lutas de redes contra redes – realmente, a hierarquia governamental pode ter que organizar suas próprias redes para prevalecer contra redes adversárias ... A melhoria da coordenação e da cooperação civil-militar, entre serviços, e intramilitar, tornam-se tarefas essenciais. (Ronfeldt et. al., 1998, p.79-80)

Analistas do Institute for Strategic Studies (INSS) da National Defense University vêem com preocupação o retorno das estratégias de insurgência características de movimentos revolucionários que atuaram durante a Guerra Fria, única modalidade de guerra em que os Estados Unidos sofreram derrotas, como no Vietnã, na Somália e no Líbano. Analisando as formas de resistência que se desenvolvem no Afeganistão e no Iraque, Thomas Hammes conclui que a lição apreendida pelas atuais redes de combatentes é que "apenas as guerras não convencionais funcionam contra poderes constituídos" (Hammes, 2005, p.2).

Dois aspectos que fortalecem sua capacidade operacional são a ausência de lealdades e de vínculos oficiais com Estados-nação e seu foco em metas políticas de longo prazo, mais do que em objetivos táticos imediatos. Assim como Friedman, o analista do INSS não acredita na invencibilidade dessas organizações, mas isso só será possível se houver uma mudança estrutural na estratégia de contra-insurgência dos Estados Unidos, na perspectiva defendida pela Rand Corporation: "Os esforços Americanos têm de ser organizados na forma de rede mais do que nas burocracias verticais tradicionais dos departamentos federais" (Hammes, 2005, p.7).

Nation building: o retorno do Estado

A emergência das *netwars*, cuja atuação tem uma fonte importante de apoio logístico e de recrutamento nos chamados Estados falidos, recoloca para os analistas de segurança o tema da construção de nações, um aspecto controvertido no *establishment* da política externa dos Estados Unidos, como ilustra o debate teórico abordado no capítulo anterior. Afinal, como compatibilizar um discurso histórico que desdenhou da eficiência do Estado desenvolvimentista e seus programas de bem-estar social com a defesa da construção, de cima para baixo, de regimes democráticos e economias de mercado em países que vêm de outra tradição e à revelia da livre iniciativa de suas populações?

Esse tema não fazia parte da agenda inicial do governo Bush, cujos principais assessores se mostraram críticos, desde a campanha eleitoral, em relação às ações levadas a cabo pelo governo Clinton sob o argumento da ajuda humanitária. No entanto, o 11 de setembro e as intervenções que se seguiram no Afeganistão e no Iraque precipitaram a discussão sobre a estabilização dos países invadidos, favorecendo uma transição ordenada do poder a atores locais aliados do país e a diminuição paulatina das forças de ocupação.

De acordo com estudo da Rand Corporation sobre as experiências de *nation building* conduzidas pelos Estados Unidos após o fim da Segunda Guerra Mundial, a política destaca-se por seu papel primordial como indicador de sucesso, já que se trata, mais do que da reconstrução econômica dos países, da transformação de suas instituições e de seu sistema de governo. Mesmo nos casos da Alemanha e do Japão, que já eram economicamente desenvolvidos antes da guerra, o que facilitaria a recuperação, o argumento que prevalece é o da capacidade das forças de intervenção de gerar condições de governabilidade mediante a substituição de regimes autoritários por regimes democráticos. No período mais recente, a expansão da democracia pela América Latina, Ásia e partes da África fortalece essa perspectiva, demonstrando que "essa forma de governo não é restrita à cultura ocidental das economias industriais avançadas" (Dobbins et. al., 2003, p.161).

Da mesma forma que nos trabalhos da Rand sobre a etnicidade, o estudo coordenado por Dobbins valoriza a ação dos atores na construção de situações favoráveis ou críticas ao processo de pacificação e estabilização pós-conflito. Tomando como referência os insucessos na Somália, no Haiti e no Afeganistão, por um lado, e os resultados positivos obtidos na Alemanha, no Japão, na Bósnia e em Kosovo, por outro, o que pesou não foi o grau de homogeneidade étnica, de desenvolvimento econômico prévio ou da presença de valores ocidentais, mas o esforço em tempo, recursos humanos e materiais.

"Os Estados Unidos e os seus aliados colocaram 25 vezes mais dinheiro e 50 vezes mais tropas *per capita* no pós-conflito de Kosovo do que no pós-conflito do Afeganistão" (Dobbins et. al. 2003, p.161). Além desses fatores, os autores elencam um conjunto de aspectos a serem levados em conta para tornar menos custoso o esforço de construção de um novo *status quo*: 1) estimular a multilateralidade que, embora se apresente mais complexa em sua concepção e demande maior tempo para apresentar resultados do que a ação unilateral, é menos custosa para cada nação participante, facilita uma transformação mais completa e obtém uma resposta regional mais favorável, por causa da importância do envolvimento dos Estados vizinhos; 2) a unidade de comando, desde que haja compatibilidade de visões, pode favorecer a participação das instituições internacionais; 3) quanto maior tamanho das forças de estabilização, menores serão os riscos de elas sofrerem baixas; 4) o ajuste de contas com as injustiças cometidas no passado pode auxiliar fortemente na democratização; e 5) "não há pressa para a construção de nações. Cinco anos parecem ser o mínimo requerido para reforçar e fazer perseverar a transição para a democracia" (Dobbins et. al., 2003, p.166).

Para Francis Fukuyama, promover a governança, a legitimidade democrática e a auto-sustentabilidade das instituições em nações falidas é um dos grandes eixos da política internacional pós-Guerra Fria. Remetendo ao tema da redução das funções reguladoras dos Estados que orientou as reformas do chamado Consenso de Washington, o autor julga improcedentes as críticas à aparente contradição entre a liberalização promovida pelos Estados Unidos nas últimas décadas do século XX e a defesa, por parte da administração Bush, da exportação de sistemas econômicos e de governo independentemente da demanda interna dos países-alvo.

Na ausência de uma demanda interna forte, a demanda por instituições deve ser gerada externamente. Isto pode vir de uma de duas fontes. A primeira consiste nas várias condições ligadas a ajustes estruturais, programas e empréstimos, impostas por organismos de ajuda, doadores ou emprestadores externos. A segunda é o exercício direto do poder político por autoridades externas que reclamam para si o manto da soberania em Estados falidos, desmoronados ou ocupados. (Fukuyama, 2005, p.56)

Essa última dimensão da política externa estaria imbuída do objetivo de reverter alguns dos efeitos colaterais das reformas liberais que, muitas vezes, no intuito de reduzir o escopo do Estado em termos da abrangência de suas funções, acabaram por enfraquecer sua "capacidade institucional para implementar políticas e forçar o respeito a estas" (Fukuyama, 2005, p.128).

De modo diferente do estudo da Rand, que não assume um posicionamento aberto em torno do mérito das intervenções e prioriza uma avaliação dos aspectos positivos e negativos presentes em experiências anteriores e em curso, Fukuyama acompanha os argumentos de Ignatieff e Ferguson na recomendação de políticas para os Estados falidos. Nesses casos, não se aplica a concepção de soberania do sistema pós-westfaliano, sua tutela passa a ser parte dos encargos imperiais dos Estados Unidos e de seus aliados.

Esses Estados cometem abusos dos direitos humanos, provocam desastres humanitários, geram grandes ondas de emigração e atacam seus vizinhos. Desde 11 de setembro, também ficou claro que eles dão abrigo a terroristas internacionais, que podem causar danos significativos aos Estados Unidos e a outros países desenvolvidos. (Fukuyama, 2005, p.124)

As posições assumidas por Fukuyama em *Construção de Estados* são contraditórias em relação à sua análise do momento neoconservador que abordamos no Capítulo 2, em que recomenda ponderação ao governo Bush em suas investidas unilaterais e se mostra descrente com os resultados das intervenções estadunidenses movidas pelo propósito de exportar a democracia e a economia de mercado. Seus argumentos anteriores, que põem em evidência diversas contradições entre as premissas e as proposições do *Realismo democrático* de Charles Krauthammer, ficam subsumidos no pragmatismo de situações consideradas limite. "O problema do Estado falido, que anteriormente era visto, em grande parte, como uma questão humanitária e de direitos humanos, assumiu, de um momento para outro, importante dimensão de segurança" (Fukuyama, 2005, p.124).

Como podemos perceber, a revalorização da ação estatal está fortemente condicionada pelas convulsões que ameaçam a governabilidade nas periferias subdesenvolvidas, com seus efeitos colaterais no capitalismo avançado. Que democracia e qual capitalismo podem surgir em países sem tradição de partidos políticos fortes e independentes, sociedade civil organizada, respeito às liberdades e empresários com capacidade própria de empreendimento e autonomia em relação ao Estado?

Certamente não será a democracia liberal apresentada em sua pureza de princípios pelos governos de Clinton e Bush como parâmetro de hierarquização do mundo e de castigo aos hereges. Mas uma versão tão próxima quanto possível, ou que demonstre uma tendência de liberalização, por mínima que seja. Aqui não se aplica o idealismo.

Pragmatismo e ausência de ilusões são duas recomendações que Fareed Zakaria[4] faz ao atual governo dos Estados Unidos para lidar com países que transitam para regimes econômicos e políticos mais próximos da tradição ocidental. Seus argumentos buscam situar as diferenças entre duas modalidades de democracia realmente existentes: liberal e iliberal.

---

[4] Fareed Zakaria é editor da *Newsweek* e membro da Junta de Diretores do Council on Foreign Relations.

A primeira expressa "um sistema político caracterizado não só por eleições livres e justas, mas também pelo Estado de direito, a separação de poderes e a proteção das liberdades fundamentais de expressão, reunião, religião e propriedade" (Zakaria, 2005, p.16). Remetendo para a história do Ocidente, Zakaria recupera uma tendência de vários séculos em que a afirmação da liberdade individual, com fortes raízes na conquista de direitos de propriedade e de pluralismo religioso, compõe uma tradição de liberalismo constitucional que caminha junto, mas não subordinada, com o processo de democratização das formas de acesso ao governo. O ponto culminante ocorreu no recente século XX, com o estabelecimento do sufrágio universal, que vigora primeiro na Inglaterra, após a obtenção do direito de voto pelas mulheres em 1930.

Da perspectiva do autor, liberdade e democracia são duas dimensões que, embora presentes no processo, têm tempos diferentes de maturação. Como mostra a ascensão do nazismo na Alemanha, um sistema político que permita eleições livres e periódicas não é garantia, por si só, da manutenção das liberdades fundamentais. Na atualidade, o perigo estaria representado pela disseminação de formas iliberais de democracia. Essa denominação é dada a governos democraticamente eleitos que, embora com fortes maiorias parlamentares e apoio popular, levam adiante modificações constitucionais que tendem a limitar a capacidade de atuação das oposições e favorecer a perpetuação de sua permanência no poder. Entre os exemplos, destacam-se os presidentes Vladimir Putin, da Rússia, e Hugo Chávez, da Venezuela.

Para Zakaria, pressionar governos autoritários a promoverem mudanças na forma de escolha dos governantes pode levar à expansão desse tipo de regime em boa parte dos países economicamente atrasados. Para sustentar essa afirmação, ele cita estudos estatísticos de Adam Przeworski e Fernando Limongi sobre a relação entre democracia e renda *per capita* no mundo entre 1950 e 1990, nos quais se estimam em 18 anos sua longevidade máxima nos países em que os rendimentos vão de 1.500 a 3 mil dólares, e uma probabilidade mínima de desaparecer naqueles acima de 6 mil dólares.

No caso do Oriente Médio, a relação PIB *per capita*/democracia representaria um componente agravante de uma situação convulsionada que envolve fatores étnicos, religiosos e de antagonismo com o Ocidente. Pressionar por eleições livres e justas significaria em muitos casos a ascensão do fundamentalismo islâmico. Como explicita Zakaria, "os governantes árabes no Oriente Médio são autocráticos, corruptos e usam o poder com mão-de-ferro. Mas, mesmo assim, são mais liberais, tolerantes e pluralistas que as personagens que podem, provavelmente, vir a substituí-los". (Zakaria, 2004, p.116).

Com base nos argumentos apresentados, ele considera que o primeiro objetivo dos Estados Unidos nessa região não deve ser a democracia, mas a criação de mecanismos que fortaleçam o liberalismo constitucional.

A solução, a longo prazo, passará pela reforma econômica e pela reforma política, sendo a primeira fundamental para o sucesso da segunda ... Ela implica a instauração de uma efetiva autoridade do Direito (o capitalismo supõe o estabelecimento de contratos), a abertura ao mundo, o acesso à informação e, talvez mais importante, o desenvolvimento de uma classe empresarial. (Zakaria, 2004, p.148)

A esmagadora vitória do Hamas nas eleições parlamentares da Palestina, de janeiro de 2006, considerada uma organização terrorista tanto pelos Estados Unidos quanto pela União Européia, tende a reforçar os receios expressos por Zakaria. Conforme mostraremos no próximo capítulo, a aplicação de seus argumentos não se restringe ao mundo árabe, pois já surgem vozes que receiam a chamada por eleições como solução para as crises institucionais latino-americanas, defendendo como prioridade a criação de regras de jogo estáveis para o funcionamento da economia de mercado.

No plano mais concreto da presença dos Estados Unidos no Iraque, o autor é cético quanto às possibilidades de transferência do poder aos iraquianos por meio da instauração de um processo mais livre na escolha dos governantes. Nada garante a continuidade do *status quo* criado pelas forças de ocupação após sua saída. Zakaria vê outro desafio:

> Embora o traquejo dos militares americanos lhes possibilite ganhar guerras com facilidade, construir uma democracia, refazer uma cultura política e criar novos quadros mentais constituem desafios maiores do que alguma vez defrontaram ... Se pretendemos triunfar, temos de encarar o fato real de que os Estados Unidos têm agora um 51º Estado que se chama Iraque. (Zakaria, 2004, p.252)

Os argumentos do Império benigno, construtor de nações, têm recebido boa acolhida no interior do governo Bush, sobretudo no segundo mandato. Em artigo no *Washington Post* de dezembro de 2005, a secretária de Estado Condoleezza Rice reafirma os lineamentos da nova doutrina de segurança, incorporando várias das questões apresentadas por Ferguson, Ignatieff, Fukuyama e Zakaria. As ações internacionais orientadas pela promoção de instituições democráticas ao redor do mundo não são um "fantasioso vôo moralista", mas a expressão de uma nova concepção realista dos interesses nacionais dos Estados Unidos, adequada aos tempos que correm:

> Pela primeira vez desde o Tratado de Westfalia, em 1648, o risco de que se produza um conflito violento entre grandes potências tornou-se quase inconcebível. Os principais Estados não se preparam para a guerra, a competição entre eles se dá cada vez mais

de forma pacífica. Para apoiar essa tendência, os Estados Unidos estão transformando suas parcerias com nações como Japão e Rússia, com a União Européia e ,especialmente, com China e Índia. Em conjunto, estamos criando uma forma mais permanente e duradoura de estabilidade global: um equilíbrio de poderes favorável à liberdade. (Rice, 2005, p.B-07)

Nesse contexto de paz entre as grandes potências, os desafios situam-se nos Estados fracos e falidos, nos quais a ausência de autoridade tende a contribuir para a disseminação do terrorismo, de doenças e demais ameaças de alcance transnacional, levando à conclusão "de que atualmente, o caráter fundamental dos regimes importa mais do que a distribuição internacional do poder" (Rice, 2005, p.B-07)

Ao questionar o determinismo e o cinismo de abordagens que consideravam a democracia incompatível com as culturas asiática, latina, eslava e africana, Rice não vê nenhum impedimento estrutural ao avanço da liberalização política no Oriente Médio, embora reconheça que os ganhos terão de ser paulatinos. O importante é a trajetória.

O trabalho da democracia é um processo diário para construir as instituições da democracia: o império da lei, um judiciário independente, liberdade de imprensa e direitos de propriedade, entre outros. Os Estados Unidos não podem fabricar estes resultados, mas podemos e devemos criar oportunidades para que os indivíduos assumam a posse de suas próprias vidas e nações. (Rice, 2005, p.B-07.)

As fronteiras entre o poder duro e o poder brando

O inimigo não deve saber onde tenho intenção de livrar batalha. Porque se não sabe onde tenho intenção de livrar batalha, deverá se preparar numa grande quantidade de lugares. E, quando se prepara em uma grande quantidade de lugares, serão poucos aqueles com quem terei de lutar em cada lugar. (Sun Tzu, 1998, p.116)

As análises apresentadas nas seções anteriores convergem na percepção da Nova Ordem Mundial como realização do capitalismo liberal, utopia de origem ocidental em fase de universalização. A pobreza e a exclusão preocupam, não como geradoras de projetos antisistêmicos, mas de barbárie, único desdobramento previsto para o utopismo dos perdedores.

Diante da emergência de desafios de diversa natureza, oriundos da sociedade civil, do crime organizado, do terrorismo, dos desajustes da economia globalizada, dos conflitos sociais, étnicos ou militares, torna-se imperiosa a reestruturação do Estado. Nas abordagens analisadas, o objetivo é dotá-lo de capacidades de interação com a era informacional, assegurando maior presença nos pontos nevrálgicos do jogo tridimensional do poder demarcado por Joseph Nye. A impossibilidade prática de levar a cabo individualmente essa tarefa coloca a necessidade de formação ou participação em redes que incorporem, em cada situação específica, os diversos setores que compartilham objetivos similares.

Essa abordagem traz sérios desafios às organizações e aos movimentos que se opõem à ordem hegemônica e trabalham pela criação de uma agenda própria na direção de um "outro mundo possível". Nesse sentido, vale a pena fazer alguns exercícios sobre os principais significados estratégicos e desdobramentos políticos da dimensão branda do poder estadunidense.

Na promoção ou na defesa de seus interesses nacionais, o critério da construção de alianças deixa de priorizar compromissos fixos com determinados atores e posições e passa a atender os requerimentos de uma agenda variada e dinâmica. Dessa perspectiva, no foco central do desenvolvimento de novas habilidades para o exercício do poder, destaca-se a capacidade de tornar difusas ou explícitas – dependendo dos interesses em jogo – as fronteiras com os opositores da ordem, favorecendo a captação de apoios e o isolamento dos inimigos. O objetivo principal é dificultar a geração de alternativas sistêmicas, buscando diluir, nas lutas cotidianas, as diferenças de agenda entre os defensores e os críticos do capitalismo liberal.

Nas interações com a sociedade em rede, podem se manifestar situações de confluência ou conflito de interesses. No âmbito da liberalização dos mercados promovida por governos, organizações multilaterais e empresas transnacionais, a divergência de agenda é notoriamente visível nas reivindicações dos movimentos sociais e nos confrontos de rua paralelos às reuniões dos fóruns que congregam as elites orgânicas do capital. Nas redes de promoção do desenvolvimento ou no combate à pobreza, que não apresentam vetos explícitos à participação da sociedade civil, setor privado e organizações governamentais e não-governamentais, as demarcações de interesses são difusas. O combate ao emprego informal, ao trabalho infantil ou à discriminação salarial das mulheres, para além de seus objetivos progressistas implícitos, tende a contribuir para a ampliação de mercados de consumo e diminuição das diferenças salariais entre o Sul e o Norte, protegendo empregos nos Estados Unidos e melhorando a competitividade de suas exportações. No caso das redes de combate a diversas formas de discriminação social, cerceamento de liberdades de expressão e exclusão política com base em julgamentos ideológicos ou preconceitos de origem étnica, racial ou sexual, o Estado norte-americano pode encontrar espaços para o questionamento de países cujos sistemas e cultura política não sigam os parâmetros da democracia liberal. Percebe-se também a diluição de fronteiras nas redes de combate ao terrorismo, à corrupção, à lavagem de dinheiro, ao narcotráfico, abertas a todos os governos, instituições e setores que se posicionem contra essas práticas, independentemente da filiação ideológica, partidária, religiosa e de origem social.[5] A adoção desse tipo de estratégia complementa de modo favorável a utilização do poder duro nas relações internacionais, aplicado às organizações e aos governos incluídos no "eixo do mal", dotando a política externa de um poder brando que se dissemina pelas redes globais, em que o Estado marca sua presença como parte interessada e militante, como fator de boicote ou como observador a distância, o que depende basicamente da percepção do rumo.

Como bem mostram os estudos abordados neste capítulo, há por parte do governo dos Estados Unidos um esforço sistemático de identificação e conhecimento de seus inimigos. Determinam-se capacidades repressivas, de antecipação de ameaças, de cooptação de adversários não antagônicos, contribuindo para desenvolver habilidades convencionais e não convencionais que ajudem a aliviar o "império liberal" do fardo de "ressentimentos" e "incompreensões" dos que resistem às suas virtudes.

Nesse campo, cabe notar a flexibilidade das instituições governamentais e dos analistas do *establishment* para adaptar as abordagens teóricas ao objeto de atenção da política externa, adotando o Realismo democrático para Estados fora-da-lei militarmente fracos, como o Iraque, a negociação pragmática das diferenças para potências nucleares tradicionais, como Rússia e China, ou emergentes, como Paquistão e Coréia do Norte, e o construtivismo para a prevenção de conflitos e construção de nações em Estados falidos.

---

[5] Um exemplo da flexibilidade de agenda do governo dos Estados Unidos é a atuação da Usaid. Ao mesmo tempo que apóia o programa brasileiro Fome Zero, patrocinado pelo governo Lula, articula a formação de uma rede de organizações de oposição ao governo de Cuba, dentro da *Iniciative for a New Cuba* lançada pelo governo Bush em maio de 2000. (Ver www.usaid.gov)

Mais do que um reconhecimento tardio da condição pós-moderna, da resignação a um mundo definitivamente fragmentado e refratário a projetos universalizantes, essa posição expressa uma concepção realista da defesa dos interesses nacionais. O Estado norte-americano passa à ofensiva para proteger e expandir o que considera a grande realização de sua modernidade, o capitalismo liberal, aprendendo a jogar nos diferentes cenários em que se apresentam redes cada vez mais atomizadas de adversários e inimigos, às vezes ameaçadores em sua violência, mas que carecem de um horizonte estratégico alternativo.

CAPÍTULO 4

A (in)visibilidade latino-americana[1]

No quadro de desafios que compõem a agenda de segurança dos Estados Unidos, considera-se que a América Latina não enfrenta grandes riscos imediatos em termos de expansão do terrorismo e ameaças de conflitos armados, mesmo levando-se em conta a evolução recente do cenário político e econômico regional. Neste capítulo, abordaremos com mais detalhes essa percepção, tomando como referência principal estudos produzidos por *think tanks* próximos do sistema decisório da política externa estadunidense.

Serão destacados três aspectos que expressam as principais preocupações com a região: 1) a gravidade da situação econômica a partir da segunda metade da década de 1990; 2) seus desdobramentos negativos em termos de governabilidade política; e 3) as implicações para os Estados Unidos, em especial no âmbito das agendas de integração continental, segurança e ajuda ao desenvolvimento, em um quadro de perda de relevância da América Latina acentuada pelos atentados de 11 de setembro de 2001.

---

[1] Esta seção retoma análise apresentada no capítulo "Percepções norte-americanas sobre os impasses da América Latina", em Dupas, Gilberto (2005a).

Após uma apresentação das percepções sobre os desafios no hemisfério, direcionamos o foco para estudos de casos: os países andinos, Argentina, Brasil, Cuba e México. Em seguida, abordaremos as avaliações sobre a evolução das políticas dos Estados Unidos para a América Latina, tendo em vista o resultado das eleições presidenciais de 2004. E concluiremos a análise com a discussão de alguns dos dilemas que enfrenta o desenvolvimento da região.

A afirmação do "Consenso de Washington"

Em 2000, no contexto das eleições presidenciais, a Rand Corporation elaborou o relatório "Taking Charge: a Bipartisan Report to the President Elect on Foreign Policy and National Security", com o objetivo de apresentar à administração eleita os desafios associados às relações exteriores e à segurança nacional. No caso da América Latina, o documento demonstra preocupação com alguns impactos da globalização e da liberalização das economias. Em que pesem os ganhos em termos de fluxo de investimentos externos, produtividade e crescimento, a distribuição social dos benefícios é desigual, o que poderá criar obstáculos ao desenvolvimento do mercado interno e à estabilização do sistema econômico e da democracia.

De acordo com Angel Rabasa, autor do capítulo sobre o Hemisfério Ocidental no trabalho produzido pela Rand Corporation, a nova administração enfrentará dois desafios principais: 1) a confecção da arquitetura das relações dos Estados Unidos com a região e 2) as ameaças à democracia nos países andinos, com receios em relação à regionalização do conflito colombiano e à disseminação de novas formas de populismo inspiradas no exemplo venezuelano de Hugo Chávez.

Para lidar com esses desafios, a recomendação é uma posição mais ativa, que busque aprofundar as reformas liberalizantes no âmbito do sistema político e econômico. Neste último aspecto, propõe-se o estímulo à padronização monetária com base no dólar, o que "diminuiria o custo do capital, encorajaria a disciplina fiscal, reduziria os custos de transação do comércio internacional e das finanças, aumentaria a confiança dos investidores e aprofundaria a integração hemisférica" (Rabasa, 2000, p.121). O bom exemplo invocado pelo autor desse tipo de política foi o Plano de Conversibilidade, então vigente na Argentina.

Naquele momento (em 2000), apesar das preocupações com alguns indicadores negativos, não se percebia um quadro de gravidade na economia do país. O fato de assinalar a Argentina como referência de caminho a ser seguido, apenas um ano antes do colapso do governo De la Rua, mostra um certo descompasso entre as percepções do governo estadunidense e a realidade da região.

Nos anos seguintes, os estudos dos *think tanks* passam a incorporar o crescente pessimismo revelado pelas crises que se desencadeiam em diversos países latino-americanos. A ênfase nos ganhos produzidos pelas reformas de mercado que predominava na maioria das análises cede lugar ao registro de suas limitações, cujos desdobramentos críticos influenciam um panorama de obstáculos para a governabilidade.

Para Stephen Johnson, da Heritage Foundation:

> A América Latina é menos estável e próspera do que era há 10 anos. Reformas executadas pela metade não permitem a participação plena dos cidadãos na política ou na economia. De acordo com os resultados eleitorais, os latino-americanos tornaram-se cada vez mais desiludidos com suas experiências com a democracia e o capitalismo ... Conforme o relatório de Latinobarómetro de 2002, apenas 32% dos cidadãos dos 17 países latino-americanos dizem que estão satisfeitos com a democracia – abaixo dos 37% em 2000. Somente 24% têm opiniões positivas em relação à economia de mercado. (Johnson, 2003a)

A descrença com os resultados das reformas econômicas implicou desdobramentos bastante críticos em alguns países, especialmente na Argentina, com a queda do governo De la Rua e o abandono do Plano de Conversibilidade; Bolívia e Haiti, com a saída antecipada dos presidentes eleitos Sánchez de Lozada e Jean-Bertrand Aristide, e Venezuela, com o acirramento dos conflitos entre governo e oposição. Diante da situação vivenciada pela região, Johnson pergunta a si próprio se o neoliberalismo morreu na América Latina. A resposta é negativa, a responsabilidade da crise não está nas políticas econômicas implementadas, mas na insuficiência e na má aplicação das reformas. Sua recomendação aponta para a necessidade de aprofundar o caminho empreendido, não abandoná-lo.

Isso porque a democracia e os mercados livres – os dois pilares do liberalismo – só passaram pela primeira geração de reformas – as eleições de autoridades públicas e a troca de estratégias econômicas de substituir importações por maior abertura comercial ao exterior. Sem uma evolução contínua, estas reformas não têm muito o que adicionar à geração de sociedades mais livres e prósperas. (Johnson, 2003b)

De acordo com Johnson, a democracia e o capitalismo latino-americanos padecem de graves carências que dificultam o caminho das reformas. No plano político, para além das eleições livres, há ainda muito a ser feito "para redefinir o significado da autoridade, melhorar a representação dos cidadãos e estabelecer o estado de direito" (Johnson, 2003b). Como exemplos de entraves a serem desmantelados, ele aponta as estruturas burocráticas que perpassam a administração estatal – constituindo um poder paralelo e com interesses próprios –, a centralização de processos decisórios no governo central, a díspar representação política dos cidadãos e das regiões no sistema eleitoral e a impunidade de certos grupos de poder. No plano econômico:

as reformas empreendidas nos anos 1990, baseadas na abertura de mercados ... controles sobre dívidas públicas e a privatização de indústrias estatais ineficazes não são suficientes para estabelecer uma economia de livre mercado nem o capitalismo, ainda que o último receba a culpa por qualquer fracasso de reformas parciais. Essas e outras medidas, conhecidas como "Consenso de Washington", foram adotadas na América Latina no início dos anos 1990 e por um tempo ajudaram a reduzir os déficits e aumentar o investimento estrangeiro. As economias cresceram onde as tarifas foram diminuídas, mas a pobreza e o desemprego se incrementaram. (Johnson, 2003b)

Embora considere que a situação seria pior se essas reformas não tivessem sido levadas adiante, para Johnson o progresso só virá se houver avanços na liberalização em áreas ainda restritas à vigência da lógica do mercado, especialmente quatro: 1) restrições à concorrência, porque boa parte das economias ainda protege interesses comerciais de elites internas e faz limitações de acesso a crédito para potenciais novos empreendedores, reduzindo os benefícios da expansão das transações externas e do crescimento econômico aos setores já estabelecidos, com escassa capacidade de geração de empregos; 2) regulamentação excessiva que dificulta a criação de empresas, leis trabalhistas que sobrecarregam o empregador com pagamento de décimos terceiros salários e altas indenizações para os trabalhadores demitidos, cujo maior impacto se dá nas pequenas e médias empresas; 3) estrutura tributária mal desenhada, que sobrecarrega o preço dos produtos, reduzindo as vendas, e escassa proteção dos direitos de propriedade, dificultando o registro de bens para os pobres que ocupam terrenos não legalizados, que poderiam ser utilizados como garantia para a obtenção de crédito ou disponibilizados para a venda; e 4)

Subsídios e tetos artificiais para os preços compensam em parte o desemprego e a informalidade dos pobres. Estes programas consomem grandes porções do orçamento nacional e nunca facilitam que os pobres façam a transição de receptores de benefícios a pagadores de impostos. (Johnson, 2003b)

As limitações apontadas por Johnson aparecem refletidas na medição do Índice de Liberdade Econômica 2006 (ILE), elaborado pela Heritage Foundation e pelo *Wall Street Journal*, que avalia 161 países com base em cinqüenta variáveis independentes organizadas em torno de dez fatores de liberdade econômica: política comercial, carga tributária do governo, intervenção do governo na economia, política monetária, fluxos de capital e inversão estrangeira, atividade bancária e financeira, salários e preços, direitos de propriedade, regulamentações e atividade do mercado informal.

Nos últimos dez anos, as regiões que experimentaram maiores avanços foram América do Norte, Europa e África subsaariana. A América Latina, a África do Norte e o Oriente Médio permaneceram estagnados. Em relação ao ano anterior (2005), o avanço da liberdade econômica ao redor do mundo foi considerado positivo, dado que a pontuação melhorou em 99 países e piorou em 51. Nessa classificação, vinte países entraram na categoria "livres", 52, na "mais livres", 73, na "mais controlados" e doze, na "reprimidos".

Na avaliação conjunta dos países latino-americanos, quinze melhoraram sua classificação em relação ao relatório anterior e dez pioraram. Entre os primeiros, destaca-se o Chile, o único a atingir a classificação "livre". Entre os piores classificados estão Haiti, Cuba e Venezuela, inclusos na categoria "reprimidos". Esses três países seriam responsáveis em grande parte pelo baixo desempenho da região. O primeiro, sob intervenção da ONU, porque enfrenta uma crise de governabilidade, e os demais pela adoção de políticas que penalizam a livre iniciativa. O Quadro 4.1 apresenta uma comparação do ILE de alguns países da região nos últimos anos.

Quadro 4.1 Índice de liberdade econômica em países selecionados da América Latina 1995-2006

	1995	1996	1997	1998	1999	2000	2001	2002	2003	2004	2005	2006
Argentina	2,85	2,58	2,70	2,48	2,23	2,28	2,29	2,63	3,09	3,43	3,49	3,30
Bolívia	3,16	2,56	2,51	2,61	2,61	2,56	2,31	2,66	2,54	2,64	2,75	2,96
Brasil	3,41	3,61	3,33	3,41	3,24	3,46	3,26	3,11	3,06	3,10	3,20	3,08
Chile	2,60	2,56	2,26	2,10	2,13	2,04	2,03	1,88	2,06	1,91	1,86	1,88
Colômbia	3,05	3,10	3,23	3,19	3,09	3,14	3,05	2,99	3,10	3,13	3,21	3,16
Cuba	4,95	4,95	4,85	4,90	4,85	4,83	4,83	4,83	4,48	4,13	4,24	4,10
Equador	3,39	3,33	3,26	3,15	3,14	3,19	3,56	3,60	3,58	3,60	3,49	3,30
México	3,05	3,31	3,35	3,41	3,30	3,09	3,05	2,96	2,81	2,90	2,84	2,83
Peru	3,59	3,01	3,08	2,91	2,61	2,69	2,56	2,88	2,91	2,88	2,83	2,86
Venezuela	3,23	3,58	3,53	3,48	3,43	3,38	3,78	3,93	3,76	4,23	4,09	4,16

Categorias dos países de acordo com a pontuação: Livres: 1-1,99; Mais livres: 2-2,99; Mais controlados: 3-3,99; Reprimidos: 4-5. (Miles, Marc et al., 2006)

A análise da evolução política e econômica latino-americana da Heritage Foundation não difere no essencial da apresentada pelo Inter-American Dialogue (IAD)[2] no seu Relatório Político 2003, "The

---

[2] O Inter-American Dialogue, fundado em 1982, tem características peculiares em relação aos demais *think tanks* abordados neste capítulo, não apenas por estar direcionado aos assuntos hemisféricos, mas por incorporar em suas fileiras lideranças do setor público e privado da América Latina e do Canadá. No atual Conselho Diretor, destaca-se a presença de Fernando Henrique Cardoso, ex-presidente do Brasil, Carla Hills, representante comercial dos Estados Unidos no governo de George Bush, e Thomas F. McLarty III, presidente da consultoria Kissinger McLarty Associates, enviado especial para as Américas na presidência de Bill Clinton e assessor para assuntos da América Latina do candidato do Partido Democrata John Kerry.

Troubled Americas". Na comparação com o relatório de 2000, identifica-se uma deterioração dos indicadores na maioria dos países:

> O crescimento foi paralisado, o investimento estrangeiro caiu agudamente e o desemprego e a pobreza pioraram. Em alguns lugares emergiram novas lideranças interessantes, mas as instituições políticas não estão totalmente alicerçadas na maior parte da América Latina. Diversos países enfrentam crises nacionais extremas que poderão levar anos para ser resolvidas. (IAD, 2003, p.iii)

A situação apresentada não significa que a democracia e as reformas de mercado estejam sendo questionadas na região, embora se reconheça a queda de confiança da população nessas áreas, detectada pelas pesquisas do Instituto Latinobarómetro. Para os autores do relatório, o desafio é responder positivamente às pressões por mudanças na área social sem prejudicar os avanços obtidos no processo de liberalização. Nesse sentido, reforçam a importância de resgatar três idéias que consideram chave no progresso recente da região:

> A primeira de que a democracia e as eleições são a única maneira aceitável de obter e exercer o poder político ... A segunda de que as economias da América Latina devem se reorganizar em torno dos lineamentos do mercado e se abrirem ao comércio internacional e ao investimento ... A terceira de que, a fim de ter sucesso econômico, as nações da América Latina necessitam estabelecer parcerias construtivas com os Estados Unidos. (IAD, 2003, p.14-5)

Com base no reconhecimento das dificuldades, o relatório apresenta os lineamentos principais das mudanças necessárias para superar problemas conjunturais e estruturais. No âmbito do sistema político, destaca diversos desafios para a manutenção da rota de democratização. Em primeiro lugar, fortalecer a respeitabilidade e a representatividade dos partidos políticos e de suas principais lideranças, em muitos casos maculadas com denúncias de desonestidade e/ou incompetência no tratamento dos assuntos públicos, o que leva a desfechos como o da Argentina; em segundo, o controle da criminalidade, em especial a vinculada ao tráfico de drogas, e, por fim, a melhoria do desempenho da economia, criando melhores condições de vida para a maioria da população.

No último aspecto, o relatório chama a atenção para a necessidade de reconstruir o consenso em torno da reforma econômica. Seguindo a mesma linha de argumentação das análises da Heritage Foundation, os problemas não são resultado das reformas de mercado, mas de uma implementação nem sempre bem conduzida e ainda incompleta.

Para conseguir o ritmo e a consistência necessários ao crescimento, os países da América Latina têm de manter seus mercados abertos, enfatizar as exportações e a competição e facilitar que o investimento estrangeiro e a tecnologia se dêem de forma articulada. Os países podem reduzir o risco da volatilidade do mercado e do contágio externo, não se voltando para dentro, mas evitando grandes déficits fiscais, construindo sua competitividade e mantendo um estreito acompanhamento do endividamento externo. (IAD, 2003, p.18-9)

Apesar desse diagnóstico, o relatório reconhece a necessidade de avançar na agenda social, buscando compensar os desajustes gerados pelo processo de liberalização. São propostas sete medidas destinadas a lidar com os desafios da pobreza e da exclusão, elaboradas com base em estudo com o Carnegie Endowment for International Peace: 1) construir redes sociais de apoio aos setores mais afetados pelas crises financeiras, promovendo programas públicos emergenciais de trabalho e bolsas para manter as crianças na escola; 2) diminuir os subsídios para estudantes universitários para incrementar o gasto público com os níveis pré-escolar e primário de ensino; 3) reduzir a taxa de evasão e as brechas fiscais que beneficiam os setores mais prósperos; 4) facilitar a geração de novos empreendimentos aumentando o crédito para os pequenos negócios e diminuindo a burocracia; 5) revisar as leis trabalhistas que desestimulam a geração de empregos e a mobilidade do trabalho; 6) atacar a discriminação e a exclusão por fatores raciais e étnicos; e 7) expandir as oportunidades de acesso à propriedade no campo mediante reformas baseadas no mercado e em iniciativas comunitárias.

De acordo com o relatório, essas medidas favorecerão a maior sustentação política para as reformas, melhorando o bem-estar dos setores mais pobres, com resultados no crescimento da economia. "A agenda da reforma econômica para a América Latina não foi errada. Foi demasiado limitada e pouco imaginativa" (IAD, 2003, p.20).

Carol Graham e Sandip Sukhtankar, da Brookings Institution, apresentam uma avaliação mais otimista sobre o futuro da democracia e da economia de mercado na região. Da mesma forma que nos estudos anteriores, a principal fonte é a pesquisa do Instituto Latinobarómetro de 2002.

Os autores reconhecem que a situação é bastante grave:

> Os velhos problemas da região permanecem, e suas instituições públicas são fracas e mal equipadas para resolvê-los. Tem o maior grau de desigualdade no mundo, indicadores sociais relativamente frágeis e altas taxas de pobreza, violência, crime e corrupção. (Graham e Sukhtankar, 2002, p.2)

O dado positivo é que nas respostas dos entrevistados pelo Latinobarómetro predomina a percepção de que o mérito das políticas adotadas e sua aplicação são questões separadas. Embora haja forte descontentamento com muitos resultados da liberalização, especialmente no caso das privatizações, a maioria não transfere essa insatisfação ao questionamento dessas políticas, o problema é a forma em que foram implementadas. Isso também ocorre com o apoio à democracia, que não está subordinado às experiências de mau desempenho de alguns governos.

As conclusões da pesquisa da Brookings são convergentes com as da Heritage Foundation e do IAD, de não confundir a crise latino-americana com o insucesso do caminho empreendido, introduzindo como dado relevante o consenso com esse diagnóstico por parte da maioria da opinião pública latino-americana.

Um tema comum nas análises dos impasses que a região vive é o aumento da criminalidade, resultado do fraco desempenho econômico nos últimos anos. Estudo desenvolvido pelo Center for Strategic and International Studies (CSIS) chama a atenção para os impactos desse fenômeno no funcionamento da democracia e da economia, aspectos em geral negligenciados por causa da prioridade normalmente atribuída à insegurança física dos cidadãos.

Em termos estatísticos, a América Latina tornou-se a região mais violenta do mundo, com taxas de 23 homicídios por mil habitantes, mais do que o dobro da média mundial, colocando-se no mesmo nível de países da África que enfrentam situações de guerra.

De acordo com o estudo do CSIS, os efeitos no desenvolvimento da região se dão em três áreas principais: diminuição do ritmo de crescimento econômico, enfraquecimento do processo de consolidação da democracia e erosão do capital social.

No primeiro aspecto, além da perda de vidas humanas e destruição de propriedade, são identificados outros custos diretos e indiretos na relação entre crime e desempenho econômico: 1) afugenta investimentos, uma vez que passa a entrar na avaliação dos riscos nas decisões do setor privado;[3] 2) reduz o turismo, afetando sobre-

---

[3] Conforme dados da pesquisa do Banco Mundial e do Banco Inter-Americano de Desenvolvimento, citada pelos autores, essa avaliação negativa é três vezes superior na América Latina que nos países da OCDE (CSIS, 2003a, p.6).

tudo os países pobres da América Central e do Caribe mais dependentes dessa atividade; 3) reduz a produtividade do trabalho pela influência que exerce no aumento do absenteísmo; 4) aumenta os custos com empresas de seguros proporcionalmente aos maiores índices de roubo e seqüestros; e 5) limita as transações comerciais com regiões e vizinhanças consideradas mais seguras. Essa situação tem levado as empresas a investirem em segurança privada. De acordo com os dados apresentados, o empresariado brasileiro gasta anualmente US$ 3 bilhões em guardas particulares, carros blindados e sistemas de alarme. Na Guatemala, os gastos chegam a US$ 200 milhões, que equivalem a 10% do orçamento do governo nacional, e mais do que este gasta com segurança pública.

Em termos de impacto na expansão da economia, o estudo cita dados do Banco Mundial que estimam que o crescimento médio *per capita* seria 25% maior se as taxas de criminalidade fossem similares às do restante do mundo (CSIS, 2003a, p.8).

No âmbito dos efeitos do crime no processo de democratização, destacam-se três aspectos: a deslegitimação das instituições do Estado, notória nos resultados de pesquisas de opinião pública que qualificam a polícia e a magistratura entre os setores com pior classificação em termos de credibilidade; o crescimento das opiniões favoráveis à aplicação de soluções violentas e antidemocráticas, favorecendo lideranças políticas que transformam o combate ao crime sem restrição de meios em sua principal plataforma eleitoral; e os efeitos degenerativos na sociedade civil, decorrência do descrédito da capacidade do Estado em utilizar eficazmente a força e a justiça, quando setores da população passam a assumir sua própria defesa, adquirindo armas e promovendo ações de punição de criminosos, especialmente na forma de linchamentos.

A terceira área de efeitos perniciosos da violência associada ao crime no desenvolvimento latino-americano é a "erosão do capital social, das redes comunitárias e do desenvolvimento do potencial humano" (CSIS, 2003a, p.12). Alguns dos exemplos apresentados são ilustrativos: o medo leva 70% dos moradores da província de Buenos Aires a ficarem mais tempo dentro de casa, um quarto dos venezuelanos e um terço dos mexicanos a limitarem suas horas de trabalho e atividades sociais e 30% das jovens jamaicanas declaram ter medo de freqüentar a escola. Essa realidade também provoca o desenvolvimento de formas perversas de capital social, em especial a proliferação de gangues violentas que atraem a crescente participação de jovens.

Na avaliação do CSIS, não se vislumbra uma perspectiva de ataque radical ao problema da criminalidade. Ao contrário, a conclusão é de que a situação tende a piorar, antes de apresentar sinais de melhora. Três argumentos sustentam tal conclusão:

A natureza autoperpetuadora das ondas de criminalidade;[4]
As causas multidimensionais da criminalidade – particularmente a desigualdade na distribuição da renda que, numa perspectiva realista, não poderá ser melhorada no curto prazo;
A falta desconcertante de vontade política para atacar o problema com qualquer instrumento que não se limite às soluções padrão no âmbito da lei e da ordem. (CSIS, 2003a, p.15)

Dos três, o segundo é considerado o de maior impacto. Tendo em vista a deterioração nessa área nas últimas duas décadas, que torna a região a mais injusta no mundo, e as escassas perspectivas de reversão do quadro no curto prazo, fortalece-se a percepção de piora da situação.

---

[4] De acordo com pesquisas do Banco Mundial, existe a "inércia criminal", em que taxas elevadas de criminalidade resistem por muito tempo depois que as causas socioeconômicas latentes desapareceram ou tiveram algum tipo de encaminhamento mediante intervenções políticas (CSIS, 2003, p.15).

Em documento mais recente, o CSIS analisa o quadro econômico mais amplo da região, cujo objetivo é apresentar propostas renovadoras do Consenso de Washington, adotando uma abordagem diferente sobre a desigualdade. Contrariamente ao diagnóstico que orientou as reformas da década de 1990, que colocavam o crescimento econômico como pressuposto da melhoria dos indicadores de pobreza e subdesenvolvimento, cuja etapa prévia era a aplicação de um receituário de medidas de ajuste orientadas para o mercado, o novo consenso proposto considera que as desigualdades no acesso à saúde, à educação, à terra, ao crédito e ao trabalho não são apenas sintomas, mas fatores causais da pobreza.

Essa conduta relativamente nova reforça a prioridade atual, que identifica os investimentos em saúde e educação, mas também concede maior atenção que antes à reforma agrária, reforma do sistema financeiro e reformas laborais como métodos para eliminar as desigualdades que hoje se consideram explicações causais da persistente pobreza da América Latina e do Caribe. (Bradford, 2004, p.12)

Desafios regionais para os Estados Unidos

Apesar dos diagnósticos negativos apresentados na seção anterior, as análises dos *think tanks* sobre o papel que o governo dos Estados Unidos poderia desempenhar no apoio à superação dos impasses da região não deixam muita margem para o otimismo. A posição da América Latina nas relações internacionais do país tem como marca característica dos últimos anos a crescente irrelevância.

Para Ivo Daalder e James Lindsay, da Brookings Institution, os eventos de 11 de setembro representaram uma mudança abrupta nas relações com a América Latina.

Bush tinha assumido o governo decidido a colocar o México no centro da política externa americana – e a prestar mais atenção à América Latina que seus predecessores. "Eu olharei para o sul", ele insistiu durante a campanha, "não como uma reflexão tardia, mas como um compromisso fundamental da minha presidência". (Daalder e Lindsay, 2003, p.191)

Uma vez desatada a guerra global contra o terrorismo, México e América Latina desaparecem da lista de prioridades. Apesar de reconhecer essa realidade, Mark Falcoff, do American Enterprise Institute, busca respostas mais profundas. Para ele, a América Latina vivencia uma situação similar à do pós-Segunda Guerra Mundial. Naquela época, esperava-se que o apoio dado aos Aliados tivesse resultados favoráveis em termos de ajuda. Acreditava-se que uma vez derrotados os países do Eixo, os Estados Unidos se voltariam para o hemisfério. No entanto, não foi o que aconteceu.

É desnecessário dizer que os temas de segurança não eram as prioridades mais elevadas da América Latina naquele tempo, mas a maioria dos países da região foi junto com Washington, esperando ganhar atenção para os assuntos que lhes interessavam. Não houve tal sorte. O longo período de insensibilidade e desatenção só terminou com a revolução em Cuba em 1959 e 1960, quando os Estados Unidos descobriram de repente os problemas mais amplos da região. (Falcoff, 2003a)

Para Falcoff, uma percepção similar por parte dos governos da América Latina deu-se após o fim da Guerra Fria. Entre os fatores que fortaleciam essa perspectiva estava o surgimento da União Européia, que estimularia a maior aproximação dos Estados Unidos com o hemisfério, para compensar as barreiras comerciais do novo bloco; ao mesmo tempo, o fim do comunismo e a expansão da agenda de liberalização econômica trariam maiores oportunidades de investimento. No entanto, as crises financeiras que se iniciam quando da desvalorização do peso mexicano, em dezembro de 1994, colocaram em suspense o forte otimismo do início da década de 1990. Com a eleição de George W. Bush, ex-governador do Texas, estado com fortes vínculos econômicos com a América Latina, reacenderam-se as esperanças em favor de um estreitamento de laços. Os atentados de 11 de setembro de 2001 alteraram radicalmente a agenda da política externa, cujo foco principal passou a ser direcionado para a segurança, priorizando as regiões em que se percebem maiores desafios na guerra ao terrorismo, especialmente o Oriente Médio.

Como o presidente Bush e o vice-presidente Cheney indicaram repetidamente, a guerra contra o terror é provável que dure para o resto das nossas vidas; pode nunca vir a ter uma conclusão definitiva ... Mesmo a suposição de que a América Latina se torne uma prioridade de segunda categoria no ranking da Casa Branca, do Departamento de Estado, do Tesouro e do Pentágono talvez esteja muito além do que realmente se pode esperar. (Falcoff, 2003)

A perda de importância da região ocorre em um mau momento. O forte agravamento da situação política e econômica tende a exigir mais atenção por parte da política externa dos Estados Unidos.

Nós estamos testemunhando o início de uma separação em duas Américas Latinas – uma correndo por um eixo irregular da Cidade do México através da América Central para o Chile, e a outra de Havana, passando por Caracas, Brasília e possivelmente Quito e Buenos Aires. O primeiro estará amplamente associado aos Estados Unidos, em termos econômicos e geoestratégicos; o segundo definir-se-á pela oposição ao Consenso de Washington na economia e nas finanças, ao livre-comércio hemisférico e às agendas estratégicas mais amplas da administração Bush. As implicações para a política futura são demasiado importantes para serem ignoradas. (Falcoff, 2002a)

Na mesma linha de preocupações do analista do AEI, Constantine Menges, do Hudson Institute, radicaliza as percepções em torno das novas ameaças que surgem na região. No número de março de 2004 do "Americas Report", publicação elaborada nos moldes de um relatório de inteligência da CIA,[5] chama a atenção para a negligência do governo dos Estados Unidos em relação à formação de um eixo de países que seriam influenciados por Cuba: Venezuela, Brasil, Equador, Colômbia e Bolívia. Nos dois últimos casos, a presença esquerdista não estaria nos governos, mas em organizações guerrilheiras e em movimentos sociais, como os "cocaleiros", liderados por Evo Morales.

Desde janeiro de 2003, populistas pró-Castro foram eleitos para a presidência da Venezuela, do Brasil e do Equador. Estes países, junto com Cuba, têm uma população combinada de 223 milhões de habitantes. As narco-guerrilhas comunistas das FARC e do ELN, apoiadas por Castro desde 1962, agora controlam mais do que a metade da Colômbia e buscam substituir seu governo democrático. Na Bolívia, um líder pró-Castro dos plantadores de coca atingiu o segundo lugar nas eleições presidenciais de 30 de junho de 2002 e desestabilizou o governo em outubro 2003. (Menges, 2004a, p.1)

---

[5] Constantine Menges, falecido em julho de 2004, foi oficial sênior da CIA e ocupou o cargo de assistente especial para Assuntos de Segurança Nacional durante a presidência de Ronald Reagan, em que teve papel de destaque na elaboração da estratégia de intervenção em Granada, em 1983. Os textos analisados neste capítulo correspondem ao "Americas Report", dirigido por Menges, e à serie de artigos sobre a esquerdização da América Latina realizada em conjunto com Phil Brennan para a revista conservadora *News Max*.

Ao analisar o contexto posterior à reeleição de Bush, Stephen Johnson segue os mesmos lineamentos das análises anteriores, chamando a atenção para a necessidade de maior engajamento dos Estados Unidos. Levando em consideração o agravamento da situação política na região andina, em particular na Venezuela, no Equador e na Bolívia, sua análise situa as dimensões associadas à paz e à segurança, fazendo uma relação sugestiva dos fatores de risco provenientes do sul do hemisfério:

> À exceção do México, os Estados Unidos provavelmente poderiam sobreviver sem os mercados latino-americanos, que representam menos de 6 por cento do comércio dos EUA com o mundo. As refinarias americanas podem comprar óleo de outros fornecedores além da Venezuela, que fornece aproximadamente 7% do consumo dos EUA. Mas a paz e a segurança dos EUA dependem de uma vizinhança estável e de vizinhos mais prósperos. De forma alarmante, já que a população da América Latina expandiu-se de 503,1 milhões de habitantes em 1999 para 534,2 milhões em 2003, sua economia agregada declinou ligeiramente, de U$S 1,8 trilhão para U$S 1,7 trilhão. Quase 44% dos cidadãos da região vivem abaixo da linha da pobreza com dois dólares por dia. Tais fatores afetam os Estados Unidos em perdas de comércio potencial, Estados que balançam na margem da instabilidade e emigrantes que entram ilegalmente nos EUA procurando segurança e oportunidade econômica. (Johnson, 2005c)

Com base nessa percepção, Johnson faz três recomendações para a política dos Estados Unidos: 1) implementar uma estratégia de maior alcance, capaz de promover a estabilidade, com base em uma governança democrática mais ampla, dar apoio à abertura econômica, com base no império da lei, estabelecer políticas favoráveis ao livre-mercado e melhorar a segurança por meio da capacitação das forças policiais e militares. Essas metas deverão nortear a atuação diplomática e os programas de ajuda. 2) Uma prática diplomática consistente, na qual o governo não assuma demasiadas tarefas a ponto de perder o controle sobre algumas, mas que não se limite ao envolvimento em determinados objetivos mesmo percebendo que há outros problemas a resolver. 3) Alimentar parcerias duradouras, como as que surgem de acordos comerciais, como o Nafta e o acordo com o Chile, ou de assistência no combate ao narcotráfico com a Colômbia, consideradas experiências de sucesso (Johnson, 2005c).

Após a vitória de Evo Morales nas eleições presidenciais, Stephen Johnson (2006a) reafirma sua preocupação com a evolução política da região e a necessidade de maior envolvimento dos Estados Unidos. Da mesma forma que Menges, ele acredita que os processos eleitorais estão levando à conformação de um eixo antinorte-americano, no qual se situam Fidel Castro, Hugo Chávez, Néstor Kirchner e o novo presidente boliviano. Luiz Inácio Lula da Silva, considerado uma ameaça à ordem regional nas vésperas de assumir o governo, ficou fora da lista. Na seção sobre o Brasil, abordaremos o tema com mais detalhe.

O redirecionamento do foco da política externa dos Estados Unidos após o 11 de setembro de 2001, ponto consensual nos estudos aqui abordados, tem um peso menor na análise do Inter-American Dialogue (IAD), que mostra a forte defasagem entre as expectativas iniciais despertadas pelo governo Bush na América Latina e a evolução posterior.

De acordo com o relatório "Troubled Americas", após assumir, Bush anunciou que a região seria a prioridade central de sua administração, com duas metas principais: aprofundar relações com o México (considerada a mais importante) e construir relações comerciais e econômicas com todos os países. Mais de um ano após o 11 de setembro, os latino-americanos perceberam indiferença de Washington com o colapso da Argentina, desconfiança com o papel dúbio assumido no golpe contra Hugo Chávez e um rápido declínio da atenção ao México.

No relatório "A Break in the Clouds", de 2005, paralelamente ao otimismo relativo com o desempenho econômico da região no biênio 2004-2005, vislumbram-se sinais de deterioração nas relações com os Estados Unidos. Quanto ao crescimento da economia, são ressaltados os efeitos benéficos da conjuntura internacional, marcadamente os preços favoráveis das *commodities*, o crescimento das importações chinesas e estadunidenses e as baixas taxas de interesse. Embora se reconheça que, em termos gerais, melhorou a gestão por parte dos governos da região, não há certeza de que o desempenho positivo permaneça caso o cenário internacional se altere, sobretudo considerando que os indicadores sociais continuam apresentando recordes mundiais em termos de taxas de pobreza e nível de desigualdade.[6] De toda forma, destacam-se os impactos favoráveis na popularidade de alguns governos, especialmente os da Argentina, do Brasil, do Chile e da Venezuela.

No âmbito das relações hemisféricas, verifica-se o estancamento das negociações em torno da criação da Alca, em boa parte por causa do escasso impulso dado ao processo pelos Estados Unidos e pelo Brasil, no exercício da presidência. Isso influencia também a perda de relevância da diplomacia de cúpulas presidenciais iniciada em 1994, em Miami. Porém, as prioridades da política externa de George W. Bush na direção do combate ao terrorismo e a atenção para a região do Oriente Médio têm contribuído para esfriar as expectativas regionais em relação ao papel dos Estados Unidos e ao surgimento de focos de antinorte-americanismo motivados funda-

---

[6] De acordo com o relatório: "As taxas de pobreza na América Latina são o dobro das do Oriente Médio, apesar de que as duas regiões têm níveis similares de renda *per capita*" (IAD, 2005, p.11). Por causa do nível de desigualdade, para reduzir a pobreza aos patamares da Ásia, a América Latina teria de crescer duas vezes mais rápido.

A (IN)VISIBILIDADE LATINO-AMERICANA 213

mentalmente pela invasão do Iraque, em que se destaca o ativismo do governo de Hugo Chávez.

Embora recomendado o engajamento dos Estados Unidos, o início de um processo sustentado de crescimento econômico, a diminuição da pobreza e o fortalecimento da democracia dependerão em grande parte das atitudes assumidas pelos governos latino-americanos.

Nas próximas seções, analisaremos com maior profundidade as percepções sobre a situação latino-americana e a política dos Estados Unidos, tomando como base os países andinos, Argentina, Brasil, Cuba e México.

Países andinos

No início da década de 1990, nos anos de maior otimismo com a direção das mudanças políticas e econômicas da América Latina, a situação na região andina era vista com preocupação. Em 1993, Elliot Abrams, vinculado ao Hudson Institute, assinalava os desafios da política externa dos Estados Unidos em países cuja trajetória não acompanhava totalmente a convergência hemisférica na direção da democracia e do livre mercado.

> Enquanto a prioridade-chave dos Estados Unidos para a região andina é parar o fluxo de drogas ilícitas para os Estados Unidos, os interesses americanos lá transcendem o controle de narcóticos. O acesso continuado ao petróleo venezuelano e a produção crescente de petróleo da região andina são necessários para diminuir a dependência dos Estados Unidos em relação ao petróleo do Oriente Médio. (1993, p.24)

No documento da Rand Corporation já analisado (Rabasa, 2000), os principais desafios para a nova administração que assumiu o governo em 2001 estavam nessa região, na qual foram identificados dois focos de instabilidade política com potencial de disseminação para outros países: o padrão colombiano de falência sistêmica e o fortalecimento de opções populistas inspiradas na experiência de Hugo Chávez na Venezuela.

A resposta dos Estados Unidos veio por meio de duas iniciativas: 1) O apoio ao Plano Colômbia, lançado pelo presidente Pastrana, em 2000, que previa um total de recursos de US$ 7,5 bilhões, dos quais US$ 4 bilhões provinham do governo colombiano, contando com o apoio internacional para completar o restante.[7] 2) A iniciativa andina antidrogas, aprovada na Cúpula das Américas de 2001, realizada em Quebec, proposta pelo presidente George W. Bush, que destinava recursos para Colômbia, Peru, Bolívia, Equador, Brasil, Venezuela e Panamá.

Ao analisar criticamente os resultados dessas políticas, centradas basicamente no combate ao cultivo e ao tráfico de drogas, Eiras et al., da Heritage Foundation, propõem uma mudança de estratégia. Em estudo apresentado em março de 2002, a percepção é de uma deterioração da situação regional, cujo principal foco de irradiação é a Colômbia. Nesse país, verifica-se o crescimento do poder da guerrilha, em especial após o governo de Pastrana ter outorgado às Farc o controle de um território do tamanho da Suíça, que passa a ser utilizado como plataforma de lançamento de ações armadas, seqües-

---

[7] O governo Clinton, no último ano de seu mandato, destinou ao Plano Colômbia 1,3 milhão de dólares do orçamento de 2001, dirigidos a cinco áreas: apoio ao sistema judiciário e às organizações não-governamentais no combate à corrupção, lavagem de dinheiro, seqüestros e desrespeito aos direitos humanos; apoio à expansão das operações antinarcóticos no sul do país na forma de treinamento e equipamento para as Forças Armadas; apoio à substituição da agricultura voltada para a indústria de narcóticos, estimulando atividades vinculadas à economia legal; melhoria da capacidade de interdição pela modernização dos sistemas de comunicação dos militares e dos serviços de inteligência; treinamento e fornecimento de equipamento para as forças policiais (USDS, 2001).

A (IN)VISIBILIDADE LATINO-AMERICANA 215

tros e como área de cultivo de coca, facilitando a cooperação com o narcotráfico e aumentando sensivelmente sua disponibilidade de recursos. De acordo com os autores, a derrota da guerrilha é um pressuposto fundamental da estabilidade regional, sendo que a política de diálogo implementada até esse momento, com apoio dos Estados Unidos e da União Européia, tem contribuído para a deterioração desse quadro.

Com base nessa avaliação, eles formulam duas recomendações principais: 1) tratar a Colômbia como um problema de segurança, apoiando uma ação decidida do governo nacional de combate à guerrilha, ao narcotráfico e aos grupos paramilitares, ajudando o Estado a retomar o controle territorial e restabelecer a ordem; e 2) tratar separadamente a situação dos outros países da região, em especial o Equador, o Peru e a Bolívia, que enfrentam problemas de governabilidade com forte componente econômico-social.

No Peru, avalia-se que o governo Fujimori implementou uma política exitosa de erradicação dos cultivos de coca e de combate à guerrilha, com a derrota da organização Sendero Luminoso. Na Bolívia, com a presidência de Banzer, houve um processo sistemático de combate ao cultivo da coca, com resultados positivos. No caso do Equador, o problema principal é o trânsito de drogas em seu território, mas já se verificam avanços do controle nos últimos anos. Os três países passaram no período recente por um processo de reformas econômicas liberalizantes, que precisam ser consolidadas, resolvendo-se pendências que dificultam a ampliação dos investimentos do setor privado, especialmente a corrupção, a burocracia e a escassa proteção aos direitos de propriedade. O apoio para a consolidação dessas reformas é considerado o ponto-chave para a política dos Estados Unidos, diante de um quadro de crescente descontentamento social, em especial por causa dos altos níveis de pobreza, desemprego e informalidade, que tendem a afetar o Estado de direito. Conforme conclui o estudo: "Antes que a deterioração seja maior, a administração Bush deveria se preocupar com o caos potencial da região andina e atuar de imediato para adaptar as políticas em função dos diversos problemas enfrentados" (Eiras et al., 2002, p.16). A evolução política nos países andinos se dá no sentido apontado pelos analistas da Heritage Foundation. Em abril de 2001, após a fuga de Alberto Fujimori para o Japão, onde solicita asilo após ser acusado de corrupção, foram realizadas eleições no Peru, nas quais triunfa o candidato opositor Alejandro Toledo. Em abril de 2002, o presidente da Venezuela, Hugo Chávez, eleito em 1998, sofreu um golpe de Estado promovido por setores do empresariado e das Forças Armadas. Após o forte isolamento internacional, em especial no âmbito da Organização dos Estados Americanos (OEA), os golpistas abandonaram o governo e o presidente retomou seu cargo. Apesar do retorno à normalidade institucional, o país passou a sofrer um crescente processo de polarização política entre a oposição e o governo, cujo desdobramento resultou na realização de um plebiscito, em agosto de 2004, que referenda a continuidade do mandato de Chávez e o fortalece para disputar a presidência em 2006, quando obtêm um terceiro mandato. Em setembro de 2002, Álvaro Uribe foi eleito presidente da Colômbia, com um programa de governo que colocava em primeiro plano o endurecimento no combate às organizações guerrilheiras, ao narcotráfico e aos grupos paramilitares, apontando para o estreitamento das relações com os Estados Unidos. Em novembro de 2002, foi eleito presidente do Equador o coronel Lúcio Gutierrez, um dos líderes da rebelião popular que provocou a renúncia de Jamil Mahuad em 2000. Entre os motivos principais da revolta estava a proposta de dolarização da economia, levada adiante por seu sucessor, o presidente interino Álvaro Noboa, colocada em questão pelo candidato vitorioso nas eleições. Em abril de 2005, por maioria simples, o parlamento equatoriano decidiu a destituição de Gutierrez, reiniciando o ciclo de instabilidade institucional e de polarização política que marca fortemente as eleições de novembro de 2006, em que o ex-ministro de economia Rafael Correa, de posições próximas à do presidente Hugo Chávez, derrota Álvaro Noboa, candidato próximo dos setores conservadores. Em outubro de 2003, renunciou o então presidente da Bolívia, Sánchez de Lozada, eleito no ano anterior, sendo substituído por seu vice-presidente, Carlos Mesa, após forte reação popular contra o anúncio da concessão a empresas estrangeiras da produção e exportação de gás natural. O novo presidente não resistiu às constantes pressões populares, exigindo política mais nacionalista em relação às empresas estrangeiras que exploram os recursos energéticos do país, e renunciou em junho de 2005, sendo substituído provisoriamente pelo presidente da Corte Suprema de Justiça, Eduardo Rodríguez, até a posse de Evo Morales, eleito por ampla maioria de votos no mês de dezembro.

Os fatos sumariamente relatados têm diversas interpretações. A percepção da Colômbia e da Venezuela, os dois países economicamente mais importantes e influentes da região andina, é nitidamente diferenciada nas análises da maioria dos *think tanks*. Para Phillip McLean, do CSIS, a posição do governo Uribe de confronto com as organizações guerrilheiras faz parte da luta global contra o terrorismo, impulsionada pelos Estados Unidos, e merece todo o apoio internacional possível, especialmente em quatro pontos nevrálgicos da sua estratégia de segurança:

(1) fornecer mais recursos para as forças armadas e as polícias com a expectativa de que possam ser mais agressivas; (2) restabelecer a presença do governo ao longo de todo o território nacional; (3) envolver os cidadãos na sua própria proteção; e (4) enfraquecer as guerrilhas incentivando as deserções e a captura de líderes. (McLean, 2003, p.1)

Na direção contrária, o governo da Venezuela é considerado um foco de irradiação da militância antiestadunidense dentro e fora da região. Ao contrário de Fidel Castro, a quem é sempre associado, dirigente de um país economicamente pouco significativo, Hugo Chávez controla o governo de um dos maiores produtores mundiais de petróleo, cujos recursos estariam sendo utilizados para promover um eixo de oposição à democracia e ao livre mercado, pilares da influência internacional dos Estados Unidos. De acordo com a avaliação de *think tanks* e setores governamentais, diversas atitudes atribuídas ao presidente da Venezuela, ou abertamente assumidas por ele desde o início de seu mandato, expressariam seu acentuado antiamericanismo:

- Aliança com Cuba: em 2000, Chávez prometeu a Fidel Castro o envio de 53 mil barris de petróleo por dia a título de concessão, em troca de serviços de médicos, educadores e especialistas em inteligência. (Johnson e Cohen, 2004). Em 2003, US$ 144 milhões da dívida de curto prazo de Cuba com a Venezuela foram refinanciados com novo prazo de 13 anos, com dois de carência e juros anuais de 2%. Nesse mesmo ano, já atuavam no país 250 médicos cubanos e 740 treinadores esportivos e educadores (CSIS, 2003b). Em conferência realizada no Hudson Institute, em julho de 2005, o então subsecretário da Defesa para o Hemisfério Ocidental, Rogelio Pardo-Maurer, estimou entre 35 mil e 50 mil o número de cubanos no país (US Cuba Policy Report, 2005).
- Vinculações internacionais problemáticas: paralelamente às relações com Fidel Castro, são destacadas como atitudes suspeitas de Chávez o fato de ter sido o primeiro mandatário a visitar Saddam Hussein após a guerra do Golfo, em um encontro realizado em agosto de 2000; os laços diretos de seu partido, Movimento da Quinta República, com o Fórum de São Paulo, instituição que agrega mais de 39 partidos políticos e organizações guerrilheiras da América Latina (Johnson

e Cohen, 2004); suspeitas de apoio às organizações armadas de esquerda da Colômbia, da presença de células de grupos terroristas do Oriente Médio na Venezuela e em outros países andinos (Falcoff, 2003b), de distribuição de milhares de documentos de identidade venezuelanos a estrangeiros de origem islâmica – incluindo pessoas originárias da Síria, Paquistão, Egito e Líbano – e de financiamento de atividades do Movimento ao Socialismo, dirigido por Evo Morales (Menges, 2004a). De acordo com Pardo-Maurer, esse apoio seria parte do objetivo de Chávez, em aliança com Fidel Castro, de desestabilizar a Bolívia, e teria sido um dos fatores que contribuíram para a crise que levou à renúncia do presidente Mesa (US Cuba Policy Report, 2005). No relatório do Departamento de Estado sobre terrorismo, atribui-se ao governo Chávez uma posição dúbia em relação às organizações armadas colombianas, que se beneficiariam do escasso controle exercido pelas autoridades venezuelanas nas áreas fronteiriças. (USDS, 2005)

- Oposição à política externa dos Estados Unidos: em 2004, na cúpula presidencial das Américas, realizada em Monterrey, Chávez foi o único dos 34 mandatários presentes a não assinar a declaração final, sob o argumento de ter restrições ao livre comércio. Coerentemente com essa posição, estaria promovendo, com os presidentes Lula, do Brasil, e Kirchner, da Argentina, a formação de um eixo de países opostos à proposta dos Estados Unidos de criação da Alca, cuja intenção, na visão de Chávez, seria a anexação da região (Menges, 2004a). Essa estratégia teria-se cristalizado na IV Cúpula Presidencial de Mar del Plata, em novembro de 2005, em que os três países lideraram a oposição à inclusão da Alca nas discussões da reunião, em contraste com a posição do México, que, com os Estados Unidos e o Canadá, assumiu forte protagonismo na defesa da retomada das negociações para a criação de uma área de livre comércio nos moldes do Nafta (*NewsMax*, 2005).

• Utilização do petróleo como fator de influência política: em 1999 e 2003, o governo da Venezuela desempenhou papel destacado nas decisões da Organização dos Países Exportadores de Petróleo (Opep) de cortar a produção e promover uma política de elevação de preços. Como parte dessa estratégia, Chávez realizou em 2000 visitas ao Irã, ao Iraque e à Arábia Saudita. Em 2003, em razão de suspeitas de apoio por parte do governo da República Dominicana às atividades oposicionistas do ex-presidente da Venezuela, Carlos Andrés Perez, decidiu unilateralmente cortar o fornecimento de petróleo ao país, o que gerou forte crise energética na Repúlbica Dominicana (Johnson e Cohen, 2004). A grande liquidez obtida pelo país por causa dos altos preços do petróleo forneceu ao governo da Venezuela inédita capacidade de influência regional, conforme descreve Michael Shifter, vice-presidente do Inter-American Dialogue:

> No ano passado, Chávez esteve excepcionalmente ocupado buscando construir uma aliança antiestadunidense na América do Sul e no Caribe. Sua atividade foi frenética: comprou bônus argentinos e equatorianos, vendeu petróleo a baixo preço a vários países (assim como a algumas áreas do nordeste dos Estados Unidos), desenvolveu ambiciosos projetos de produção petroleira, como Petrocaribe e Petrosur, e lançou a Telesur, concebida como uma alternativa à CNN. (Shifter, 2006)

Referindo-se aos desdobramentos na área petrolífera da vitória de Chávez no plebiscito de agosto de 2004, Irwin Stelzer, do Hudson Institute, sintetiza as principais preocupações do *establishment* conservador dos Estados Unidos em relação ao papel da Venezuela como ator-chave na região:

O presidente antiamericano e pró-Castro Hugo Chávez está agora firmemente no comando da maior fonte de suprimento de petróleo do Hemisfério Ocidental, a apenas seis dias de viagem dos Estados Unidos (o petróleo saudita está a seis semanas de distância). Animado com sua vitória recente no referendum, Chávez planeja desviar o fornecimento dos Estados Unidos para os países sul-americanos que está cortejando. (Stelzer, 2004c)

O relatório 2005 do Inter-American Dialogue coloca em dúvida se a Venezuela, da mesma forma que o Haiti, pode ser caracterizada como democracia. O fortalecimento político pós-plebiscito e a expansão da economia sob os efeitos da valorização do petróleo dotam o presidente venezuelano de maiores recursos para influenciar a política regional, principalmente Bolívia e Equador, avaliados como países cuja democracia está à beira do colapso.

A política boliviana é desordenada e confrontante. A hostilidade e a desconfiança entre diversas regiões e grupos étnicos estão bloqueando o progresso e ameaçam a unidade do país ... Com o Equador, a política se polarizou perigosamente ao longo de linhas étnicas e regionais, o novo governo enfrentará dificuldades extraordinárias para exercer a autoridade. (IAD, 2005, p.9)

Na avaliação da Heritage Foundation, o cenário é ainda mais preocupante do que apresenta o relatório do IAD. Para Stephen Johnson, a crise institucional e a chamada a eleições podem colocar em pauta mais do que nunca os fracassos das políticas liberalizantes, estimulando novos populismos defensores do controle estatal da exploração dos recursos naturais, sob o beneplácito do presidente venezuelano e das Farc colombianas. No caso do Equador

O tempo é limitado. Os partidos esquerdistas querem que o Equador se distancie dos Estados Unidos. As guerrilhas colombianas das Farc estão presentes no norte da província de Sucumbíos. As forças de segurança equatorianas necessitam de maior treinamento profissional. Hugo Chávez, da Venezuela, tem ativistas ali que estão criando apoios para a sua agenda populista. (Johnson, 2005a)

Na Bolívia, Johnson destaca a satisfação que a crise geraria para Chávez, que "amaria ver a Bolívia se transformar num governo militante, populista e alinhado com o seu", e para as Farc, "que gostariam de ver uma ditadura marxista. A maneira mais certa de fazer isso acontecer é estimular as divisões sociais e colocar os recursos energéticos do país nas mãos de uns poucos auto-escolhidos". (Johnson, 2005b).

A situação boliviana é vista como mais crítica. Sob o sugestivo título "Bolívia necessita de consensos e direitos de propriedade, não de eleições", o artigo de Johnson defende em primeiro lugar "a conciliação e a educação cívica para granjear grupos sociais competentes para trabalhar juntos, leis para colocar o governo fora do negócio da energia e um novo marco jurídico para proteger os direitos de propriedade" (Johnson, 2005b).

Essa abordagem da situação na região andina tem muito em comum com a análise de Fareed Zakaria sobre as democracias não liberais, que tenderiam a se disseminar no mundo árabe caso os Estados Unidos o pressionassem com demasiada ênfase pela abertura de processos eleitorais. No caso dos países latino-americanos que padecem os problemas da Bolívia, Johnson aponta como risco maior o fortalecimento de lideranças populistas que, mesmo democraticamente eleitas, são contraproducentes ao avanço das reformas liberais.

Temos aqui uma versão atualizada dos argumentos favoráveis às ditaduras da Guerra Fria: é melhor contar com governos que promovam regras claras em favor do livre mercado, mesmo que autoritários, do que presidentes eleitos sob programas estatizantes e discursos antinorte-americanos.

A vitória de Evo Morales confirma os temores de virada à esquerda da região, que tenderia a se ampliar em 2006, quando acontecem processos eleitorais em vários países. Mesmo reconhecendo esse fato, Michael Shifter adota uma perspectiva menos alarmista que Johnson. Paralelamente aos ganhos obtidos pelo presidente da Venezuela na IV Cúpula das Américas, com o ingresso como membro do Mercosul e os resultados das eleições na Bolívia, não se percebem avanços na promoção de uma agenda alternativa às reformas liberais, ao contrário, o que prima na maioria dos governos da região é o pragmatismo.

Os percalços da implementação da Área de Livre Comércio das Américas (Alca) revelados no impasse de Mar del Plata não representam um consenso majoritário contra o livre comércio, uma vez que teve entre os defensores 29 países liderados pelos Estados Unidos, contra os cinco cujas posições acabaram prevalecendo durante o encontro presidencial. Contudo, não pode ser dado como certo um posicionamento antiestadunidense de Evo Morales. Em virtude das dificuldades econômicas e da instabilidade política por que passa a Bolívia, exacerbar conflitos pode não ser a melhor opção.

A grande preocupação de Shifter é com os desdobramentos das transformações políticas nas relações interamericanas, caso os atores principais não respondam adequadamente a novos desafios.

A prova crítica em 2006 não é tanto se um movimento para a esquerda pode ser prevenido ou estimulado. Em seu lugar, as provas são se os governos latino-americanos podem ter um desempenho mais favorável, se Washington pode compreender melhor as mudanças políticas da região e se vai ser possível prevenir um choque nas relações interamericanas. Um choque cujas conseqüências não seriam benignas – tanto ao Sul quanto ao Norte do Rio Grande. (Shifter, 2006)

Argentina

O *default* do fim de 2001 é parte de uma crise de amplas proporções, envolvendo a renúncia do presidente Fernando De La Rua, em meio a amplos protestos em que confluem os já castigados setores mais pobres da população e uma classe média que vê sua poupança em dólares seqüestrada nas instituições financeiras. Confiar no respeito aos contratos, uma das sagradas regras reivindicadas pelos organismos financeiros internacionais, pelas agências classificadoras de risco-país e por demais analistas que atribuem índices de liberdade econômica não funcionou para os argentinos. Bancos estatais e privados, nacionais e internacionais, não hesitaram em romper compromissos legais em seu próprio benefício, aplicando a seus clientes uma modalidade de estado de exceção amparada pela nova legalidade instituída pelo governo Eduardo Duhalde, cujo mandato não provém do voto direto dos cidadãos, mas do Congresso Nacional.

Desde 1991, após a implementação do Plano de Conversibilidade pelo ministro da Economia de Carlos Menem, Domingo Cavallo, a Argentina passou a ser cortejada pelos governos de George Bush, Bill Clinton e pelas instituições financeiras internacionais, como exemplo bem-sucedido de reforma liberal. Essa percepção foi complementada favoravelmente pela política externa de alinhamento com os Estados Unidos, cuja sinalização simbólica mais importante foi o envio de duas fragatas para o Golfo Pérsico em apoio à Guerra de 1991 (Ayerbe, 1998). O colapso do país desencadeia um amplo debate no *establishment* sobre as causas externas e internas que comprometeram a continuidade de um processo aparentemente tão promissor. Conforme mostramos, a avaliação consensual não visualiza nas crises latino-americanas dos anos recentes uma falência das reformas, originária de contradições intrínsecas ao modelo neoliberal, mas a percalços que provêm dos próprios países da região. Esse diagnóstico aparece nitidamente no caso da Argentina, embora com um ingrediente externo que contribuiu para adiar e agravar a morte anunciada do Plano de Conversibilidade: o apoio do Fundo Monetário Internacional (FMI). Apesar das diferenças em termos do grau de responsabilidade atribuído ao Fundo, há uma coincidência em destacar a ausência de uma linha coerente em todo o processo. Conforme apontam Graham e Masson, da Brookings Institution:

> O Fundo se opôs inicialmente ao regime rígido da taxa de câmbio, que fixou o valor do peso na paridade um a um com o dólar (o regime de conversibilidade), mas lhe deu apoio como parte de um pacote de políticas. E, ao menos inicialmente, o regime de conversibilidade era parte integral do sucesso em estabilizar a economia após a hiperinflação e estimular o crescimento. No entanto, em meados dos anos 1990, funcionários do Fundo começaram a advertir as autoridades da Argentina sobre a sustentabilidade do regime cambial – assim como para as falhas em controlar a situação fiscal no âmbito local, ao mesmo tempo em que endossava publicamente a política do governo em seu conjunto. Finalmente, em dezembro de 2001, quando se tornou claro que o programa acordado não tinha mais sustentação, o Fundo se recusou a desembolsar uma parcela de 1,24 bilhão do seu empréstimo de 21,6 bilhões de dólares. Logo depois disso, a Argentina decretou o *default* do seu débito e permitiu a queda do peso. (Grahan e Masson, 2002, p.3)

Os estudos produzidos pela Heritage Foundation são mais duros em relação ao papel do Fundo e às inconsistências das políticas implementadas pela Argentina. Buscando justificar a negativa do governo de George W. Bush de respaldar uma extensão do acordo do FMI, defendendo-o das acusações de que a decisão teria desencadeado o *default*, Anna Eiras e Gerald O'Driscoll delimitam três lições sobre o colapso argentino a serem levadas em conta pelos formuladores da política externa dos Estados Unidos.

1) A prática continuada de recuperar países em situação de inadimplência gera conseqüências negativas tanto na posição dos investidores quanto na dos governos receptores de ajuda. No primeiro caso, pelo fato de contarem com a garantia de que, em última instância, haverá socorro internacional, deixam de levar em consideração a insegurança de se aplicar recursos em países com alto risco. No segundo caso, inibe o aprofundamento das reformas, gerando uma acomodação com o fato de que sempre será possível contar com o salvamento externo.

Se alguém deve compartilhar a responsabilidade da crise da Argentina, é o Fundo Monetário Internacional. Seus próprios arquivos mostram que, desde 1983, seu financiamento à Argentina tem se dado continuamente e independentemente de que o país cumprisse com as condições dos empréstimos anteriores ou que, de fato, estivesse em crise. (Eiras e O'Driscoll, 2002, p.1)

2) A principal fonte de um processo de reformas deve vir da decisão interna do país e não das pressões externas de credores e instituições financeiras. Essa é a principal garantia de sua continuidade. 3) As reformas não podem prescindir de um forte Estado de direito, o que implica profundas mudanças nos sistemas legais e judiciais da América Latina.

A crise argentina demonstra que os países da América Latina devem adotar o capitalismo na sua totalidade para poderem obter uma prosperidade duradoura. Os Estados Unidos deveriam proporcionar incentivos para que os países da região instituam as reformas necessárias para diminuir cada vez mais sua dependência dos empréstimos internacionais e para que construam e sustentem, com o correr do tempo, sua própria prosperidade. (Eiras e O'Driscoll, 2002, p.1)

Para Eiras e O'Driscoll, tanto Menem quanto De La Rua deixaram de tomar medidas para desregulamentar o mercado de trabalho, ampliar a independência do poder judiciário e diminuir as barreiras comerciais.

Mark Falcoff reforça essa percepção, acrescentando alguns exemplos do fôlego curto da reforma capitalista levada adiante no país. De acordo com o analista do American Enterprise Institute:

> Boa parte da prosperidade dos anos1990 se devia à injeção de dinheiro externo mais do que a um aumento significativo na produtividade da Argentina ... [O país] tinha um código trabalhista copiado da Itália de Mussolini, em que os impostos sobre a folha de pagamento poderiam chegar a representar 40% além do custo salarial de um trabalhador individual; um sistema de saúde que era três vezes maior do que o necessário ...; um sistema público universitário inchado em que os estudantes eram isentos de taxas de matrícula, enquanto as escolas primárias e secundárias ficavam implorando por recursos básicos. Ao mesmo tempo, as províncias da Argentina... eram mantidas por um tipo de subsídio do governo federal. Em algumas, virtualmente a metade da população economicamente ativa trabalhava para as autoridades provinciais. (Falcoff, 2002b)

Após a normalização institucional, com as eleições de abril de 2003 e a relativa estabilização da economia, que inicia uma fase de recuperação, o foco das atenções se dirige à administração do presidente justicialista Néstor Kirchner, que convive com altos índices de aprovação popular.

Mark Falcoff relativiza as bases genuínas da recuperação argentina, cujo patamar de referência é uma contração da economia de mais de 10% em 2002, e se apóia basicamente nas exportações impulsionadas pela desvalorização do peso em relação ao dólar, na utilização intensiva de estoques de capital originários do forte investimento estrangeiro direto dos anos 1990 e de uma ressurreição de indústrias que substituem importações. Para ele, o alívio momentâneo na frente econômica estaria fortalecendo posições nacionalistas no interior do governo, que são parte da tradição peronista e teriam como principais elementos visíveis a relação tensa com o FMI na negociação da dívida em *default* e uma posição mais eqüidistante da política externa estadunidense, passando a priorizar os aliados regionais, especialmente o Brasil.

Após o intervalo menemista, a Argentina estaria retomando a "normalidade" da sua trajetória ao longo do século XX:

> Durante a maior parte do último século, a Argentina foi um líder latino-americano no desenvolvimento econômico conduzido e liderado pelo Estado (assim como do antiamericanismo). Os anos de Menem podem conseqüentemente ser vistos não como uma mudança de rumo, mas como uma ruptura momentânea em uma trajetória longa e contínua. A única diferença – crucial, devemos admitir – é que hoje não há Guerra Fria e a Argentina está demasiado distante do atual cenário de interesses geopolíticos de Washington para demandar muita atenção. (Falcoff, 2004a)

Em maio de 2005, o governo argentino concluiu a oferta de bônus da dívida em *default*, conseguindo a adesão de 76,15% dos credores, que implicou desconto nominal de 65,6% sobre um total de dívida reestruturada de 102 bilhões de dólares. Isso representa um grande sucesso, em especial por ter-se dado à revelia do FMI e de setores importantes do sistema financeiro internacional. De acordo com

Desmond Lachman, do American Enterprise Institute, a posição assumida pelo governo Kirchner não expressa o questionamento da trajetória de liberalização da economia adotada até a crise de 2001, e sim a busca de reinserção no mercado.

A agência de avaliação Standard & Poors tem indicado sua inclinação de avaliar a Argentina na categoria B, que segue a conclusão da reestruturação do seu débito, e a Argentina deverá ser incluída outra vez nos vários índices de dívida dos mercados emergentes. Ao mesmo tempo, a Argentina está agora em posição de recomeçar seu programa com o FMI assim que o desejar. Todos estes fatores vão incentivar o retorno de uma quantidade grande de capitais argentinos, que buscaram segurança no exterior enquanto a crise financeira se aprofundou no país. (Lachman, 2005)

Para Lachman, o êxito argentino não deverá encorajar outros países emergentes endividados a optarem pela moratória, ao contrário, o exemplo dado pelo governo Kirchner levará o sistema financeiro a se precaver contra futuras situações similares, estabelecendo salvaguardas para os credores, o que, na prática, acrescentará novos custos para os futuros tomadores de empréstimos. Ou seja, o que beneficiou a Argentina em um primeiro momento se reverterá em prejuízos futuros para o mundo em desenvolvimento.

Brasil

A vitória de Luiz Inácio Lula da Silva nas eleições de 2002 teve receptividade diversa, em um leque de posições que vai do reconhecimento da maturidade do sistema político brasileiro, que favorece, sem traumas, a ascensão ao poder de um partido de esquerda (IAD), e a desconfiança em relação ao que se pode esperar de uma liderança populista, apesar das surpresas favoráveis das primeiras medidas do novo governo (CSIS, AEI), até a contrariedade aberta com a esquerdização que toma conta da maior economia da América do Sul, em um quadro de agravamento dos conflitos sociais e políticos em boa parte de sua vizinhança (Hudson Institute). O ponto consensual em todas as análises é que o Brasil, para o bem ou para o mal, torna-se fator cada vez mais influente na evolução do quadro regional.

Já nos primeiros meses do governo Lula, foi possível perceber mais que o questionamento da trajetória iniciada pelo seu antecessor, Fernando Henrique Cardoso, a continuidade, avançando na agenda de reformas nas áreas trabalhista, previdenciária e tributária e, no plano hemisférico, o comprometimento com a governabilidade e a segurança. O aspecto diferenciado está na maior ênfase dada à agenda social, no combate à fome, à pobreza e à discriminação racial.

Tal continuidade constitui, na avaliação do CSIS, um cenário agradavelmente surpreendente, em especial em quatro aspectos: 1) a formação de um gabinete que combina a presença de figuras comprometidas com o mercado nas áreas-chave da economia (Ministérios da Fazenda, Desenvolvimento e Agricultura e Banco Central) com membros históricos do Partido dos Trabalhadores nas áreas sociais, como o programa Fome Zero, principal símbolo do comprometimento do presidente com a população mais pobre; 2) a manutenção dos lineamentos principais da política econômica do governo anterior, especificamente o controle da inflação, taxa de juros elevada e obtenção de crescentes superávits primários, apostando na expansão das exportações como impulso importante de um país que valoriza a inserção no mundo globalizado; 3) o estabelecimento de boas relações com os Estados Unidos, marcadas por dois encontros presidenciais em menos de seis meses, que expressam coincidências na agenda econômica regional, com a ratificação do apoio brasileiro ao processo de formação da Alca, colocando em um plano secundário as divergências na agenda global de combate ao terrorismo, dada a negativa de respaldo brasileiro à intervenção no Iraque; e 4) apesar da proximidade histórica com Fidel Castro e Hugo Chávez, Lula soube manter-se fora da retórica ideológica, especialmente em relação ao presidente da Venezuela, com quem adotou posição similar à de seu antecessor no cargo, buscando convencê-lo a assumir posições mais moderadas e equilibradas. O documento conclui que

> Lula ganhou cedo a confiança dos mercados internacionais para seu compromisso de honrar as obrigações herdadas da administração anterior e para as medidas tomadas após assumir o governo que poderão ajudar a estabilizar a situação financeira do Brasil. Ele ganhou também o elogio dos líderes do mundo – variando do presidente francês Chirac ao presidente Bush, dos Estados Unidos, e ao Papa João Paulo II – pelas iniciativas domésticas direcionadas a atender os males sociais do Brasil. (CSIS, 2003b, p.7)

Também tocado pelas realizações do governo do PT, contradizendo seu próprio diagnóstico inicial sobre o impacto do resultado da eleição brasileira na formação de um eixo antiglobalista na região, Mark Falcoff ressalta o que considera uma real conquista histórica da chegada de Lula à presidência:

> O mérito real do presidente da Silva é haver reconciliado vastos setores pobres do Brasil com o sistema democrático, apesar de todas as suas imperfeições. Ele acredita – e age como se acreditasse – que uma mudança econômica e social construtiva é possível através da negociação, do consenso, e dos procedimentos constitucionais. (Falcoff, 2003c)

Embora reconheça o esforço do governo brasileiro em favor de uma sociedade mais justa e integrada, Falcoff não deixa de levantar dúvidas em relação a aliados históricos do presidente e de seu partido, oriundos de movimentos sociais radicalizados, especialmente o dos sem-terra. Sua capacidade para conduzir as demandas por reforma agrária pela via da legalidade é um desafio em uma área "em que o velho e o novo Lula estão em evidente oposição" (Falcoff, 2003c).

No âmbito das relações interamericanas, Falcoff compara o Brasil aos Estados Unidos, como países continentais com forte influência em sua vizinhança. Nesse âmbito, faz uma caracterização realista das diferenças de posição nas questões do livre comércio, sem deixar de destacar o bom relacionamento entre os dois primeiros mandatários.

[O Brasil] vê Washington como seu rival em influência na América do Sul, e sua disposição para colocar em primeiro lugar os assuntos regionais deu-lhe importante destaque entre seus vizinhos. Seu próprio projeto de integração regional, o Mercosul, pretende obviamente ser um contrapeso à Alca de Washington e, para todos aqueles que conhecem o assunto, pode chegar a ter sucesso. Outros países, notavelmente México e Venezuela, anunciaram recentemente sua disposição para juntar-se ao Mercosul, embora não esteja claro como isto afetaria a associação anterior (do México) ao Nafta. Os brasileiros não gostam particularmente dos Estados Unidos, mas estão longe da obsessão que os mexicanos têm pelo país... Paradoxalmente, embora seu presidente Luiz Inácio "Lula" tenha um longo histórico de militância antiglobalização e anticapitalista, seu relacionamento com o presidente George W. Bush – em muitos aspectos seu oposto ideológico – é surpreendentemente bom. (Falcoff, 2004c)

No relatório 2005, o Inter-American Dialogue acompanha as análises do CSIS e do AEI. O Brasil assiste a um processo de consolidação de uma democracia vigorosa, em um marco de crescimento da economia que acompanha boa parte dos países da região, e de estreitamento das relações com os Estados Unidos, visível na liderança da operação de paz no Haiti, os esforços para moderar as ações de Hugo Chávez e os avanços conjuntos para estabelecer metas comuns na rodada Doha da Organização Mundial do Comércio (IAD, 2005). Dessa perspectiva, o sucesso do governo Lula poderá alterar positivamente o quadro de dificuldades que assola seus vizinhos, mas seu insucesso certamente comprometerá de modo drástico a governabilidade regional.

O segundo cenário tende a assombrar as avaliações a partir da mudança na conjuntura política do fim do primeiro semestre de 2005, após as denúncias de uso de recursos ilegais no financiamento de campanhas políticas por parte do Partido dos Trabalhadores e de práticas de corrupção do governo Lula, que estaria promovendo o suborno de congressistas para conquistar maioria parlamentar.

Para Peter Hakim, presidente do IAD, a perda de credibilidade do Poder Executivo, embora não tivesse abalado as instituições democráticas nem comprometido a estabilidade econômica, poderá ter desdobramentos críticos caso Lula seja implicado nas denúncias de corrupção. As turbulências passarão a influenciar o processo eleitoral de 2006, com possibilidades de afetar os países vizinhos e os interesses regionais dos Estados Unidos. Nesse contexto,

A tomada de decisões do governo se veria paralisada. Os investidores estrangeiros e domésticos, assustados pela turbulência, poderiam decidir a retirada de capitais, pondo num buraco a ainda altamente endividada economia do Brasil. Uma depressão no Brasil também poria freios sobre a maioria das demais economias sul-americanas ... Os deslocamentos econômicos poderiam, em alguns lugares, traduzir-se em novas agitações sociais e políticas. Os objetivos dos Estados Unidos – democracias estáveis, economias de mercado prósperas, sócios comerciais fortes, cooperação eficaz para combater o terror e as drogas – sofreriam um retrocesso. As forças antidemocráticas e antimercado certamente ganhariam terreno. (Hakim, 2005)

Diante dos desdobramentos potencialmente críticos da situação brasileira, Hakim destaca os esforços do governo dos Estados Unidos para fortalecer a credibilidade da política econômica do presidente Lula perante os mercados, elogiando a consistência e a persistência no caminho empreendido. No entanto, da mesma forma que debita a origem da crise a fatores políticos eminentemente internos, a solução deverá ser encontrada por atores nacionais, relativizando os impactos decorrentes da ajuda da administração Bush, por maior e mais bem intencionada que seja. A ampla vitória conquistada nas eleições de 2006 reforça essa percepção, animando os setores estadunidenses que vêem na continuidade da administração do Partido dos Trabalhadores um fator positivo em termos de estabilidade regional.

Independentemente da evolução da conjuntura e das sinalizações do governo brasileiro em favor de uma posição conciliadora e pragmática em relação aos mercados e o governo estadunidense, no âmbito dos setores conservadores mais ideologizados, a rejeição a Lula é estrutural. Na perspectiva de Constantine Menges, as posições adotadas em nada eliminam as suspeitas sobre o caráter esquerdista e antinorte-americano da estratégia do Partido dos Trabalhadores, coerente com uma trajetória marcada por sinais inequívocos em relação a seus verdadeiros amigos e inimigos. Entre os principais exemplos, destaca:

- A amizade histórica com Fidel Castro e o regime cubano, que teria desdobramentos na relutância das autoridades governamentais em se envolver nas discussões em fóruns internacionais sobre a violação dos direitos humanos no país, conseguindo aliados importantes, como o atual presidente argentino, Néstor Kirchner.
- O apoio a Hugo Chávez, liderando a formação de um grupo de países para promover a estabilização dos conflitos entre

governo e oposição na Venezuela, adiantando-se aos Estados Unidos, que ficaram relegados a um plano secundário.

- A liderança de Lula e do PT na criação do Fórum de São Paulo, implicando uma presença permanente de figuras representativas do partido, agora no governo, em discussões sobre o futuro da região que envolvem organizações como as Farc colombianas e o Partido Comunista Cubano.
- O apoio à participação de Evo Morales nos debates sobre o futuro da Bolívia na Cúpula das Américas de Monterrey.
- O papel destacado do governo brasileiro na formação do grupo de países que apresentou o fim dos subsídios agrícolas por parte dos Estados Unidos e da União Européia como tema a ser incorporado na agenda da Organização Mundial do Comércio (OMC), tornando inviável a reunião de 2003 no México. (Menges, 2004a)

Em uma série de artigos publicados pela revista conservadora *NewsMax*, Constantine Menges e Phil Brennan buscam caracterizar a nova estratégia da esquerda na América Latina, destacando o protagonismo de Lula e de seu partido, que atuariam sob a liderança de Fidel Castro. De acordo com Menges:

Desde 1990, Lula da Silva preside o Fórum de São Paulo, um grupo internacional iniciado por Castro, que reúne todas as organizações terroristas e comunistas da América Latina, muitos terroristas do Oriente Médio e Europa, assim como representantes do Iraque, Irã, Líbia, Coréia do Norte, Vietnã e China. O novo eixo pró-Castro poderá expandir-se para incluir mais de nove países com 340 milhões de habitantes. Há também a possibilidade de que milhares de terroristas islâmicos e outros recentemente doutrinados na região possam tentar atacar os Estados Unidos a partir da América Latina. (Menges, 2004b)

Nada do que o atual governo brasileiro está fazendo para mudar sua imagem e sua posição altera o diagnóstico desses setores. Conforme destaca Brennan: "enquanto a Casa Branca se sensibiliza e afaga as políticas econômicas do presidente brasileiro Luiz Inácio Lula da Silva, ele está ocupado mergulhando sua nação no comunismo e aliando-se com Castro e Chávez, seu fantoche na Venezuela" (Brenann, 2004).

O novo posicionamento não expressaria uma adesão sincera à democracia e à economia de mercado, mas o abandono por parte da esquerda da estratégia marxista tradicional de promover a insurgência armada e a revolução, substituída por uma concepção gramsciana, seguida à risca pelo PT, de penetração nas instituições-chave da sociedade civil e da democracia como primeiro passo para utilizar a legitimidade eleitoral como instrumento de mudança constitucional na direção de outra forma de Estado, de natureza marxista (Brennan, 2004).

Segundo tal perspectiva, qualquer solução favorável à ordem promovida pelos Estados Unidos passaria pela derrota de governos como o de Cuba, da Venezuela e do Brasil, embora não se explicitem quais seriam os meios empregados, caso estes mantenham sua legitimidade interna de acordo com os sistemas políticos vigentes em cada país.

As posições de Menges e Brennan, para além dos óbvios exageros na fabricação de ameaças que não correspondem à realidade da atuação de seus alvos prediletos, envolvem outro aspecto que, no caso do governo Lula, merece atenção. A direita ideológica estadunidense está cobrando definições sobre a agenda estratégica do Partido dos Trabalhadores, um inimigo histórico que ocupa o governo da maior economia sul-americana. A posição adotada após ascender ao poder representaria uma adaptação pragmática conjuntural aos ditames do mercado, buscando garantir a governabilidade com o apoio do *establishment* tradicional, ou uma sincera mudança de estratégia em favor de um capitalismo socialmente mais inclusivo e economicamente menos concentrador? Estaria dando a César o que é de César para ganhar tempo enquanto constrói uma estrutura própria de poder que finque pé no Estado e nas organizações sociais, acumulando forças para o momento em que possa introduzir com mais chances de sucesso sua agenda original, ou se trata simplesmente de uma adesão não explicitada ao sistema que sempre criticou? A denúncia conspiratória que anima essas análises é ao mesmo tempo um alerta aos Estados Unidos, para que vejam além do superficial, e uma forma de pressão ao PT, para que explicite se continua sendo um inimigo estratégico do capitalismo e defina sua utopia ou assuma o novo perfil, como fizeram setores provenientes da esquerda vinculados ao governo e ao partido de Fernando Henrique Cardoso, que durante sua presidência participou, com outros mandatários, como Tony Blair, Bill Clinton, Gerhard Schröder, Jean Chretien e Lionel Jospin, da criação da Terceira Via.

Cuba

Nas relações entre Estados Unidos e Cuba, os efeitos do fim da Guerra Fria ocorrem no sentido oposto ao do restante do mundo. Os governos George Bush, Bill Clinton e George W. Bush radicalizam as posições em relação ao bloqueio. A primeira iniciativa nesse sentido foi a aprovação da Emenda Torricelli, proposta pelo deputado democrata de mesmo nome e sancionada sem muito entusiasmo por Bush, pressionado por Clinton, então candidato presidencial, que soube capitalizar eleitoralmente a emenda, angariando apoio em parte importante do *lobby* cubano no exílio.

A Emenda Torricelli amplia a proibição das companhias dos Estados Unidos de realizar negócios com Cuba às suas subsidiárias no exterior, proíbe aos barcos que passam pelos portos cubanos de realizar transações comerciais nos Estados Unidos e autoriza o presidente dos Estados Unidos a aplicar sanções a governos que promovam assistência a Cuba.

Cada vez mais, a "questão cubana" tende a se transformar em um tema de política interna. Com a vitória republicana nas eleições legislativas de 1994, ganharam força no Congresso as posições favoráveis ao aprofundamento do boicote econômico. A percepção de que, sem o apoio da ex-União Soviética, a queda do regime de Fidel Castro é apenas uma questão de tempo colabora para o endurecimento.

A sanção por parte de Clinton da *Cuban Liberty Act*, apresentada pelos congressistas Jesse Helms e Dan Burton, amplia os alcances do bloqueio e explicita essas duas dimensões: a radicalização de posições em razão do clima ideológico predominante no Congresso e o momento eleitoral da sucessão presidencial, com a proximidade das eleições primárias no estratégico estado da Flórida.

A Lei Helms-Burton autoriza cidadãos dos Estados Unidos, proprietários de bens expropriados pela Revolução Cubana, a processar empresas estrangeiras que usufruam essas propriedades e permite que o governo barre a entrada ao país de empresários e executivos dessas empresas. As sanções atingem também instituições internacionais e países que recebem ajuda dos Estados Unidos:

a) em todas as instituições financeiras internacionais (FMI, Banco Mundial etc.), os EUA devem votar contra qualquer tipo de empréstimo, ajuda financeira ou emissão para Cuba. Se mesmo nessas condições é outorgado um crédito a Cuba, os EUA subtrairão a soma correspondente às suas contribuições para a respectiva instituição ... b) se faz mais estrita a proibição de importação de produtos que contenham matérias-primas cubanas (por exemplo, níquel ou açúcar) de terceiros países; c) as ajudas financeiras dos EUA para os Estados sucessores da União Soviética serão reduzidas nas mesmas quantidades em que esses países prestem auxílio a Cuba. (Hoffman, 1997, p.61)

Do ponto de vista legal, a Lei Helms-Burton estende a jurisdição dos tribunais dos Estados Unidos para fora das fronteiras territoriais, contradizendo princípios do direito internacional. Da perspectiva das relações entre Estados, explicita uma posição imperial imune aos argumentos éticos e jurídicos levantados pela maioria dos países. Essa posição, assumida pelo governo Clinton, representa uma versão em escala menor do unilateralismo que seu sucessor na presidência adotou em escala global.

Diferentemente das posições oficiais dos governos dos Estados Unidos em relação aos outros países analisados neste capítulo, que se pautam por uma retórica mais moderada, no caso cubano, não se percebem grandes diferenças entre as posições de ultraconservadores, como Menges ou Brennan, sobre a expansão da liderança de Fidel Castro na América Latina e os documentos e as manifestações de funcionários do Departamento de Estado. No caso específico da administração de George W. Bush, pesa decisivamente o apoio da comunidade cubano-americana em sua apertada vitória nas eleições de 2000 contra Al Gore.

No relatório "Patterns of global terrorism 2001", apresentado em maio de 2002, o Departamento de Estado amplia o número de Estados na mira da política de combate ao terrorismo. O documento acusa Coréia do Norte, Cuba, Irã, Iraque, Líbia, Síria e Sudão de serem patrocinadores do terrorismo. Como vimos no Capítulo 1, para esses e futuros freqüentadores da lista, as modalidades de retaliação incluem, entre as principais, a proibição de exportações e vendas relacionadas com armas, o controle de acesso a bens e serviços que possam fortalecer sua capacidade militar, a proibição de assistência econômica e a imposição de restrições a empréstimos tomados dos organismos financeiros internacionais (USDS, 2002). Como ocorre com toda abordagem do conflito pautada por critérios referenciados em uma das partes interessadas, os argumentos esgrimidos para a elaboração da lista do Departamento de Estado carregam forte dose de subjetividade. No caso de Cuba, o documento reconhece que seu governo condenou os atentados de 11 de setembro, subscreveu as doze convenções das Nações Unidas e a declaração da Cúpula Ibero-Americana de 2001 contra o terrorismo e não se opôs à transferência dos prisioneiros da guerra do Afeganistão para a base de Guantânamo, situada em seu próprio território. No entanto, a condenação do país apóia-se nas históricas simpatias de Fidel Castro com as revoluções armadas, equiparadas ao terror pelo Departamento de Estado, ao lado de acusações de cobertura a militantes da organização separatista basca ETA (Euskadi Ta Askatasuna – Pátria Basca e Liberdade), do Exército Republicano Irlandês (IRA), das Forças Armadas Revolucionárias Colombianas (Farc) e do Exército de Libertação Nacional Colombiano (ELN), da Frente Patriótica Manuel Rodrigues, do Chile, e a fugitivos da justiça dos Estados Unidos que, segundo o documento, teriam trânsito livre em Cuba.

Nos relatórios de 2003 e 2004, Cuba permanece na lista de países patrocinadores do terrorismo, sob as mesmas acusações apresentadas no de 2002 (USDS, 2003, 2004, 2005).

Em conferência proferida na Heritage Foundation, em 6 de maio de 2002, John Bolton, então subsecretário do Departamento de Estado para o Controle de Armas e Segurança Internacional, foi mais longe nas acusações contra Cuba, pondo sob suspeita – embora reconhecendo a ausência de provas consistentes – a indústria biomédica do país, que estaria sendo fonte de desenvolvimento de armas biológicas:

> Aqui está aquilo que sabemos agora: os Estados Unidos acreditam que Cuba tem, pelo menos, um limitado trabalho de pesquisa e desenvolvimento em armas biológicas ofensivas. Cuba proporcionou tecnologia de uso dual a outros Estados fora-da-lei. Nós estamos cientes de que essa tecnologia pode dar suporte a programas de armas biológicas nesses Estados. (Bolton, 2002)

Como parte da radicalização de posições dos Estados Unidos, em 20 de maio de 2002, o presidente Bush fez um discurso em que anunciou o lançamento da "iniciativa para uma nova Cuba", que prevê medidas de apoio aos setores de oposição que buscam mudar o sistema político do país na direção do modelo de democracia vigente nos Estados Unidos. Para dirigir essa iniciativa, nomeia o embaixador Otto Reich, cubano-americano vinculado aos setores mais radicais da oposição ao governo de Fidel Castro (White House, 2003). No Departamento de Estado, cabe à Usaid um papel destacado na implementação das medidas previstas na proposta presidencial. De acordo com Adolfo A. Franco, administrador-assistente do Bureau para a América Latina e o Caribe da Usaid, a iniciativa é composta por seis linhas de ação.

Construir a solidariedade com os ativistas cubanos de direitos humanos; dar voz aos jornalistas cubanos independentes; ajudar a desenvolver organizações não-governamentais cubanas independentes; defender os direitos dos trabalhadores cubanos; promover uma maior aproximação com o povo cubano; e ajudar o povo cubano a planejar e participar numa rápida e pacífica transição para a democracia por tanto tempo postergada. (Franco, 2002)

Em 11 de abril de 2003, foi anunciada a aplicação da pena de morte a três seqüestradores de uma embarcação de passeio com cinqüenta turistas na bacia de Havana, com o objetivo de desviá-la para os Estados Unidos. Dias antes dos fuzilamentos, haviam sido presos 65 opositores, submetidos a julgamento, recebendo penas de prisão que chegam a 25 anos, acusados de conspirar contra o Estado cubano, em associação com o escritório de interesses dos Estados Unidos em Havana. Essa ação desencadeou forte reação contra o caráter extremo das medidas adotadas, sobretudo porque nos últimos quatro anos não havia sido aplicada a pena de morte.

Em sua defesa, o governo de Cuba apresentou diversas provas sobre reuniões realizadas entre os opositores presos e o representante da seção de interesses dos Estados Unidos, James Cason, tanto em seu escritório quanto em sua residência oficial, cujo objetivo principal era a criação de um partido político unificado da dissidência. As provas tomam como base depoimentos de oito agentes cubanos infiltrados no movimento opositor, alguns dos quais chegaram a ocupar cargos de direção, como o líder da Associação de Jornalistas Independentes, Nestor Baguer (Bonasso, 2003).

De acordo com as acusações do governo, preparava-se uma escalada de ações de sabotagem que coincidia com o momento da invasão do Iraque, entre as quais se enquadram o seqüestro de dois aviões, um no dia 19 de março, com 36 pessoas a bordo, desviado para os Estados Unidos, e outro com 46 passageiros, no dia 30, além do barco de turistas no dia 2 de abril.

No contexto do novo contencioso, e dando seqüência à "iniciativa para uma nova Cuba", o presidente Bush criou, em 10 de outubro de 2003, a Comissão de Assistência para uma Cuba Livre, presidida pelo então secretário de Estado, Colin Powell, com o objetivo de formular um plano de transição política para o país. O relatório da comissão foi dado a conhecer em 6 de maio de 2004 e teve como orientação central a implementação de medidas econômicas que dificultassem a capacidade de captação de divisas pelo governo e pela população cubana, tanto por meio do controle de remessas de dólares de familiares que moram nos Estados Unidos, cujos valores anuais são estimados em 1,2 bilhão de dólares, quanto pelo bloqueio aos investimentos de empresas estrangeiras e a medidas políticas, buscando promover a capacidade de organização e atuação das forças oposicionistas.

Entre as principais propostas da comissão, destacaram-se: a ampliação dos recursos governamentais e a criação de um fundo originário de países aliados para a proteção e o desenvolvimento da sociedade civil cubana, incluindo aqui as oposições; restrição das viagens de estudantes universitários estadunidenses àqueles programas diretamente vinculados aos objetivos da política do governo; limitação das visitas familiares a Cuba a uma a cada três anos, considerando na definição de família apenas os parentes diretos, únicos aos quais poderão ser enviadas remessas de dinheiro dos Estados Unidos, excluindo entre os destinatários aqueles que são membros do Partido Comunista ou acusados pelo governo estadunidense de violar os direitos humanos; limitação a um terço para a quantia de dinheiro que os cubanos-norte-americanos podem gastar com comida e alojamento em Cuba – de 164 dólares diários a 50 dólares diários; estabelecimento de controles mais rígidos sobre os investimentos estrangeiros no país que utilizem propriedades confiscadas pela Revolução; preparação das condições para a viabilidade do eventual governo que surja após o fim do atual regime político, para que ele possa ter controle sobre os problemas sanitários, de alimentação, saúde e demais desdobramentos do processo de transição, assim como o assessoramento e a formação de lideranças capazes de lidar com o processo de criação de uma economia de mercado, tomando como referência as experiências do Leste Europeu (Commission for Assistence for a Free Cuba, 2004).

A apresentação do relatório por parte do então subsecretário para Assuntos do Hemisfério Ocidental, Roger Noriega, deu uma clara idéia dos significados da nova iniciativa: ao mesmo tempo que dá continuidade a uma política iniciada após o triunfo da revolução, amplia e aprimora os instrumentos de intervenção nos assuntos internos do país vizinho.

O relatório representa uma parte essencial do compromisso deste país para estar com o povo cubano contra a tirania de Fidel Castro. Não há precedentes. Porque pela primeira vez uma administração dos Estados Unidos articulou uma estratégia definitiva, decisiva e integrada que representa um compromisso nacional para ajudar o povo cubano a dar término à ditadura cubana e prepará-lo para dar suporte a uma transição democrática de maneira significativa, específica e explícita, dado que essa transição está a caminho. (Noriega, 2004)

As afirmações de Noriega[8] deixam claro que a aposta não é no processo sucessório após a saída definitiva de Fidel Castro da presidência, mas na preparação de uma ruptura institucional, coordenada dos Estados Unidos, que redunde na transição para um novo regime político.

O Inter-American Dialogue elaborou uma resposta crítica ao relatório do Departamento de Estado, mediante carta aberta a Colin Powell, em que questiona os principais pressupostos que orientam a análise da comissão e suas prescrições. No plano mais amplo, chama a atenção para o teor do documento, que na prática investe em um caminho violento de transição, imposto pelos Estados Unidos, que define unilateralmente as medidas a serem tomadas após a derrubada do governo atual, sem levar em consideração as escolhas da população que vive na ilha. Por outro lado, considera que as medidas que limitam visitas de familiares e envio de remessas serão contraproducentes, agravando a já difícil situação em que vive o povo cubano e penalizando seus familiares nos Estados Unidos. Para o documento do IAD, o relatório da comissão:

> Não reflete as experiências das recentes intervenções militares estadunidenses nem integra o amplo conhecimento acadêmico sobre as melhores práticas para promover a democracia. E ainda desrespeita a população cubana. Além disso, o relatório abandona o esforço de fazer todo o possível para manter uma transição pacífica e assegurar o controle dos cubanos sobre o processo. (IAD, 2004, p.4)

---

[8] Após a saída do governo, em 2005, Noriega tornou-se pesquisador visitante do American Enterprise Institute.

Os problemas de saúde que acometeram Fidel Castro em agosto de 2006, levando-o a delegar provisoriamente suas funções como chefe de Estado, assumidas por seu irmão Raúl, comandante-chefe das Forças Armadas, deixam evidente um novo cenário. A substituição aponta o início de um processo de transição diferente do planejado pelo governo dos Estados Unidos. O Partido Comunista assume a direção, buscando conduzir uma mudança que não afeta a natureza do regime político, mas dá visibilidade a uma composição mais aberta da cúpula do poder, até agora concentrada na figura do líder histórico da revolução.

No âmbito externo, elevam-se as expectativas dos grupos de cubanos anticastristas sobre uma mudança de regime político. Nesse contexto, as ações previstas na "iniciativa para uma nova Cuba" adquirem maior dimensão, o que certamente alimentará as controvérsias no interior dos Estados Unidos entre os que, na linha do American Enterprise Institute, incentivam intervenções diretas e condutas como a apresentada pelo Inter-American Dialogue, que questionam os delineamentos da política de Bush.

México

Em relação aos outros países até agora analisados, o México é percebido como um exemplo de sucesso relativo na implementação da agenda de liberalização a partir dos anos 1980. No âmbito da economia, ressalta-se a política iniciada por Salinas de Gortari de convergência com os vizinhos do Norte, cujo resultado mais importante é o ingresso no Nafta. A crise provocada em dezembro de 1994 pela desvalorização do peso, no início do governo de Ernesto Zedillo, não alterou o rumo empreendido por seu antecessor.

A partir da ascensão de Vicente Fox, em dezembro de 2000, abriu-se uma nova etapa política, com a quebra do monopólio do Partido

Revolucionário Institucional (PRI), completando o processo de transição com a alternância do poder em favor de um partido situado no espectro conservador, o Partido da Ação Nacional (PAN).

No âmbito das relações com os Estados Unidos, Pámela Starr, do CSIS, diferencia três momentos: 1) avanço dos entendimentos durante o ano de 2001 até os atentados de 11 de setembro; 2) desencontros por causa da política dos Estados Unidos em relação ao Iraque; e 3) busca de maiores confluências após a saída de Jorge Castañeda do Ministério das Relações Exteriores.

O primeiro momento foi marcado por uma sinalização de mudança da política externa mexicana, na perspectiva de impor uma diferenciação nítida com o passado de décadas de domínio do PRI. Sob a orientação do então chanceler Jorge Castañeda, buscou-se maior protagonismo nas relações internacionais, aproveitando-se da conjuntura favorável pela presença do país no Conselho de Segurança da ONU e adotando-se uma visão multilateralista e maior ativismo na defesa da democracia e dos direitos humanos, cujo maior impacto regional se deu nas relações com Cuba, agora pressionada por seu histórico aliado no hemisfério para que abra seu sistema político. Em relação aos Estados Unidos, Starr destaca duas metas principais:

> O aprofundamento e a ampliação do NAFTA para um arranjo similar ao da União Européia e a transformação da percepção do México por parte dos Estados Unidos de um sócio passivo e muitas vezes incerto nos assuntos internacionais para um aliado ativo e responsável dentro do contexto de uma agenda bilateral nova e ampliada. (Starr, 2004, p.2)

Como tema importante de negociação vinculado a essa nova perspectiva, coloca-se a questão migratória. As sinalizações iniciais do governo estadunidense vão ao encontro das expectativas mexicanas. A primeira viagem internacional do presidente Bush foi ao

México, simbolizando uma prioridade do país nas relações exteriores da nova administração. O comunicado final do encontro entre os dois presidentes consolidou as expectativas, especialmente pela oficialização de que o tema migratório passaria a ter um tratamento de alto nível nas relações bilaterais (Starr, 2004, p.3).

Os eventos de 11 de setembro "jogaram um balde de água fria" nesse início de relacionamento promissor. Como vimos, a segurança passou a ocupar lugar central na política externa dos Estados Unidos, vinculando as prioridades regionais à percepção de maiores desafios nesse tema, implicando a perda de relevância da América Latina em relação ao Oriente Médio. O combate ao terrorismo no território dos Estados Unidos também afetou o problema migratório, em que os acordos bilaterais passaram a ser subordinados a uma política de maior controle das fronteiras.

Contudo, a nova doutrina de segurança, que propõe a ação preventiva, implica decisões unilaterais do governo dos Estados Unidos que constrangem aliados a assumir posições politicamente difíceis. Nesse aspecto, o México protagonizou duas situações que influenciaram negativamente no relacionamento entre Fox e Bush. A primeira, fora do âmbito decisório do governo, foi a resposta da população mexicana aos atentados de 11 de setembro, em que as pesquisas de opinião detectaram apenas 50% de apoio aos Estados Unidos, sendo que a outra metade considerou que o país, por seu papel internacional, tinha atraído esse tipo de ação. A solidariedade manifestada pelo presidente Fox não evitou a emergência de desconfianças sobre a real amizade do vizinho. A negativa de apoio do governo mexicano à intervenção no Iraque, declarando abertamente que seu voto no Conselho de Segurança, caso os Estados Unidos se submetessem ao crivo da instituição, seria contrário, terminou por esfriar as relações entre os dois países.

A substituição de Castañeda por Luis Ernesto Derbez trouxe mudanças na política externa. Reduziu-se o protagonismo político internacional em detrimento de uma ênfase mais explícita aos temas econômicos. Para Starr, a mudança de ministro foi bem-vista nos Estados Unidos, no entanto considerada "insuficiente para apagar as imposturas e os desapontamentos do passado e convencer desse modo Washington a voltar a pensar diferentemente sobre o México" (Starr, 2004, p.7).

No âmbito da economia, os sinais são pouco animadores. Estudo publicado pelo CSIS mostra importante decréscimo na competitividade mexicana. Em termos de investimento estrangeiro direto, o período 2001-2002 apresentou uma média anual de US$ 17,5 bilhões, superior aos US$ 12,2 bilhões dos anos 1997-2000; no entanto, se não foram contabilizadas as entradas por aquisição de empresas financeiras nacionais por bancos estrangeiros, o valor foi substancialmente menor. Também diminuiu o número de plantas de empresas de maquila, com redução do emprego de 1,20 milhão de trabalhadores, em 1998, para 1,08 milhão em 2002. O total de investimento privado decresceu de 17,5% do PIB, em 2000, para 16,3% em 2002 (Ruiz-Funes, 2003, p.2).

A causa principal seria o aumento dos custos da mão-de-obra no setor manufatureiro, tanto em dólares como em pesos, em virtude da valorização do câmbio real a uma média anual de 9% entre 1997 e 2002, com impacto na elevação dos salários de 3,7% em dólares e 1,5% em pesos por ano, comprometendo os ganhos de produtividade obtidos no mesmo período, correspondentes a uma média anual de 3,7% (Ruiz-Funes, 2003, p.2).

A perda de competitividade do México beneficiou alguns países da Ásia, fundamentalmente a China. Mesmo reconhecendo a gravidade do problema, o estudo do CSIS considera que as reações do governo foram mais retóricas que práticas, em boa parte devido aos custos políticos das medidas que deveriam ser tomadas para a redução dos custos da mão-de-obra, na ausência de maioria parlamentar por parte do partido do presidente.

A (IN)VISIBILIDADE LATINO-AMERICANA 249

O quadro descrito também afeta os Estados Unidos, por causa do grau de integração entre as cadeias produtivas dos dois países, especialmente nos setores automotivo e eletrônico. Em primeiro lugar:

as perdas de competitividade nas cadeias produtivas posicionadas no México afetarão a competitividade de toda a cadeia. Em segundo, as transferências de operações do México a outros países não eliminarão custos diretos e indiretos por causa dos ganhos de oportunidade precedente, dada a vantagem geográfica em razão da proximidade do México dos Estados Unidos. Finalmente, um nível mais baixo de competitividade significa uma redução do crescimento econômico e da geração de empregos no México e, conseqüentemente, maior migração legal e ilegal aos Estados Unidos. (Ruiz-Funes, 2003, p.9)

Stephen Johnson apresenta uma visão mais otimista do atual estágio das relações entre os dois países, que estariam vivenciando o momento de maior proximidade de sua história. As dificuldades para maior avanço se originam da evolução pouco favorável de alguns indicadores econômicos do México, mesmo após dez anos de ingresso no Nafta.

O livre-comércio forneceu uma oportunidade para o crescimento e a criação de empregos, mas as políticas e as tradições continuam a obstruir o sucesso. No seu crédito, a administração Fox tem o corte de procedimentos burocráticos de modo a que pequenos negócios possam ser abertos em um dia em vez da média precedente de 50 dias; mas os altos custos da energia, a falta de disponibilidade de crédito, impostos relativamente elevados e leis trabalhistas restritivas ainda retardam o crescimento dos negócios e do emprego. Os grandes investimentos estrangeiros nos setores de telecomunicações e energia do México estão limitados por leis que protegem monopólios estatais ... Metade do setor agrícola do México se baseia no *éjido*, um sistema coletivizado de posse da terra de 80 anos de antiguidade que promove o cultivo continuado de lotes pequenos não competitivos de cinco hectares ou menos, obstruindo o investimento na agricultura ... Enquanto isso, o sistema de instrução centralizado do México não atinge a zona rural, onde vive um quarto da população. (Johnson, 2003, p.3)

Na perspectiva do analista da Heritage Foundation, cabe principalmente ao México criar as condições estruturais favoráveis a uma maior integração, encorajando o investimento estrangeiro pela eliminação dos monopólios estatais e da corrupção, promovendo a educação de sua força de trabalho e convergindo com seus vizinhos do Norte para a elaboração de marcos legais mais abrangentes, incluindo os temas migratórios e de defesa (Johnson, 2003).

No âmbito das relações interamericanas, os problemas enfrentados pelo México têm passado despercebidos diante das convulsões que assolaram outros países. Nesse sentido, Mark Falcoff chama a atenção para a importância permanente do país para os Estados Unidos.

Os eventos recentes em outras partes da América Latina – especificamente, uma crise política aguda na Venezuela e uma eleição que sacudiu o Brasil – tiraram o México para fora das primeiras páginas dos jornais americanos. Entretanto, vale a pena lembrar que o México, nosso mais próximo e importante vizinho latino, é um grande cliente para nossos produtos e a fonte de muitas importações essenciais, especialmente petróleo e gás. (Falcoff, 2003d)

No mar de turbulências em que se transformou boa parte da América Latina, o México representa um porto relativamente seguro. Dessa perspectiva, Falcoff recomenda paciência aos Estados Unidos com a evolução do quadro político e econômico do país, apostando no caminho empreendido, mas sem tentar apressar demasiado o ritmo, considerando uma história que combina continuidades profundas com abruptas explosões revolucionárias.

A eleição de Vicente Fox pode certamente abrir a política mexicana a novas perspectivas e a um pluralismo significativo, tornando o país verdadeiramente competitivo pela primeira vez. Pode também conduzir à quebra das estruturas calcificadas do Estado mexicano, fornecendo oportunidades novas para o crescimento econômico e a diversificação. Mas qualquer um que conhece a história mexicana hesitaria em aguardar que as mudanças sejam rápidas e dramáticas. A força do passado é ainda muito forte. (Falcoff, 2003d)

No âmbito hemisférico, o governo mexicano tem assumido posições próximas aos Estados Unidos, conforme mostramos na análise da Cúpula das Américas de Mar del Plata, porém, nas relações bilaterais, mantém as diferenças com as políticas migratórias estadunidenses, que recebem forte crítica da administração Fox.

Para Stephen Johnson, apesar dos esforços presidenciais, a agenda de liberalização econômica não avançou o suficiente, fator que teria contribuído para sua posição tolerante com a emigração de trabalhadores para os Estados Unidos, como compensação aos problemas de emprego enfrentados pelo país. Nesse sentido, ele recomenda à administração Bush um estreitamento maior das relações bilaterais, ajudando o México a se transformar em parceiro com igualdade de condições nos campos da prosperidade e da segurança:

> Em troca de um programa para trabalhadores (morando nos Estados Unidos) que ajude a absorver o excesso de trabalho no México e a impor controle sobre a fronteira do Sudeste da América, os Estados Unidos devem pedir ao governo mexicano que ace-

lere as reformas econômicas para abrir setores comerciais fechados e para permitir o crescimento de empresas competitivas. Para melhorar a cooperação em matéria de segurança, o Pentágono poderia convidar soldados mexicanos para participarem em exercícios militares norte-americanos. (Johnson, 2006b, p.17)

A vitória de Felipe Calderón, nas eleições de 2006, aponta para a manutenção do percurso anterior, tanto no âmbito interno quanto na inserção regional. No entanto, a escassa margem de votos que lhe deu a vitória sobre o candidato do Partido da Revolução Democrática, Andrés López Obrador, é um indicador do grau de polarização da sociedade mexicana entre a continuidade das políticas de Fox e a busca de alternativas à esquerda, seguindo o perfil de outros países sul-americanos.

A reeleição de Bush

Durante a campanha, eu me perguntava: serei o único nos Estados Unidos da América que gosta tanto de George Bush como de John Kerry, que acredita que os dois são boas pessoas, que os dois amam nosso país e que apenas vêem o mundo de forma diferente? (Bill Clinton, 2004)

Na avaliação de Michael O'Hanlon, vinculado à Brookings Institution, uma das lições da derrota eleitoral a ser levada em conta pelo Partido Democrata é a necessidade de formular grandes idéias, área na qual os republicanos foram bem-sucedidos, graças especialmente à contribuição dos neoconservadores.

Entre os exemplos notáveis mais recentes está a convicção do subsecretário da Defesa, Paul Wolfowitz, de que a derrubada do presidente do Iraque Saddam Hussein poderia ajudar a reconstituir o Oriente Médio, a disposição do ex-assessor de política externa, Richard Perle, de enfrentar as políticas internas da Arábia Saudita e a opinião de John Bolton, subsecretário de Estado para Controle de Armas e Segurança Internacional de Bush, de que o controle de armas pode ser utilizado de forma mais ofensiva para aplicar maior pressão sobre os regimes extremistas. Não necessitamos concordar totalmente com o movimento neoconservador para admirar seu vigor intelectual e sua abordagem ambiciosa. Certamente, os *neocons* podem ser perigosos ... Mas grandes idéias são melhores do que a ausência de idéias. (O'Hanlon, 2004)

De acordo com essa perspectiva, a ausência de abordagens progressistas de grande amplitude para enfrentar desafios como o terrorismo, as limitações do acesso à energia e os conflitos civis nos países pobres contribuiu para o fortalecimento das posições conservadoras, levando os democratas a uma atuação nas eleições voltada mais para a negação das políticas do atual governo que para a proposição de alternativas.

A dificuldade de John Kerry para diferenciar-se do adversário aparece claramente na comparação das propostas para a América Latina. Conforme mostra o Quadro 4.2, que toma como base pesquisa realizada pelo CSIS, fora a maior flexibilidade atribuída pelo candidato democrata aos temas migratórios e o maior peso das questões trabalhistas e ambientais nas negociações econômicas com a região, apontando para um endurecimento que na prática dificultaria a agenda de livre comércio, não se verificam grandes discrepâncias com o programa de George W. Bush.

Na perspectiva dos analistas do CSIS, o fato eleitoral mais relevante vinculado à América Latina foi o crescimento do voto hispânico, que passou de 6% em 2000 para 8% em 2004, ao mesmo tempo que diminuiu o favoritismo dos democratas, de 65% para 56%, con-

Quadro 4.2 Propostas para a América Latina dos candidatos George W. Bush e John Kerry

Temas	George W. Bush	John Kerry
Livre comércio*	– Concluir as negociações para a criação da Área de Livre Comércio das Américas (Alca), colocando em vigor o tratado no final de 2005. – Apoio à continuidade do Nafta.	– Manifesta oposição à Alca caso o tratado não incorpore forte proteção ambiental e trabalhista. – Apoio à continuidade do Nafta, mas com uma reavaliação que contemple maior proteção ao meio ambiente e aos direitos dos trabalhadores.
Imigração*	Oposição à concessão de anistia aos imigrantes ilegais.	Propõe a legalização da situação migratória por mérito para os imigrantes ilegais que estão trabalhando no país há algum tempo e aceitarem verificação de antecedentes.
Segurança hemisférica**	– Apoio à destinação de mais fundos para o Plano Colômbia. – Continuidade à luta contra o terrorismo em quatro frentes: medidas financeiras, melhora da segurança interna, investigações e ações militares, numa estratégia que inclui a distensão dos conflitos regionais, o fomento do crescimento econômico mundial, a criação de infra-estruturas democráticas, a elaboração de agendas de colaboração internacional e a fusão de instituições nacionais de segurança.	Idem – Pretende impor sanções econômicas a nações ou bancos que participem, apoiem ou se omitam nas ações de lavagem de dinheiro. Exclusão dos que financiam o terrorismo do sistema financeiro dos Estados Unidos. Aumento do número de efetivos no serviço militar ativo em quarenta mil.

(continua)

Quadro 4.2 Propostas para a América Latina dos candidatos George W. Bush e John Kerry (continuação)

Temas	George W. Bush	John Kerry
Segurança hemisférica**	– Continuidade ao estabelecimento de "fronteiras inteligentes" para garantir a travessia segura de pessoas e mercadorias, tomando como base os convênios já existentes com o México e o Canadá. – Centralização, coordenação e intercâmbio de dados de inteligência por meio do estabelecimento de um Centro Nacional Contra o Terrorismo.	– Propõe a criação de um "Perímetro de Segurança Norte-americano" envolvendo México, Canadá e Caribe, buscando harmonizar atividades em torno de aduanas, imigração, normas de segurança e documentos de viajantes. – Criação do cargo de diretor nacional de Inteligência, com capacidade de administrar e dirigir o conjunto de elementos que compõem o âmbito da inteligência. Elevar o nível de autorização de segurança nacional para funcionários que teriam acesso a uma lista de vigilância única integrada.
Democracia e governança***	– Apoio ao capítulo da OEA para promover a democracia representativa na região. – Manutenção do embargo e não estabelecimento de relações normais com Cuba.	– Propõe um "Conselho para a Democracia" para fortalecer o papel da OEA na proteção da democracia e na resolução de crises antes que a ordem constitucional seja ameaçada. Apoio a líderes democraticamente eleitos, mesmo aqueles considerados "imperfeitos", como Aristide, no Haiti, e Chávez, na Venezuela. – Apoio ao embargo e às restrições para viagens a Cuba. Continuidade ao apoio aos dissidentes e às iniciativas contra o governo do país.

Fontes: * CSIS 2004a; ** CSIS 2004b; *** CSIS 2004c.

tribuindo para a reeleição de Bush. No entanto, a importância crescente da captação do apoio eleitoral dos imigrantes latino-americanos não se traduziu em maior atenção para os temas específicos envolvendo as relações com o sul do hemisfério (CSIS, 2004e).

Dilemas latino-americanos

O consenso das análises apresentadas em relação à escassa relevância da região é indicativo do alto grau de previsibilidade que tomou conta das percepções sobre o futuro da América Latina, em que os problemas são muitos, mas poucas as opções consideradas viáveis. Essa combinação entre multiplicação de desafios e estreitamento de caminhos configuraria o principal impasse latino-americano. No entanto, se olharmos para a história do último século, a atual situação não difere substancialmente do que a região apresenta como marca principal de uma regularidade de trajetória. Ou melhor, de sua normalidade.

Nas análises apresentadas neste capítulo, verifica-se a confluência no retrato de um otimismo inicial com o processo de liberalização, considerado ponto de partida da convergência da América Latina com o norte do hemisfério. A partir da segunda metade da década de 1990, sucessivas crises atingem diretamente as três maiores economias da região, México, Brasil e Argentina, fortalecendo politicamente os críticos do Consenso de Washington. Ampliam-se os espaços eleitorais à esquerda, com Hugo Chávez, na Venezuela, Luiz Inácio Lula da Silva, no Brasil, Néstor Kirschner, na Argentina, Tabaré Vazques, no Uruguai, Evo Morales, na Bolívia, e Michelle Bachelet, no Chile.

Na Cúpula das Américas de Mar del Plata, emergem com mais força as diferenças entre o Mercosul, a Venezuela e os demais países do hemisfério em relação à agenda de liberalização econômica. No entanto, a oposição ao reinício das negociações comerciais não implica consenso sobre o futuro do projeto da Alca, em que as posições variam da rejeição aberta do mandatário venezuelano até a postergação por tempo indefinido dos outros governos. Apesar das divergências manifestadas no encontro de presidentes, os vínculos com os Estados Unidos mantêm sua fluidez: um tema privilegiado por Kirchner em sua reunião com Bush foi a obtenção de apoio nas negociações da dívida externa Argentina com o FMI; durante a Cúpula, os presidentes do Uruguai e dos Estados Unidos assinaram um acordo bilateral de investimentos; na visita ao Brasil, após a Cúpula, o mandatário estadunidense teceu fortes elogios à gestão econômica do governo Lula e à sua liderança positiva na região, confirmando o momento favorável das relações bilaterais; a visita de Donald Rumsfeld ao Paraguai no mês de setembro representou um marco de estreitamento dos laços militares entre os dois países; apesar dos discursos confrontativos de Chavez e Bush, houve expansão do comércio bilateral, e a Venezuela se manteve como terceiro maior parceiro comercial dos Estados Unidos na região, atrás de México e Brasil.[9]

Paralelamente, Argentina, Brasil e Venezuela buscaram convergências na formulação de uma agenda regional, tendo como referência a Comunidade Sul-Americana de Nações (CSN), criada em dezembro de 2004, promovendo iniciativas conjuntas em temas fundamentais como comunicações, recursos naturais e financiamento do desenvolvimento regional.[10] Apesar da diferença de discursos em relação aos Estados Unidos, prevalece o pragmatismo. Esses

---

[9] De acordo com dados apresentados pelo ministro da Economia da Venezuela, José Sojo Reyes, o intercâmbio comercial entre os dois países passou de US$ 18,491 milhões, em 2002, para US$ 28,922 milhões em 2004, passando a ocupar o 1º lugar entre os maiores parceiros comerciais dos Estados Unidos no mundo (Reyes, 2005).

[10] A Comunidade Sul-Americana de Nações (CSN), fundada na III Cúpula Sul-Americana realizada em Cuzco, coloca como um de seus princípios fundamentais a "determinação de desenvolver um espaço sul-americano integrado no âmbito político, social, econômico, ambiental e de infra-estrutura,

países adotam políticas de Estado que buscam maior autonomia em sua inserção internacional, delimitando convergências e diferenças nas relações com a potência do Norte.

Uma sinalização de unidade e independência é a assinatura de acordo comercial com Cuba na reunião de chefes de Estado do Mercosul, em julho de 2006, oferecendo ao governo de Fidel Castro uma alternativa ao bloqueio estadunidense. Porém, os tratados regionais no âmbito do Mercosul e da CSN não impediram os governos de buscar espaços alternativos de inserção ou de definir políticas que às vezes confrontam os interesses de seus vizinhos. É nesse contexto que se situam as iniciativas uruguaias de estreitar vínculos econômicos com os Estados Unidos, as discrepâncias com a Argentina em torno da instalação de indústrias de papel no rio Uruguai ou a decisão do presidente Evo Morales de nacionalizar a exploração de hidrocarbonetos, atingindo diretamente a empresa estatal brasileira Petrobras e a hispano-argentina Repsol YPF, gerando um incidente diplomático que colocou Bolívia e Venezuela em campo divergente com Argentina e Brasil.

A configuração de um quadro de conflitos na região andina, somada às posições mais independentes assumidas por alguns governos sul-americanos, influenciou as análises dos *think tanks*, que detecta-

---

que fortaleça a identidade própria da América do Sul e contribua, a partir de uma perspectiva subregional e em articulação com outras experiências de integração regional, para o fortalecimento da América Latina e do Caribe e lhes outorgue maior gravitação e representação nos foros internacionais" (Declaração de Cuzco, 2004). Em março de 2005, os presidentes da Argentina, do Brasil e da Venezuela emitiram, em Montevidéu, uma declaração conjunta, em que propõem esforços mais sistemáticos para o avanço nos acordos da CSN "relativos ao fortalecimento da Telesul e da Petrosul, a criação de um Fundo não reembolsável para atender aos problemas mais agudos que se originam na pobreza, um Banco Sul-Americano para o Desenvolvimento e outros" (Ministério das Relações Exteriores do Brasil, 2005).

ram a emergência de novas ameaças, sem que isso signifique uma concordância geral sobre suas dimensões e seus desdobramentos.

Há convergência em descartar qualquer vinculação entre a origem dos problemas e as reformas liberalizantes; as falhas se deram na aplicação, seja por erros cometidos, seja porque ficaram incompletas. Em conseqüência, não se trata de mudar o caminho empreendido, mas de aprofundá-lo, sensibilizando o governo dos Estados Unidos para a necessidade de dar atenção à região, que nos últimos anos ficou ainda mais deslocada do centro de sua agenda internacional.

Nesse último aspecto, percebem-se alguns dissensos, cujo peso maior debitamos a imperativos de natureza ideológica. Para os setores mais conservadores, o governo deve estar alerta para o ressurgimento de uma esquerda capaz de reinventar suas tradições de antinorte-americanismo, estatismo e rejeição da economia de mercado, o que exige maior comprometimento no apoio a aliados como Uribe, e enquadramento de adversários como Chávez. Embora não se defina claramente como isso se daria na prática, as simpatias históricas pelos "anos dourados" do *big stick* estão bem explicitadas, assim como a sinalização de que eleições democráticas não são, necessariamente, a melhor opção para lidar com determinadas situações.

No lado dos moderados, há diferenciação no trato das novas forças da esquerda que governam importantes países da região, diferenciando Chávez de Lula. Não há o que temer com o presidente brasileiro, que já demonstrou claramente seu apreço pela democracia, sua convicção em favor do respeito às regras de jogo em uma economia capitalista, devendo-se reconhecer e apoiar suas políticas de combate à pobreza, que não colidem com os valores do *american way of life*.

O que se espera, ou deseja, é que o governo dos Estados Unidos trabalhe com os países da região na construção de ações emergenciais de combate à exclusão social. O principal componente dessa agenda já não é a formulação de grandes programas de ajuda ao desenvolvimento, mas a implementação de políticas focalizadas de combate ao desemprego, incentivando a criação de micro e pequenas empresas, destravando regulamentações excessivas, fornecendo linhas de crédito e treinamento de recursos humanos.

As diferenças entre conservadores e moderados não são de caráter antagônico, mas de percepção de ameaças e definição de prioridades na resolução de problemas. No entanto, em ambos os casos as prescrições têm uma abrangência bastante circunscrita, inversamente proporcional à quantidade e à complexidade dos desafios detectados. Esse aparente paradoxo contém uma racionalidade implícita.

Independentemente dos custos envolvidos, não se prevê outro caminho fora do aprofundamento das reformas liberalizantes, principalmente para uma região que já falhou em todas as tentativas anteriores de implementar modelos de capitalismo com graus variados de proteção estatal (populismos, desenvolvimentismos), sem contar as experiências inspiradas no socialismo real.

Apesar do desgosto dos conservadores mais ideológicos com a cara esquerdista de alguns presidentes latino-americanos, o fato é que a estreita margem de variações para a execução da agenda dominante está sendo internalizada por suas administrações. Isso acontece sem grandes traumas, fora crises periódicas localizadas que, embora possam interromper governos eleitos, não colocam em questão os grandes lineamentos da trajetória estabelecida. Foi-se o anticapitalismo dos anos da Guerra Fria que exigia intervenções em grande escala, e a percepção de perigo iminente deslocou-se para outras regiões propagadoras dos novos fundamentalismos considerados ameaçadores.

Prestar atenção nos problemas que enfrenta a América Latina é importante, mas não urgente. Há o reconhecimento de que o histórico da região está repleto de situações similares, com a diferença de que nos últimos anos se estabeleceu um consenso interno em favor dos rumos liberalizantes adotados a partir dos anos 1980, que aos poucos vai incorporando novos aliados entre antigos setores nacionalistas e da esquerda. À medida que os resultados positivos demoram a aparecer, surgem frustrações e reações muitas vezes violentas daqueles que se sentem deixados para trás. Certamente, esses custos de transição devem ser levados em consideração, buscando amenizar seu impacto, confiando em que a continuidade da rota e o tempo dêem as respostas esperadas.

Mais do que um impasse, a percepção dominante do *establishment* identifica uma versão contemporânea dos ciclos de desarranjos e ajustes que de tempos em tempos confirmam a previsível normalidade do subdesenvolvimento da região. Como resposta, numerosas vozes locais reivindicam um olhar direto e especial do "grande irmão" do Norte. Não há dúvida de que no passado houve momentos de real protagonismo para governos que assumiram alinhamentos (ou não-alinhamentos) nas batalhas da Guerra Fria. No entanto, fora o lamento dos que se sentem órfãos daquele contexto, a invisibilidade do capítulo latino-americano nas prioridades da política externa dos Estados Unidos também pode representar uma oportunidade de ampliação de margens de autonomia, o que dependerá, como sempre, dos projetos e das escolhas dos atores relevantes. Em política, não existem espaços vazios.

Em outra época, o conjunto de problemas econômicos, sociais e políticos aqui abordados seria percebido como sinais de uma crise estrutural que demandaria mudanças no modelo adotado. Como vimos, os tempos são outros, assim como as concepções dominantes, que vêem apenas efeitos colaterais de um processo sem volta, passíveis de correção, mas sem compromissos com o resultado final.

É na assunção dessa "normalidade", dentro e fora da região, que se revela o atual impasse do desenvolvimento latino-americano.

CAPÍTULO 5

Outro mundo é possível?

O fim dos regimes do chamado Socialismo Real no Leste Europeu fortaleceu, no interior da esquerda, as tendências favoráveis ao abandono da idéia de revolução como processo mundial de desestabilização do sistema capitalista e ao respeito às regras de jogo da legalidade institucional como marco da conquista de transformações progressistas nos espaços nacionais. No caso das organizações que defendem estratégias de ruptura com a ordem dominante, reivindicando a luta armada como condição inerente a objetivos como a conquista do Estado e a expropriação dos detentores dos meios de produção, não contam com o apoio dos governos simpáticos à causa do socialismo que, conforme analisamos no Capítulo 2, pautam sua política externa pela busca do entendimento em detrimento do antagonismo.

Ao se referir às novas formas de resistência social à globalização capitalista, Fidel Castro coloca em discussão as táticas utilizadas em outros contextos. Para ele,

> os métodos do século passado já não são precisamente os aconselháveis, nem os da primeira metade deste século, nem sequer os

de depois do triunfo da Revolução, porque havia um momento de equilíbrio mundial ... Surgem movimentos de massa que se estão formando com tremenda força, e eu acredito que esses movimentos desempenharão um papel fundamental nas lutas futuras. Serão outras táticas, já não será a tática ao estilo bolchevique, nem sequer ao nosso estilo, porque pertenceram a um mundo diferente. (Castro, 1999, p.40)

Em termos da caracterização dos novos desafios a enfrentar, não há grandes discrepâncias na esquerda em destacar o caráter neoliberal do sistema de dominação global, promotor de graus extremos de polarização social que desperta um crescente processo de mobilização dos setores afetados. No entanto, há uma indefinição no delineamento de um projeto alternativo de sociedade, conduzindo a um árduo debate sobre a necessidade de atualização das concepções que orientaram as estratégias emancipatórias dos anos da Guerra Fria.

Para Aníbal Quijano, a teoria e a prática socialistas pautadas pelo materialismo histórico sustentam-se em fundamentos falsos. O autor identifica essa corrente com o marxismo de Engels e de alguns teóricos da social-democracia alemã, como Bernstein e Kautsky, transformada após a morte de Lenin no chamado marxismoleninismo. Para ele, sua influência no pensamento hegemônico da esquerda contribuiu para a derrota dos projetos revolucionários do século XX.

Primeiro, a idéia de uma sociedade capitalista homogênea, no sentido de que só existe o capital como relação social e, como conseqüência, a classe operária industrial assalariada é a parte majoritária da população ... Segundo, a idéia de que o socialismo consiste na estatização de todos e cada um dos âmbitos de poder e da existência social, começando pelo controle do trabalho, porque do Estado pode-se construir uma nova sociedade. (Quijano, 2000, p.241)

Como alternativa a essa posição, retoma o pensamento de José Carlos Mariátegui, propondo a "socialização do poder", que identifica o socialismo com a luta contínua e sistemática pela "redistribuição entre as pessoas, na sua vida cotidiana, do controle sobre as condições da sua existência social" (Quijano, 2000, p.242).

Em perspectiva similar, Boaventura de Sousa Santos aponta para a falência de alguns dos pressupostos teóricos do internacionalismo operário do passado, como a atribuição de centralidade ao proletariado como portador da emancipação da humanidade, que tenderia a uma homogeneização decorrente do desenvolvimento do capitalismo e à aposta em uma solidariedade classista que superaria outras formas de antagonismo de ordem nacional. Em contraposição a essa concepção, que teve êxitos na organização da classe operária em sindicatos, mas fracassou no projeto de superação do capitalismo, o autor chama a atenção para o processo embrionário de construção de um internacionalismo de premissas diferentes, já que "constitui uma forma, entre outras, de globalização contra-hegemônica, cujo sucesso depende cada vez mais das coligações com outros atores e das articulações com outras lutas emancipatórias noutros campos sociais" (Sousa Santos, 2005, p.55).

A vinculação das lutas operárias com um processo marcado pela pluralidade de sujeitos, não hierarquizada por fatores definidos *a priori* da prática política, implica uma valorização do potencial libertador do multiculturalismo, em contraposição às concepções conservadoras que estigmatizam as ações afirmativas, sob a acusação de que promovem parâmetros de mobilidade social que solapam valores associados ao mérito e à igualdade que seriam próprios das democracias liberais, ameaçando pilares básicos da civilização ocidental.

Para Sousa Santos, as abordagens progressistas do multiculturalismo são antieurocêntricas, mas não antieuropéias, à medida que buscam assegurar "o reconhecimento e visibilidade das culturas marginalizadas ou excluídas da modernidade ocidental" (Sousa

Santos, 2003, p.29). A valorização da pluralidade e da igualdade na diferença contribui para o processo de emancipação humana.

> Diferentes formas de opressão ou de dominação geram formas de resistência, de mobilização, de subjetividade e de identidade coletivas também distintas, que invocam noções de justiça diferentes. Nessas resistências e em suas articulações locais/globais reside o impulso da globalização contra-hegemônica. (Sousa Santos, 2003, p.61)

Chantal Mouffe, autora representativa das abordagens que se assumem como "pós-marxistas", também questiona o reducionismo de classe predominante nas estratégias socialistas das décadas anteriores. Sua crítica direciona-se ao "essencialismo" e à noção de sujeito unitário.

> A democracia só pode existir quando nenhum agente social está em condições de aparecer como dono do fundamento da sociedade e representante da totalidade. Portanto, é preciso que todos reconheçam que não há na sociedade lugar algum onde o poder possa eliminar a si mesmo numa sorte de indistinção entre ser e conhecimento. Isto significa que não pode se considerar democrática a relação entre os diferentes agentes sociais senão sob a condição de que todos aceitem o caráter particular e limitado das suas reivindicações. (Mouffe,1999, p.19)

Essa tese tem desdobramentos políticos concretos. A idéia de ruptura presente na estratégia socialista que orientou as revoluções do século XX, que implicava como desdobramento da conquista do poder a exclusão das antigas classes dominantes e suas estruturas políticas e militares de sustentação, foi substituída pela noção de democracia radical, que busca combinar o respeito ao pluralismo com a busca da igualdade nas demais dimensões da vida social. De acordo com Laclau e Mouffe,

> o problema com as democracias liberais "atualmente existentes" não é com seus valores constitutivos cristalizados nos princípios de liberdade e igualdade para todos, senão com o sistema de poder que redefine e limita a operação desses valores. Por isto, nosso projeto de uma "democracia radical e plural" foi concebido como uma etapa no aprofundamento da "revolução democrática", como a extensão das lutas democráticas pela igualdade e a liberdade a um número crescentemente amplo de relações sociais. (Laclau e Mouffe, 2004, p.16)

Em *Multitud* [Multidão] (2004), livro que dá seqüência a *Império* (2001), Hardt e Negri também enfatizam o tema da democracia, como projeto alternativo dos movimentos que questionam a ordem dominante e a guerra endêmica que assola o mundo, cuja visibilidade emerge com mais força a partir do 11 de setembro de 2001.

Para os autores, no sistema de dominação imperial, abarcador da totalidade, as guerras são de natureza civil, independentemente de que em algumas delas haja intervenção nos países, como no Afeganistão e no Iraque. A declaração de uma guerra global contra o terrorismo de amplitude e duração indefinidas inaugura um estado de exceção de caráter permanente, incompatível com a democracia, gerando um impasse que favorece a emergência das lutas emancipatórias que confrontam o "império" com seu antagonista, a "multidão".

Na concepção de Hardt e Negri, multidão é uma categoria analítica diferente de povo, massa e classe operária, que expressam a idéia de unidade. Apesar da diversidade que envolve o conjunto da população, a noção de povo "sintetiza ou reduz essas diferenças sociais em uma identidade" (Hardt e Negrio, 2004, p.127). Porém, a unidade da massa não expressa uma identidade, mas um conjunto indiferenciado e passível de manipulação externa.

O traço marcante da multidão é seu caráter múltiplo. "Há diferenças de cultura, de raça, de etnicidade, de gênero, de sexualidade, diferentes formas de trabalhar, de viver, de ver o mundo e diferentes desejos. A multidão é uma multiplicidade de tais singularidades" (Hardt e Negri, 2004, p.16). Por isso, sua ação não se pauta pela busca da unidade ou da identidade, mas daquilo que é comum.

Em relação à classe operária, os autores estabelecem uma diferenciação com a concepção econômica que releva o lugar que ocupa na estrutura produtiva, ressaltando a compatibilidade da multidão com o conceito político de classe, seja como referência de uma "coletividade que luta em comum", seja como constituição de um projeto de democracia. Por essas características, "o desafio da multidão é o desafio da democracia. A multidão é o único sujeito social capaz de realizar a democracia, ou seja, o governo de todos por todos". (Hardt e Negri, 2004, p.128).

De acordo com Antonio Negri e Giuseppe Cocco, a América Latina seria um dos lugares em que a passagem da classe à multidão se percebe mais claramente. Para isso, teriam contribuído de modo decisivo as reformas neoliberais. Por um lado, pelo efeito limpeza em relação ao capitalismo estatal-desenvolvimentista e suas elites parasitárias, o que implicou uma mudança no *status* da dependência, de semicolonial a imperial global. Por outro, a busca de respostas à desestruturação do mercado de trabalho formal e o aumento da pobreza e da exclusão gerou novas dinâmicas de cooperação, solidariedade e resistência. Aqui ocorre uma convergência entre iniciativas com impactos diversificados. No âmbito das lutas sociais, destacam-se os movimentos de recuperação de fábricas falidas por seus trabalhadores e os *piqueteiros*, que bloqueiam estradas e ruas como forma de protesto, na Argentina; a ocupação de terras, formas alternativas de produção e programas de educação popular autogeridos, no Brasil; e mobilizações de massa que derrubam presidentes no Equador, no Peru, na Bolívia e na Argentina.

Para os autores, esse ativismo contribui para fortalecer alternativas institucionais de caráter progressista, em que destacam a eleição de Lula e Kirchner. Suas políticas externas de integração sul-americana representariam um contraponto à Alca, e seus programas de Renda Mínima, Bolsa Família e Chefes e Chefas de Família[1] seriam iniciativas positivas na direção de um salário social universal, uma das demandas políticas radicais que Hardt e Negri associam ao programa emancipatório da multidão, conforme abordamos no Capítulo 1. As resistências vindas da sociedade e dos governos progressistas estariam explicitando a emergência de um novo sujeito: "um espaço continental novo no interior do espaço global de reorganização imperial do mundo" (Negri e Cocco, 2005, p.197). Negri e Cocco vêem nesses processos exemplos de unificação política da multidão, pela geração de um *new deal* constituinte pelo qual os setores subalternos constroem formas de democracia que valorizam as interações entre os movimentos, os governos e as dinâmicas globais, colocando-se na contramão dos extremismos tradicionais de esquerda e de direita. Dessa perspectiva, o Mercosul seria a expressão da abertura de espaços de integração entre as iniciativas que vêm de cima e da base, embora reconheçam alguns desafios a serem enfrentados:

> O Mercosul é um terreno fundamental de construção de uma base política autônoma, de uma teoria e de uma prática da autono-

---

[1] No Brasil, o programa Bolsa Família, que unificou e ampliou a abrangência de diferentes iniciativas implementadas pelo governo de Fernando Henrique Cardoso, complementa com recursos monetários o ganho de famílias com renda *per capita* mensal de até cem reais (45 dólares, aproximadamente). No caso da Argentina, desde a presidência de Eduardo Duhalde, implementou-se o plano Chefes e Chefas de Família, que outorga 150 pesos mensais (cerca de 50 dólares) para desempregados que estão à frente da família, aumentando de modo significativo o público atendido após a ascensão de Kirchner.

mia dos movimentos da América Latina. Mas esta linha foi traçada *de cima*, mesmo interpretando experiências de luta e teorias revolucionárias que têm agitado os movimentos há um século. Como é possível reapropriar-se pela base desse terreno constituinte e dessas finalidades revolucionárias, procedendo não somente no sentido da constituição de um mercado comum sul-americano, mas especificando sua realidade no sentido de uma expansão dos direitos sobre a renda e sobre o saber, de uma reapropriação multitudinária dos modos de vida e de auto-administração do desenvolvimento? (Negri e Cocco, 2005, p.205-6)

Contra-hegemonia sem revolução

Em uma perspectiva menos otimista sobre as potencialidades de surgimento de alternativas à ordem dominante que expressem a confluência de movimentos sociais e governos, Manuel Castells pondera o poder desestruturador do capitalismo da era informacional, com sua capacidade para conectar e desconectar "indivíduos, grupos, regiões e até países, de acordo com sua pertinência na realização dos objetivos processados na rede" (Castells, 1999a, p.41).

Para o autor, a nova lógica sistêmica dificulta a capacidade dos partidos políticos e dos movimentos trabalhistas de estruturar programas de transformação social. Os primeiros, por causa das limitações próprias de uma esfera de atuação cuja principal referência é o Estado-nação, os segundos, pela desestruturação das bases econômicas favoráveis à construção de identidades coletivas.

As redes convergem para uma metarrede de capital que integra os interesses capitalistas em âmbito global e por setores e esferas de atividade: não sem conflito, mas sob a mesma lógica abrangente. Os trabalhadores perdem sua identidade coletiva, tornam-se cada vez mais individualizados quanto às suas capacidades, condições de trabalho, interesses e projetos. (Castells, 1999a, p.502-3)

Para Castells, restariam os movimentos de resistência à globalização com potencial de gerar sujeitos, entre os quais se situam ecologistas, feministas, nacionalistas-localistas e religiosos. Na América Latina, ele destaca o Exército Zapatista de Libertação Nacional (EZLN), que considera exemplo bem-sucedido da combinação entre resistência comunitária e utilização dos meios informacionais. Eles "não são subversivos, mas rebeldes legitimados. São patriotas mexicanos, em luta armada contra novas formas de dominação estrangeira pelo imperialismo norte-americano". (Castells, 1999b, p.103). Seu sucesso "deveu-se, em grande parte, à sua estratégia de comunicação, a tal ponto que eles podem ser considerados o primeiro movimento de guerrilha informacional" (Castells, 1999b, p.103).

Apesar do impacto desse movimento dentro e fora do México, como reação legítima aos desdobramentos excludentes da modernização neoliberal, capaz de bloquear a ação repressiva do Estado pelo emprego eficiente dos meios de comunicação, Castells apresenta dúvidas em relação ao futuro, em especial no que se refere à ultrapassagem da fase da resistência, tendo em vista a indefinição dos zapatistas sobre seu projeto político.

A análise de Castells sobre os zapatistas não difere substancialmente da realizada pela Rand Corporation, que situa o movimento nas guerras em rede de natureza social. Como vimos no Capítulo 3, o estudo dessa instituição estadunidense atribui destaque às organizações não-governamentais (ONGs), cuja atuação não teria um caráter desestabilizador, mas de busca do equilíbrio entre as partes, exercendo um papel legitimador dos princípios "ocidentais" de convivência internacional, como agentes da construção de uma sociedade civil global. A ação moderadora das ONGs é considerada crucial na delimitação do raio de ação do EZLN e de outros movimentos críticos do *status quo*:

Algumas das ONGs ativistas eram mais radicais e militantes que outras, e algumas estavam mais afetadas por velhas ideologias do que outras. Mas, em conjunto, a maioria concordava basicamente em que não estava interessada em obter poder político ou ajudar outros atores a obter poder. Em vez disso, elas quiseram promover uma forma de democracia na qual os atores da sociedade civil fossem fortes o bastante para contrabalançar o Estado e os atores do mercado, podendo representar papéis centrais na tomada de decisões em políticas públicas que afetam a sociedade civil. Essa instância ideológica relativamente nova, um subproduto da revolução da informação, apenas estava emergindo na véspera da insurreição do movimento EZLN, mas nós presumimos que teve ímpeto suficiente entre os ativistas para dar coerência à efervescência que se precipitaria no México, ajudaando a pacificar como também a proteger o EZLN. (Ronfeldt et al., 1998, p.36)

O número de ONGs que atua globalmente teve forte incremento nos anos recentes. Segundo dados do World Watch Institute, em 1909 havia 176 organizações dessa natureza, número que saltou para mil em 1956 e para 24 mil em 2002, sendo o maior crescimento registrado na década de 1990.[2]

Para Andrés Serbin, a principal marca desse processo é sua heterogeneidade e diversidade, com a convergência de "ONGs do Norte e do Sul, movimentos sociais transnacionais de velho (sindicatos e partidos políticos) e novo sentidos (ecologistas, feministas, movimentos étnicos), associações e organizações solidárias, associações profissionais e *think tanks*, movimentos cooperativos" (Serbin, 2003, p.20-1).

---

[2] Não são incluídas as ONGs que atuam apenas no plano nacional. Ver "State of the World 2003", do Worldwatch Institute, Capítulo 8, em www.worldwatch.org.

Com o surgimento do Fórum Social Mundial (FSM), reunido pela primeira vez em 2001, na cidade de Porto Alegre, a idéia de sociedade civil global adquire tom mais politizado, ilustrado pela palavra de ordem "um outro mundo é possível". Pensado como contraponto ao Fórum Econômico Mundial, que reúne anualmente na cidade de Davos as elites orgânicas do capital global (incluindo ONGs), o FSM expressa uma vertente mais próxima do questionamento da dimensão neoliberal da globalização.

José Seoane e Emilio Taddei (2001) elaboraram uma genealogia das resistências mundiais e dos principais momentos organizativos que convergiram para acriação do FSM. Entre os eventos apresentados, destacam-se os seguintes: 1) o Primeiro Encontro Intercontinental pela Humanidade e contra o Neoliberalismo, convocado pelo EZLN e realizado entre os dias 27 de julho e 3 de agosto de 1996, em Chiapas, que reuniu aproximadamente três mil participantes originários de mais de quarenta países; 2) a divulgação, no início de 1997, por parte de ONGs, das negociações no âmbito da Organização para o Comércio e o Desenvolvimento Econômico (OCDE) do Acordo Multilateral de Investimentos (AMI), destinado a estabelecer marcos (des)regulatórios globais para a livre circulação de capitais, o que gerou um movimento de protesto cujo resultado foi a retirada do acordo da pauta; 3) a criação da Associação para uma Taxação de Transações Financeiras de Ajuda aos Cidadãos (Attac), em junho de 1998, por iniciativa do jornal francês *Le Monde Diplomatique*, com o objetivo principal de obter a aprovação internacional para a aplicação da taxa Tobin[3] às transações financeiras especulativas, cuja arrecadação seria transferida para organizações

---

[3] Proposta por James Tobin, economista dos Estados Unidos ganhador do Prêmio Nobel em 1972. A Attac calcula que, se fosse cobrada uma taxa de 0,05% sobre os 1,5 bilhão de dólares que circulam diariamente pelos mercados financeiros, haveria uma arrecadação anual de cem bilhões de dólares (Leite Neto, 2001, p.A-20).

internacionais e revertida para o combate à pobreza; e 4) a "Batalha de Seattle", local da reunião da OMC para o lançamento da Rodada de Negociações do Milênio para a liberalização comercial, em que um forte movimento de protesto impulsionado por ONGs, sindicatos e movimentos sociais de vários países do mundo – com forte presença de representantes dos Estados Unidos – inviabilizou a iniciativa, ao mesmo tempo que tornou visível para as diversas platéias mundiais a heterogênea resistência organizada contra o "pensamento único".

Após esse evento, o itinerário dos protestos passou a acompanhar de forma sistemática o calendário de reuniões de organismos multilaterais, cúpulas presidenciais e demais fóruns nos quais os destinos das populações de países e regiões entram em pauta.

Alguns autores questionam a contribuição das ONGs para as lutas emancipatórias. James Petras considera a maioria delas instrumentos da ordem, cujo objetivo é esvaziar os componentes anti-sistêmicos dos movimentos sociopolíticos.

As ONGs concentram sua atividade em projetos, não em movimentos; "mobilizam" as pessoas para fazê-las produzir nas margens, não para que lutem pelo controle dos meios de produção e da riqueza; preocupam-se pela assistência técnica e financeira que faça viáveis seus projetos, mas não com os condicionamentos estruturais que definem a vida cotidiana do povo. As ONGs se servem da linguagem da esquerda ao se apropriar de expressões como "poder popular", "capacitação", "igualdade de gênero", "desenvolvimento sustentável", "liderança de base" etc. O problema é que essa linguagem está vinculada a um marco de colaboração com doadores e agências governamentais que subordina a atividade prática a uma política de não-confrontação. (Petras, 2000, p.106)

Em perspectiva similar, Hardt e Negri definem as ONGs como organizações que pretendem "representar o Povo e trabalhar em seu interesse, à parte das estruturas de Estado (e geralmente contra elas)" (Hardt e Negri, 2001, p.333). Entre as diversas formas de ação imperial, as ONGs seriam parte do instrumental de intervenções morais, em especial as de caráter humanitário, como a Anistia Internacional, a Oxfam, os médicos sem fronteiras que "são de fato (ainda que isso vá de encontro às intenções dos participantes) as mais poderosas armas de paz da nova ordem mundial — as campanhas de caridade e ordens mendicantes do Império" (Hardt e Negri, 2001, p.54-5).

Apesar das tentativas de circunscrever política e ideologicamente a atuação das ONGs, é inquestionável sua visibilidade e seu protagonismo como elemento dinâmico de uma emergente sociedade civil global, envolvendo atores privados movidos por numerosas agendas, favoráveis ou críticas à ordem hegemônica, que interagem por meio de redes, sem controle centralizado, mas partilhando valores de competição baseados no pluralismo e na liberdade de expressão. A Carta de Princípios do FSM expressa claramente essa perspectiva, delimitando a natureza de suas parcerias, fechadas a governos e a organizações armadas:

> O Fórum Social Mundial será sempre um espaço aberto ao pluralismo e à diversidade de engajamentos e atuações das entidades e movimentos que dele decidam participar, bem como à diversidade de gênero, etnias, culturas, gerações e capacidades físicas ... Não deverão participar do Fórum representações partidárias nem organizações militares.[4]

O tema da representatividade das ONGs levantado por Petras, Hardt e Negri está também presente nos questionamentos de setores conservadores, embora em perspectiva oposta, uma vez que reme-

---

[4] Extraído da página do Fórum Social Mundial, http://www.forumsocialmundial.org.br/.

tem para a necessidade de fortalecimento das instituições do Estado-nação em detrimento das organizações internacionais. Sob o título sugestivo "Organizações não-governamentais: o poder crescente de uns poucos não eleitos", o American Enterprise Institute organizou um seminário em 2003 para discutir a seguinte tese:

> As ONGs criaram suas próprias regras e regulamentações e exigiram que os governos e as corporações se submetam a elas. O crescimento extraordinário das ONGs que advogam em favor de causas nas democracias liberais tem o potencial de minar a soberania das democracias constitucionais, assim como a efetiva credibilidade das ONGs.[5]

Respondendo de modo afirmativo à questão posta pelos organizadores do encontro, David Riggs e Robert Huberty, do Capital Research Center,[6] chamam a atenção para as ações de ativistas críticos da globalização e da atuação internacional dos Estados Unidos, marcadamente dos países do Norte que, após o colapso da União Soviética, teriam transitado da política nacional, regulada por uma legalidade institucional que envolve representações legitimadas por processos eleitorais, para a defesa de suas causas mediante a militância

---

[5] Trecho do texto de convocação do evento (http://www.aei.org/events/eventID.329/event_detail.asp), no qual também é apresentado o projeto NGOWatch, iniciativa conjunta do AEI com a Federalist Society (http://www.ngowatch.org/).

[6] O Capital Research Center é uma organização criada em 1984, cujo objetivo é o estudo das organizações sem fins lucrativos, com uma abordagem que busca recuperar as tradições filantrópicas dos Estados Unidos. Terrence Scanlon, seu atual presidente, foi vice-presidente de Relações Corporativas da Heritage Foundation e diretor da US Consumer Product Safety Commission durante o segundo mandato de Ronald Reagan (ver http://www.capitalresearch.org/).

global, cuja ponta de lança são as ONGs, assumindo-se como representantes da sociedade civil.

A crescente presença e a influência que adquirem essas organizações, sobretudo no interior das Nações Unidas, que nos últimos anos passou a atribuir-lhes *status* consultivo, coloca para os autores alguns problemas. Um deles é a disparidade de poder econômico entre algumas das acreditadas pela ONU, como a dirigida por George Soros ou pelo Greenpeace, e os orçamentos destinados à política externa de países pobres, como Bolívia, Bangladesh ou Tanzânia, que se traduz em capacidade diferenciada de intervenção na definição de prioridades na agenda de ajuda ao desenvolvimento. Como entidades sem fins lucrativos, a captação de recursos de fundações, governos, empresas e simpatizantes das causas defendidas lhes dá autonomia para determinar prioridades e linhas de atuação na área da cooperação e da ajuda humanitária, que, somada à capacidade de *lobby* em organizações multilaterais, visibilidade nos variados meios de comunicação da era informacional e presença nos diversos fóruns globais, as transforma em importantes atores das relações internacionais.

Para Riggs e Huberty, "se as ONGs desejam realmente mais 'governança global', necessitarão de mais regras para elas mesmas. As ONGs internacionais necessitam tornar suas operações mais transparentes e prestar mais contas sobre suas ações". (2003). Nessa direção, formulam quatro recomendações dirigidas às diversas organizações e aos governos que estabelecem vínculos institucionais e/ ou financiam instituições sem fins lucrativos e as próprias ONGs, cuja inspiração é a legislação vigente nos Estados Unidos: 1) distinguir entre instituições com fins de caridade e políticas, com implicações, em caso dos governos, na isenção de impostos; 2) divulgação dos fundos governamentais destinados a ONGs que, diferentemente dos de origem privado, expressão de generosidade em razão de determinadas simpatias ou convicções, têm de ser transparentes e prestar contas ao público; 3) os acionistas das corporações devem exigir a divulgação dos recursos doados a ONGs; e 4) encorajar as ONGs para que disponibilizem na internet relatórios anuais que mostrem a relação entre seus objetivos e os resultados alcançados.

Tanto os defensores da chamada sociedade civil global quanto seus críticos conservadores e da esquerda coincidem em reconhecer sua relevância como ator político que busca espaços de intervenção institucional no interior dos Estados-nação e nas organizações internacionais. Nas visões mais progressistas, trabalha-se com uma perspectiva que valoriza um processo contínuo e sem limites pré-fixados de aprofundamento da democracia, inclusivo e respeitoso da diversidade e do pluralismo. Há aqui uma proximidade com as noções de socialização do poder, multiculturalismo libertador e democracia radical destacadas por Quijano, Sousa Santos e Mouffe, e um afastamento da concepção "etapista" da transformação social, centrada na idéia de revolução como momento único de ruptura entre dois sistemas radicalmente diferentes.

As estratégias centradas na conquista permanente de espaços de cidadania não têm como centro de suas preocupações a delimitação de atores, organizações e projetos de sociedade alternativa, mas a garantia de condições institucionais que favoreçam o fluxo reivindicatório dos movimentos sociais. Nesse aspecto, as diferenças com as abordagens liberais sobre os marcos institucionais de funcionamento da democracia não são de caráter antagônico. Os principais pontos de atrito localizam-se na valoração qualitativa de prioridades sociais, de direitos fundamentais, de conquistas essenciais, de fronteiras e limites ao exercício da cidadania. Dessa forma, a disputa pela hegemonia entre as organizações da sociedade civil, sejam críticas ou favoráveis à ordem vigente, tem como marco de referência a democracia representativa.

No lado dos liberais, os espaços de atuação dos movimentos sociais são bem delimitados, sua legitimidade seria reconhecida desde que assumam seu lugar no mundo como "pedra no sapato" dos poderosos, conforme expressão de Raymond Boudon:

Quanto ao "altermundismo", de "alternativo" só tem o nome. Quando muito, pode aspirar a desempenhar uma função muito útil de "pedra no sapato". A ele se deve, por exemplo, e já não é pouco, a eficaz chamada de atenção para as condições de trabalho das crianças nos países do Sul. (Boudon, 2005, p.129)

Em perspectiva oposta, Immanuel Wallerstein situa os movimentos sociais como protagonistas centrais da crise sistêmica que assola a fase atual da economia-mundo capitalista. Para ele, as revoltas de 1968, envolvendo não apenas os países centrais, mas as periferias, inspiradas pela resistência vietnamita, inauguram o terceiro momento crucial do moderno sistema mundial, que teve como antecessores a formação da economia-mundo capitalista no século XVII e a Revolução Francesa, de 1789. Nos casos anteriores, tratava-se da afirmação de uma geocultura dominada pelo liberalismo centrista, que a partir de 1968 iniciou uma fase de crise que favoreceu a afirmação dos radicalismos de direita e esquerda, cujo resultado é a instalação de um clima de caos sistêmico, acentuado pelo 11 de setembro e suas conseqüências na expansão da militarização da política externa estadunidense e do terrorismo.

As explosões de 1968, em especial na Europa, têm como alvo de crítica não apenas o imperialismo dos Estados Unidos, mas as alternativas apresentadas pela União Soviética e pelos partidos comunistas e social-democratas que chegaram ao poder, os quais não teriam cumprido o papel anti-sistêmico que se atribuíam. A desilusão traduz-se na configuração de uma nova esquerda, que não situa em primeiro plano a conquista de espaços na esfera governamental e coloca em pauta uma agenda de valorização das liberdades das minorias, buscando garantir "os direitos de todos os indivíduos e grupos de perseguir suas preferências em todos aqueles domínios em que não há nenhuma justificação para que a maioria imponha suas preferências sobre os outros" (Wallerstein, 2004, p.88).

No lado da economia, Wallerstein identifica nesse novo sujeito político pós-1968 um fator agravante na tendência de longo prazo de aumento dos custos de produção e contração de lucros[7] que afeta o capitalismo, que se acentua na fase do *boom* de crescimento das primeiras décadas do pós-Segunda Guerra Mundial, sob os auspícios das políticas do *welfare State*. As crises dos anos 1970 e os ajustes neoliberais inaugurados por Margaret Tatcher e Ronald Reagan, ampliados em escala global na década de 1990, têm como contrapartida a expansão e o fortalecimento das resistências animadas pela nova esquerda, constituindo o "espírito de Porto Alegre", em confronto aberto com o "espírito de Davos". O conflito entre essas duas percepções da realidade, embora ainda não ocupe o centro das atenções das populações, representa para o autor um indicativo da transição já em andamento entre o sistema-mundo capitalista, cuja crise poderá perdurar por mais 25 ou cinqüenta anos, e um novo mundo possível, ainda incerto, mas que poderá expressar a capacidade criativa dos movimentos libertários.

Da mesma forma que Quijano, Mouffe e Sousa Santos, o destaque atribuído por Wallerstein aos novos atores sociais deixa em aberto uma definição sobre as dimensões sistêmicas de seu papel transformador, na tradição da esquerda anticapitalista. Nessa perspectiva, consideramos três indagações especialmente desafiadoras:

---

[7] De acordo com Wallerstein, os custos de produção "têm-se elevado firmemente ao longo dos quinhentos anos passados e particularmente nos últimos cinqüenta anos. Por outro lado, os preços das vendas não puderam manter o ritmo, apesar do aumento da demanda efetiva, por causa da constante expansão no número de produtores e, portanto, de sua inabilidade para manter posições oligopolistas" (2004, p.83).

1) se o poder deixa de ser alvo central da luta política, e não há sujeitos definidos *a priori* da prática social, como se daria a articulação entre a esfera dos movimentos, que expressam formas localizadas, particulares, de permanência associada à conquista de reivindicações pontuais, e a esfera política institucional da democracia representativa? 2) Quais são as potencialidades transformadoras de práticas que não apontam necessariamente para a conquista do Estado, valorizando as transformações cotidianas decorrentes do combate às diversas manifestações do poder no âmbito mais amplo da sociedade? 3) Até agora, a transição política latino-americana conviveu sem grandes traumas com a transformação de parcela significativa dos trabalhadores em "excluídos", poderá também conviver com decisões majoritárias que, em nome do bem comum, afetem a situação de classe dos proprietários dos meios de produção?

O processo de democratização da América Latina revela-nos uma realidade plena de paradoxos: continuidade da liberalização econômica na maioria dos países, independentemente das crises financeiras inauguradas pelo México em dezembro de 1994 e da crescente polarização social; alternância no poder condicionada pela credibilidade diante do "mercado" dos partidos de maior densidade eleitoral, convocados pelas classes dominantes a explicitar seus compromissos com os fundamentos da livre iniciativa (Brasil); emergência de amplas mobilizações de rua que colocam em questão a classe política, conduzindo em alguns casos a eleição de governos comprometidos com a mudança social com base em ações que buscam recuperar o papel do Estado como ator central do desenvolvimento (Venezuela e Bolívia).

Conforme ressaltam Vigevani e Fernandes, apesar da permanência do percurso iniciado nos anos 1980, há déficits que afetam a qualidade da democracia. "A deterioração das condições sociais e econômicas leva à vulnerabilidade social, contribuindo para romper os laços de solidariedade orgânica e mecânica das sociedades latino-americanas, fortalecendo sinais de anomia" (Vigevani e Fernandes, 2005, p.248).[8]

As experiências de interrupção de governos eleitos, que podemos caracterizar como rebeliões, seguindo a tipologia de Theda Skocpol, trazem para a realidade regional o ressurgimento dos impasses que geraram, em outros contextos históricos, fortes movimentos contra a ordem dominante, com algumas importantes diferenças. As atuais manifestações da "consciência do insuportável" são capazes de derrubar presidentes e, para boa parte dos observadores, à exceção dos conservadores mais ideológicos, suas motivações são inquestionáveis, longe do fantasma da manipulação por forças ocultas. No entanto, predomina uma tendência ao esgotamento na desmobilização posterior à mudança de autoridades, sob os apelos para que os revoltosos aguardem pacificamente pelas soluções institucionais do impasse

---

[8] A noção de vulnerabilidade social dos autores baseia-se no conceito formulado pela Comissão Econômica para a América Latina e o Caribe (Cepal), que busca estabelecer a correlação entre os fatores objetivos das fragilidades enfrentadas pelos setores mais pobres, assim como a percepção subjetiva da insegurança que resulta dessa realidade. As referências à solidariedade mecânica, solidariedade orgânica e anomia seguem a abordagem de Durkheim: "a solidariedade mecânica apesar de ser uma característica da fase primitiva da organização social tende a persistir na instituição família uma vez que emerge das semelhanças psíquicas e sociais (e, até mesmo, físicas) entre os membros individuais em busca de proteção mútua contra as ameaças externas ao grupo ... Sendo seu fundamento a diversidade, a solidariedade orgânica implica maior autonomia, com uma consciência individual mais livre. Entretanto, o pano de fundo para a garantia de bem-estar social entre os indivíduos exige a garantia de ordem para o progresso. Ou seja, Estado e sociedade em ordem viabilizam maiores possibilidades para o progresso e, por conseguinte, crescimento, desenvolvimento e distribuição de riqueza. Nos casos em que isto não existisse, segundo Durkheim, a conseqüência é desordem e falta de progresso que contribuem para o rompimento da solidariedade entre os indivíduos ... [Anomia] caracteriza uma situação de desorganização social ou individual ocasionada pela ausência ou aparente ausência de normas" (Vigevani e Fernandes, 2005, p.193-4).

político, deixando em aberto, para um futuro indefinido, o tratamento das questões de fundo que desencadearam o processo. Durante os anos da Guerra Fria, movimentos dessa radicalidade seriam prontamente reprimidos, justificando, em muitos casos, golpes militares em nome da restauração da ordem. Na ausência do fantasma da revolução social, atualmente prevalecem as soluções institucionais.

Conforme analisamos nos capítulos anteriores, vivemos na América Latina uma época de impasses com poucos precedentes. O sistema econômico dominante, apesar do consenso forçado em torno da idéia de que não há alternativa, mostra-se incapaz de oferecer perspectivas de inclusão para a maioria da população, que também carece de opções de mudança que apontem para uma sociedade alternativa.

Essa situação difere em diversos aspectos daquela que levou à Revolução Cubana. No âmbito político, não se verifica uma crise na cúpula em termos de divergências profundas sobre a natureza do sistema em que se assenta seu poder. As percepções de fechamento não são generalizadas, atingem principalmente setores excluídos do mercado de trabalho, para os quais a resposta da parte mais expressiva da militância, da intelectualidade de esquerda e de governos que se situam no campo progressista é a luta em favor da inclusão. Quando ocorrem explosões de descontentamento, alguns presidentes podem cair, mas as estruturas de dominação permanecem.

A trajetória da ascensão de Hugo Chávez e Evo Morales exemplifica alguns dos paradoxos do processo de transição democrática em condições de ajuste neoliberal e deterioração dos indicadores sociais, objeto de preocupação dos formuladores da política externa estadunidense e dos setores conservadores da América Latina. O crescente descontentamento favorece o surgimento de novas lideranças com capacidade de criação de organizações partidárias que rapidamente se tornam majoritárias, obtendo sucesso eleitoral. Esse capital político é investido de imediato em propostas de mudança institucional mediante assembléias constituintes que garantam maior liberdade para exercer o mandato popular e tornar viáveis os programas de governo. Contando com recursos naturais abundantes e estratégicos para o atual contexto da economia global, implementam políticas que favorecem a concentração do poder decisório do Estado, buscando combinar a afirmação nacional no controle das riquezas, a ampliação do excedente apropriado pelo setor público e sua aplicação em programas de desenvolvimento e de combate à pobreza. As estratégias adotadas pelos governos da Venezuela e da Bolívia operam com relativo sucesso nos espaços abertos pelo atual ordenamento mundial:

- a concentração do poder duro estadunidense em outras regiões, cujos resultados mostram alcances limitados em termos de sua utilização em grande escala, e crescente desgaste político dentro e fora do país, dando fôlego a posturas que desafiam sua capacidade de intervenção, como a política nuclear do Irã e o novo patamar atingido pelos ataques de Hizbollah ao território israelense em julho e agosto de 2006;
- a valorização da democracia pluripartidária e das eleições livres, sob supervisão internacional quando necessário, favorecendo a ascensão de governos dirigidos por forças políticas que sofrem o veto das potências ocidentais, como bem exemplifica a experiência do Hamas na Palestina;
- o compromisso com a manutenção da economia de mercado, *status* que inclui a China, com seu regime político de partido único e o controle majoritário do Estado sobre os meios de produção;[9]

---

[9] De acordo com o Ministério do Comércio da China, até fevereiro de 2006, 51 países do mundo atribuíam ao país o *status* de economia de mercado, entre eles Argentina, Austrália, Chile, Coréia do Sul, Brasil, Israel e Nova Zelândia (ver http://www.chinatoday.com.cn/hoy/2006n/s2006n4/p34.html).

- regionalização da gestão de crises na América do Sul, com base no respeito à diversidade e à soberania nacional, privilegiando mecanismos de resolução baseados em acordos intra-regionais ou na atuação mediadora dos países vizinhos.

Sem questionar o capitalismo[10] e a democracia representativa, esses governos atuam nos limites do sistema na busca de caminhos de superação das condições estruturais de subdesenvolvimento, contando com um fator favorável que lhes é peculiar em termos de poder de negociação com países e empresas: a riqueza em gás e petróleo. Essa estratégia de ampliação dos poderes do Estado sobre a propriedade dos meios de produção teria dificuldades de aplicação por intermédio de governos eleitos em países onde o capital privado é predominante e não contam com recursos naturais de alta demanda global, ou naqueles de economia mais diversificada e globalizada, como Brasil, México, Argentina, Colômbia e Chile.

---

[10] Conforme assinala o vice-presidente boliviano, Álvaro Garcia Linera, de antiga e destacada trajetória como intelectual e militante de esquerda, as condições socioeconômicas que vigoram no país comprometem a viabilidade de um projeto socialista nas próximas décadas. Sua perspectiva aponta na direção de um novo modelo, que denomina "capitalismo andino-amazônico", pautado pela "construção de um Estado forte, que regule a expansão da economia industrial, extraia seus excedentes e os transfira ao âmbito comunitário para potenciar formas de auto-organização e de desenvolvimento mercantil propriamente andino e amazônico". Entre as razões que dificultam na atualidade o caminho ao socialismo, destaca duas: "Por um lado existe um proletariado minoritário demograficamente e inexistente politicamente; e não se constrói socialismo sem proletariado. Segundo: o potencial comunitarista agrário e urbano está muito debilitado ... O potencial comunitário que vislumbraria a possibilidade de um regime comunitarista socialista passa, em todo caso, por potenciar as pequenas redes comunitaristas que ainda sobrevivem e enriquecê-las. Isto permitiria, em vinte ou trinta anos, poder pensar numa utopia socialista" (Linera, 2006).

A social-democratização do ordenamento mundial

> Os partidos que se empenhavam na disputa do poder encaravam a posse dessa imensa estrutura do Estado como o principal espólio do vencedor.
>
> Karl Marx, 1987, p.135.

> é uma lei social inelutável que qualquer órgão da coletividade, nascido da divisão do trabalho, cria para si, logo que estiver consolidado, um interesse especial, um interesse que existe dentro de si e para si. Mas interesses especiais não podem existir no seio do organismo coletivo sem estarem imediatamente em oposição com o interesse geral. Mais do que isso: camadas sociais desempenhando funções diferentes tendem a se isolar, a se outorgar órgãos aptos a defender seus interesses particulares e a se transformar finalmente em classes distintas.
>
> Robert Michels, 1982, p.234.

Todo sistema tem dificuldade para lidar com o surgimento de fatores de incerteza, sobretudo aqueles com potencial de gerar novas fontes de conflito. A experiência histórica mostra que o grau de pluralismo tolerado pelos regimes capitalistas e socialistas é proporcional ao risco percebido em relação à estabilidade dos pilares considerados fundamentais para a continuidade do *status quo*: a propriedade privada dos meios de produção, no primeiro caso, ou o monopólio no exercício do poder pelo Partido Comunista, no segundo.

Em tese, é admissível que partidos anticapitalistas disputem eleições e ambicionem chegar ao governo em países capitalistas, no entanto, caso se configure essa possibilidade, e uma vez no exercício do poder esse partido mantenha seus objetivos originais, forças desestabilizadoras serão acionadas para tornar inviável sua continuidade, pela persuasão ou pela força. O exemplo latino-americano mais ilustrativo é o Chile de Salvador Allende. Da mesma forma, em um país socialista é possível abrir espaços para a existência de outras formas de propriedade além da estatal, como mostram os exemplos de Cuba e da China, mas o comando desse processo de abertura econômica não pode sair das mãos do Partido Comunista, nem podem ser geradas novas estruturas decisórias que mostrem capacidade potencial de concorrer com ele; caso se perceba essa tendência, ocorre o fechamento. A ex-União Soviética é a referência negativa de um processo de abertura econômica paralelo ao de abertura política, em que o partido do governo perdeu o controle, com o desfecho conhecido.

As revoluções sociais inspiradas no ideário marxista tinham como pressuposto de seu sucesso a derrota das classes dominantes e sua exclusão na configuração do novo poder. O fim da propriedade privada operava o golpe final, com a eliminação dos detentores de meios de produção e o nascimento de nova sociedade. Transformações desse porte não poderiam ser feitas pelo consenso, o que tornava a luta armada o instrumento privilegiado da prática revolucionária.

Uma vez que a maioria das forças contestatórias da globalização neoliberal questiona fundamentalmente a pobreza e a exclusão, construindo contrapoderes capazes de equilibrar o jogo em favor das organizações e dos movimentos representativos da sociedade civil, a noção tradicional de revolução perde sua principal base de fundamentação – o fim da propriedade privada – e de viabilização – a luta armada. O conflito já não é entre sistemas, mas no interior de um sistema cuja definição, grau de abrangência e atores dominantes admitem diversas interpretações.

A análise realizada neste livro destacou abordagens pautadas por três dimensões: as fronteiras interestatais, as interações globais e a luta de classes imperial. Na perspectiva do realismo, do choque de civilizações, do institucionalismo neoliberal, do metajogo da política mundial, da democracia radical, do sistema mundial e do império, mais do que mundos alternativos, há um mundo aberto a várias possibilidades, expressão da correlação de forças entre as estratégias e as ações dos que nele atuam.

Para o realismo, a pluralidade de posições expressaria, mais do que diferenças teóricas, de valores ou de princípios, os interesses dos participantes do jogo do poder. Lidar com a diversidade implica uma busca permanente e sistemática do equilíbrio. Seguindo Hans Morgenthau:

> Tendo em vista que vivemos em um universo formado por interesses contrários, em conflito contínuo, não há possibilidade de que os princípios morais sejam algum dia realizados plenamente, razão por que, na melhor das hipóteses, devem ser buscados mediante o recurso, sempre temporário, ao equilíbrio de interesses e à inevitavelmente precária solução de conflitos. (Morgenthau, 2003, p.4)

Ao afirmar suas convicções sobre a atualidade das estratégias de contenção e dissuasão, e o caráter passageiro da unipolaridade, Kenneth Waltz (2002) lança um desafio aos que anunciam a caducidade do realismo: para declarar a obsolescência de uma teoria deve-se comprovar que as condições que lhe deram origem já não existem mais. No caso da análise das relações internacionais, ele recomenda cuidado para diferenciar as mudanças de sistema, que justificariam o abandono da teoria, das que ocorrem dentro do sistema, que não questionam sua validade.

O colapso da União Soviética significou uma mudança de estrutura bipolar para unipolar, que afeta o comportamento dos Estados, mas "não quebra a continuidade essencial da política internacional" (Waltz, 2002, p.65). Isso só acontecerá "no dia em que o sistema internacional já não esteja formado por Estados que devam prover sua própria segurança" (Waltz, 2002). O crescente protagonismo das organizações internacionais, mais do que solapar a lógica do poder dos Estados, promove a afirmação de um novo interlocutor, para o qual o peso dos interesses se sobrepõe aos propósitos anunciados na sua criação:

> Uma vez criada e bem estabelecida, torna-se difícil livrar-se de uma organização. Uma grande organização é controlada por um extenso número de burocratas que desenvolvem um forte interesse na sua perpetuação. (Waltz, 2002, p.44)

A perspectiva metodológica adotada por Waltz na afirmação da vigência do realismo parece-nos um bom instrumento analítico para contrastar as diversas abordagens apresentadas. Ampliando o foco, apontaremos para os alcances das mudanças previstas tanto em âmbito do sistema de Estados quanto no do capitalismo global.

As civilizações em choque concebidas por Huntington referem-se a Estados-núcleo, que são os referentes das relações internacionais, em uma perspectiva que se aproxima do realismo. A mudança que anima a dinâmica do pós-Guerra Fria é de eixo de agenda, a ênfase passa da ideologia, da economia e da política para a cultura. Aqui prima um argumento caro ao construtivismo: se não sabemos quem somos (identidade), como definir nossos interesses nacionais? No plano das alianças, a recomendação para os Estados Unidos não é "mais globalização", senão "mais Estado-nação".

Os autores próximos do neoliberalismo institucional questionam a inevitabilidade do retorno do equilíbrio do poder, apostando numa liderança benigna e por tempo indefinido dos Estados Unidos, negociada com outras potências e com pequenos países, sob o respaldo das organizações multilaterais (Ikenberry, 2000a e b). Essa perspectiva apresenta coincidências importantes com a abordagem do *soft power* (Nye, 2004).

O conceito de metajogo político mundial aponta para um equilíbrio mais amplo do que a sociedade de Estados, colocando par a par três categorias diferentes de atores: o capital, o Estado nacional e a sociedade civil global. O avanço na direção de um regime cosmopolita seria impulsionado por uma "paradoxal irmanação de oponentes" (Beck, 2004, p.378). No entanto, o atual cosmopolitismo dos setores favoráveis e críticos do sistema, interagindo na política nacional e transnacional por meio de organizações, dá continuidade a uma tendência que vem dos séculos XIX e XX, com a criação das internacionais socialistas e comunistas e de *think tanks* conservadores, como o Council on Foreign Relations, o Grupo Bilderberg e a Comissão Trilateral.[11] A mudança é dentro do sistema.

A pregação em favor da democracia radical como processo permanente de construção de espaços de cidadania aponta para a constituição de uma ordem capaz de reconhecer o pluralismo, garantir as liberdades fundamentais de organização e expressão e de estabelecer mecanismos formais de regulação da competição entre as partes. Para evitar que a política se deteriore em guerra, a diversidade deixa de ser percebida como oposição estrutural. Modos de vida diferentes podem conviver em âmbitos nacional e global, desde que todos os participantes se reconheçam como interlocutores e pautem seu comportamento pelo respeito a regras estabelecidas de comum acordo. Dessa perspectiva, a disputa pela hegemonia entre diversas organizações da sociedade civil, críticas ou favoráveis à ordem vigente, se dá no interior do mesmo sistema político.

---

[11] O Grupo Bilderberg, criado em 1954 por iniciativa de empresários e políticos europeus, mas com vocação atlântica, e a Comissão Trilateral, fundada em 1973, que reúne elites econômicas, políticas e intelectuais da América do Norte, Europa Ocidental e do Japão, com o Council on Foreign Relations, são instituições pioneiras de uma percepção global da dinâmica do capitalismo e das relações entre Estados (Ayerbe, 2001; Fonseca, 2004).

A crise sistêmica anunciada por Arrighi e Silver não tem como referência a superação da economia –mundo-capitalista, para utilizar a terminologia de Wallerstein, mas da hegemonia dos Estados Unidos, diante da qual visualizam como tendências a constituição de um império universal de caráter multilateral sob a liderança do Ocidente, ou uma "sociedade de mercado mundial centrada no Leste Asiático" (Arrighi, 2005, p. 60). A primeira possibilidade aponta para a mesma perspectiva dos defensores do império benigno, e a segunda difere basicamente na caracterização das potências hegemônicas. Nos dois casos, há coincidência com as posições de Waltz sobre a insustentabilidade da unipolaridade estadunidense e o retorno do equilíbrio de poder.

Para Hardt e Negri, que subsumem os Estados-nação em uma rede desterritorializada de governo, um não-lugar universal, os conflitos entre a multidão e o império refletem uma dicotomia aparentemente inegociável, cuja resolução passaria pela superação do modo de dominação vigente e a criação de uma sociedade mundial igualitária. A materialização dessa possibilidade colocaria em pauta uma mudança de sistema. No entanto, a ausência de parâmetros sobre a sociedade alternativa para a qual apontam as lutas contra o *status quo*, indefinição presente no conjunto de autores críticos da ordem abordados neste livro, limita os horizontes ao terreno da especulação intelectual.

Apesar da invocação de trajetórias históricas e analíticas identificadas com o comunismo e o marxismo, as atuais referências de percursos emancipatórios dos teóricos do império incorporam exemplos que dificilmente podem ser associados a essas tradições. Os programas de renda mínima de Lula e Kirchner, considerados investimento transitório até que os beneficiários encontrem um posicionamento mais favorável na economia formal, não são incompatíveis com as medidas emergenciais contra a pobreza vinculadas às chamadas "reformas de segunda geração", ou "novo Consenso de Washington", que analisamos no Capítulo 4. O Mercosul, como toda iniciativa integracionista promovida por governos de países capitalistas, seja para a criação de uma área de livre comércio, uma união aduaneira, seja um mercado comum, teve e terá no empresariado um setor social preponderante. Como vimos, tanto Lula quanto Kirchner pautam suas ações pela defesa de interesses vinculados aos setores que atuam no capitalismo local, demonstrando uma interlocução pragmática com a superpotência hegemônica.

Esse pragmatismo se reflete também na forma de interação entre o Estado e os setores populares organizados, em que cabe destacar a presença de lideranças sociais e sindicais em posições governamentais, estabelecendo maior incidência nos espaços de ação política da sociedade civil. No caso da Venezuela, a situação de conflito com as elites tradicionais e os Estados Unidos favorece a afirmação da figura do presidente Chávez e a busca de laços mais orgânicos com os movimentos sociais de sua base de apoio. No caso de Cuba, essa simbiose entre Estado e sociedade como resposta a pressões desestabilizadoras de origem externa já está fortemente enraizada, operando desde o início da revolução como fator de pacificação interna. Isso significa que as concepções estadocêntricas do exercício do poder continuam vigentes na esquerda latino-americana.

À medida que as estratégias predominantes dos velhos e dos novos atores nacionais e globais convergirem para uma lógica institucional de criação de organizações e de interlocução com as existentes, a busca do equilíbrio tenderá a prevalecer sobre as apostas na ruptura sistêmica. A primazia de racionalidades que valorizam o cálculo do poder favorece uma administração da diversidade pautada pela contenção e pela dissuasão, ferramentas eficientes para lidar com governos e organizações que têm algo a perder, aplicando a preempção e a prevenção aos setores que se colocam à margem e adotam a violência armada como método de luta.

As estratégias e as práticas dos principais protagonistas das relações internacionais convergem para a concepção de um *welfare State* de alcance mundial, com capacidade para gerenciar as demandas daqueles que apostam no concerto pactuado das diferenças: a sociedade civil, que avança sua agenda de combate à pobreza, preservação do meio ambiente, construção da paz; os mercados, pressionados a assumir compromissos redistributivos mediante propostas como a Taxa Tobin; os Estados e as organizações internacionais, convocados a articular e colocar em prática as iniciativas em favor de um mundo mais eqüitativo por meio de medidas como o salário social. A qualidade e a abrangência desse processo de social-democratização do ordenamento mundial dependerão da correlação de forças entre os diversos atores que reivindicam sua cidadania.

Na concretização desse percurso, a posição dos Estados Unidos representa um fator de incerteza, gerando posições divergentes sobre a funcionalidade da única superpotência como guardiã permanente de um modo de vida que se apresenta como expressão do maior nível conhecido de progresso humano. Como bem adverte Norbert Elias, embarcar no imaginário de nações que idealizam sua grandeza pode se transformar em estratégia coletiva de autodestruição.

Os dilemas sobre o lugar do país no ordenamento mundial também acompanham o *establishment* da política externa estadunidense que, como vimos, não é dogmático, servindo-se de um menu variado de abordagens e argumentos para justificar diversos tipos de políticas. A soberania nacional, as eleições democráticas e as liberdades constitucionais, embora invocadas como princípios universais de convívio humano, têm aplicação seletiva. Em algumas circunstâncias, impõe-se a necessidade de estabelecer o estado de exceção, bastando a percepção de que determinados movimentos sociais, organizações e governos ameaçam a ordem. Colocados na condição de "fora-da-lei", eles perdem o benefício da aplicação da lei. Paralelamente à exacerbação do medo como fator de coesão, persiste no interior das instituições governamentais uma visão pragmática, consciente das limitações do uso indiscriminado do poder duro, que concebe a necessidade de combinar a força e o consenso, seja com os países aliados e as Nações Unidas, seja pela instrumentalização de redes geradas no interior da sociedade civil global. Há, portanto, uma percepção dos desafios associados à manutenção do *status* de potência hegemônica, objetivo explicitado não apenas pelas sucessivas administrações democratas e republicanas desde a década de 1990, mas pelos intelectuais e *think tanks* do país que tomamos como referência de nossa análise. Não são os fins da política externa que estão em discussão, mas os meios. Da perspectiva marxista, pode-se afirmar que há um esforço conjugado dos promotores do imperialismo estadunidense, não isento de controvérsias, para aprimorar a capacidade operativa do Estado, como "capitalista coletivo ideal" dotado das atribuições e dos meios adequados ao cumprimento da última etapa de seu destino manifesto: a consolidação da primazia do "modo de vida ocidental" (Ayerbe, 2003, p.144).

No plano internacional, as grandes potências têm clareza sobre a necessidade de salvaguardas de última instância contra riscos sistêmicos. Apesar das controvérsias sobre o grau de autonomia dos Estados Unidos e dos métodos privilegiados no combate às ameaças, não se prevê nenhuma mudança imediata ou de médio prazo na cúpula do poder. Tanto a União Européia quanto o Japão, a China e a Rússia trabalham pela acomodação de interesses diante da superioridade militar estadunidense, cuja equiparação exigiria esforços impraticáveis no momento, optando pelos ganhos econômicos que no futuro possam garantir maior projeção internacional a eles.

Na América Latina, vislumbra-se uma lógica similar. Os países da região, com exceção daqueles que freqüentam a lista de "delinqüentes" do Departamento de Estado, forçados a um isolamento com escassas aberturas fora da reação militante, tendem a buscar maiores espaços de autonomia. Entre os exemplos, destaca-se a "independência sem rupturas", adotada pelo Brasil e pela Argentina, sutil, mas de grande impacto potencial caso se transforme em uma perspectiva regional mais ampla, já que na prática tende a desvalorizar a interlocução com os Estados Unidos.

Quanto aos movimentos e às organizações que se situam na esquerda, há uma redefinição das linhas divisórias entre a agenda da hegemonia e da emancipação. Diferentemente do período da Guerra Fria, as identidades com as tradições anticapitalistas cedem lugar para o questionamento do neoliberalismo, concebido como vertente radicalmente excludente do capitalismo. A busca de vertentes progressistas e inclusivas, certamente menos conflitivas e de viabilidade plausível em regimes de democracia representativa, não deixa de apresentar desdobramentos problemáticos, em especial a perda de referências sistêmicas na demarcação de espaços entre os projetos críticos e os favoráveis à ordem dominante. Por esse caminho, as contradições vão perdendo o caráter antagônico, a diversidade se torna potencialmente negociável, e as estratégias de ruptura cedem lugar à busca de convergências naquilo em que o consenso é possível.

No capítulo dedicado à América Latina, mostramos a importância dos movimentos sociais na base de apoio para a eleição de presidentes com programas "mudancistas". Até agora, predomina uma tendência a priorizar a conciliação de interesses em nome da governabilidade. Os temas mais polêmicos da agenda transformadora permanecem em aberto, com os riscos conhecidos de que sejam postergados até o esquecimento, ou explicitamente abandonados, até que novos movimentos e lideranças retomem a iniciativa.

Esse círculo vicioso parece comprovar a lei de bronze da oligarquia de Michels (1982), colocando no horizonte um cenário de eterna substituição de elites originárias de movimentos reivindicatórios que se institucionalizam em organizações. Seu êxito, em termos de projeção, é acompanhado pela profissionalização de seus quadros que, com o tempo, passam a constar nas negociações de espaços de poder como autêntica representação de suas bases, medindo forças com os setores já estabelecidos mediante cálculos que levam cada vez mais em consideração o destino da organização à qual devem seu *status*. Admitir o predomínio dessas concepções não implica enveredar pelo fatalismo do fim da história. Há uma mudança qualitativa na composição das correntes de pensamento, movimentos e organizações que advogam por outro mundo possível, com o fechamento de espaços para utopias com pretensões fundacionais e excludentes da diversidade, especialmente quando proclamadas por vanguardas auto-instituídas.

Embora o capitalismo tenha ganhado força como sistema dominante, permanecem as contradições entre discursos liberal-legalistas e práticas predatórias, assim como os fatores de pobreza, desigualdade e conflito que chamaram a atenção do pensamento social no século XIX, gerando, em muitos casos, uma fusão entre teoria e ação cujo resultado mais notório foi o socialismo do século XX.

Como diz a palavra de ordem, "onde existe opressão, há resistência". Há lutas sociais, ideais emancipatórios e uma esquerda comprometida com o desmascaramento teórico e o combate político à opressão. Por que no século XXI seria diferente?

Bibliografia

AGAMBEN, Giorgio. *Estado de exceção*. São Paulo: Boitempo, 2004.
ALAM, Shahid. A critique of Samuel Huntington pedding civilizational wars. Disponível em: <http.www.counterpounch.org/alampeddle.html>. Acesso em 28 de fevereiro de 2002.
ARON, Raymond. *Paz e guerra entre as nações*. São Paulo: Imprensa Oficial do Estado/Editora UnB, 2002.
ARQUILLA, John; Ronfeldt, David (Ed.). *Networks and netwars:* the future of terror, crime, and militancy. Santa Mónica: Rand, 2001.
ARRIGHI, Giovanni. *O longo século XX*. São Paulo: Editora Unesp, 1996.
_____. As escalas da turbulência global. *Margem esquerda*. São Paulo, n.5. 2005.
_____; SILVER, Beverly. *Caos e governabilidade no moderno sistema mundial*. Rio de Janeiro: Contraponto/UFRJ, 2001.
AYERBE, Luis Fernando. *Neoliberalismo e política externa na América Latina*. São Paulo: Editora Unesp, 1998.
_____. *Estados Unidos e América Latina:* a construção da hegemonia. São Paulo: Editora Unesp, 2002.
_____. *O Ocidente e o resto:* a América Latina e o Caribe na cultura do império. Buenos Aires: Clacso-Asdi, 2003.
_____. *A revolução cubana*. São Paulo: Editora Unesp, 2004.
BECK, Ulrich. *Poder y contrapoder en la era global*. Barcelona: Paidós, 2004.
BERMAN, Paul. *Terror and liberalism*. New York: Norton, 2003.
BERNSTEIN, Eduard. *Socialismo evolucionário*. Rio de Janeiro: Jorge Zahar, 1997.

BLOOM, Allan. *A cultura inculta.* Lisboa: Publicações Europa-América, LDA, 2001.

BOLTON, J. Beyond the axis of evil: additional threats from weapons of mass destruction, Washington, D.C., 6 de maio de 2002. Disponível em <http://www.state.gov/t/us/rm/9962pf.htm>.

BONASSO, Miguel. Dos textos. *Casa de las Américas.* La Habana, n.231, abril-junio, 2003.

BOUDON, Raymond. *Os intelectuais e o liberalismo.* Lisboa: Gradiva, 2005.

BRADFORD JR., Colin. Más allá del consenso de Washington. Policy papers of the Americas. Washington D.C.: CSIS, v.XV, Estudio 4, maio, 2004.

BRENNAN, Phil. Latin America in crisis: Brazil shifts left, considers nuclear option. Disponível em <http://www.newsmax.com/archives/articles/2004/3/16/161045.shtml>

BRZEZINSKI, Zbigniev. *El gran tablero mundial.* La supremacía estadounidense y sus imperativos geoestratégicos. Buenos Aires: Paidos, 1998.

_____. *The choice. New York: Basic Books, 2004.*

BULL, Hedley. *A sociedade anárquica.* São Paulo: Imprensa do Estado/UnB, 2002.

BUSH, George W. President discusses war on terror at national endowment for democracy. Washington, DC, 6 de outubro de 2005. Disponível em <http://www.whitehouse.gov/news/releases/2005/10/20051006-3.html>.

BUSH, George W. 2006 President Bush discusses terror plot upon arrival in Winconsin. White House, 10 de agosto. Disponível em <http://www.whitehouse.gov/news/releases/2006/08/20060810-3.html>. Consultada em 2 de setembro de 1006.

CASTELLS, Manuel. *A sociedade em rede.* São Paulo: Paz e Terra, 1999a.

_____. *O poder da identidade.* São Paulo: Paz e Terra, 1999b.

CASTORIADIS, Cornelius. *La sociedad burocrática,* v.1. Barcelona: Tusquets Editor, 1976a.

_____. *La sociedad burocrática,* v.2 Barcelona: Tusquets Editor, 1976b.

CASTRO, Fidel. *Globalización neoliberal y crisis económica global.* La Habana: Publicaciones del Consejo de Estado, 1999.

CECEÑA, Ana Esther. La batalla de Afganistán. In: CECEÑA, Ana; SADER, Emir (Coords.). *La guerra infinita. Hegemonía y terror mundial.* Buenos Aires: Clacso-Asdi, 2002.

CLAIRMONTE, Frederick; CAVANAGH, John. El poderio estadounidense en medio a la borrasca mundial. *Le Monde Diplomatique.* (Buenos Aires), v.19, abr.-maio, 1988.

CLERC, Denis. La primera de las injusticias: la disparidad de ingressos. *Le Monde Diplomatique.* Buenos Aires, v.23, set.-out., 1988.

CLINTON, Bill. Former president Clinton speaks at library dedication, Thursday, November 18, 2004, *Washington Post*. Washington, DC, 2004. Disponível em <http://www.washingtonpost.com/wp-dyn/articles/A60393-2004Nov18.html>.

COMMISSION for Assistance to a Free Cuba. Report to the president. Disponível em < http://www.state.gov/p/wha/rt/cuba/commission/2004/c12237.htm>.

CSIS (Center for Strategic and International Studies). Venezuela alert. *Hemisphere Focus*. Washington, DC, v.11, Issue 23, 20 de junho, 2003a.

_____. Brazil alert the first six months of Lula: An impressive if precarious start. *Hemisphere Focus*. Washington D.C. v.11, Issue 25, 18 de julho, 2003b.

_____. Trade and immigration policy. *Election watch 2004*. Washington DC, vol. 1, Issue 1, agosto, 2004a.

_____. Hemispheric security. *Election watch 2004*. Washington DC, v. 1, Issue 2, setembro, 2004b.

_____. Democracy and governance. *Election watch 2004*. Washington DC, vol. 1, Issue 3, outubro, 2004c.

_____. *New administration´s foreign policy*. Washington DC: november, 2004d.

_____. Election analysis. *Election Watch 2004*. Washington D.C., v. 1, Issue 4, november, 2004e.

DAALDER, Ivo; Lindsay, James. *America unbound*. Washington D.C.: Brooking Institution Press, 2003.

DALE, Helle, 2004. End of the Powell Era. Heritage Foundation, 17 de novembro. Disponível em: <http://heritage.org/press/commentary/ed111704a.cfm>. Consultado em 30 de novembro de 2004.

DEBORD, Guy. *A sociedade do espetáculo*. Rio de Janeiro: Contraponto, 1997.

DE BRIE, Christian. Las fantásticas fortunas de la "revolución conservadora". *Le Monde Diplomatique*. Buenos Aires, v.32, set.-out., 1989.

DECLARAÇÃO DE CUSCO. Comunidade sul-americana de nações. Disponível em <http://www.casa.mre.gov.br/declaracoes/Cusco.doc>.

DEPARTMENT OF DEFENSE. DoD News: Fiscal 2006 department of defense budget is released. Disponível em <http://www.defenselink.mil/releases/2005/nr20050207-2066.html>.

DOBBINS, James et al. *America´s role in nation-building*. Santa Monica: Rand, 2003.

DRURY, Shadia. *Leo Strauss and the american right*. New Cork: St. Martin Press, 1999.

DUPAS, Gilberto (Org.). *A América Latina no início do século XXI*. Rio de Janeiro: Konrad Adenauer/São Paulo: Editora Unesp, 2005a.

_____. *Atores e poderes na nova ordem global*. São Paulo: Editora Unesp, 2005b.

DUROSELLE, Jean-Baptiste. *Todo imperio perecerá*. México D.F.: Fondo de Cultura Económica, 1998.

EIRAS, Ana et al. Es hora de cambiar la estratégia de EE.UU. para la región andina. *The Heritage Foundation Backgrounder*. Washington D.C., n.1.521sp, 11 de março de 2002.

_____ e O´DRISCOLL, Gerald. Política de Estados Unidos para América Latina: Lecciones extraidas de Argentina. *The Heritage Foundation Executive Memorandum Washington D.C.*, n.798sp, 1 de fevereiro de 2002.

ELIAS, Norbert; Scotson, John. *Os estabelecidos e os outsiders*. Rio de Janeiro: Jorge Zahar, 2000.

FALCOFF, Mark. Two Latin Americas? *Latin America Outlook*. American Enterprise Institute, 1 de novembro de 2002a. Disponível em <http://www.aei.org/publications/filter.foreign,pubID.14404/pub_detail.asp>.

_____. Argentina gropes for answers. *Latin America Outlook*. American Enterprise Institute, 1 de setembro de 2002b. Disponível em < (http://www.aei.org/publications/pubID. 14215/pub_detail.asp> .

_____. The return of the U.S. attention deficit toward Latin America. *Latin America Outlook*, American Enterprise Institute, 1 de abril de 2003a. Disponível em <http://www.aei.org/publications/filter.foreign, pubID.16796/pub_detail.asp>.

_____. Venezuela raising the stakes. *Latin America Outlook*, American Enterprise Institute, 1 de novembro de 2003b. Disponível em <http://www.aei.org/publications/pubID.19360/pub_detail.asp>.

_____. Brazil's Lula tackles one huge challenge, but others loom. *Latin America Outlook*, American Enterprise Institute, 25 de agosto de 2003c. Disponível em <http://www.aei.org/publications/filter.foreign,pubID. 19071/pub_detail.asp>.

_____. Mexico at an impasse. *Latin America Outlook*, American Enterprise Institute, 24 de fevereiro de 2003d. Disponível em <www.aei.org/publications/filter.,pubID.16038/pub_detail.asp>.

_____. Argentina has seen the past–and It works (for now). *Latin America Outlook*, American Enterprise Institute, 1 de janeiro de 2004a. Disponível em <www.aei.org/publications/filter.foreig,pubID.19658/pub_detail.asp>.

_____. Argentina and the United States. Some reflections on recent developments. *News e Commentar*, American Enterprise Institute, 18 de março de 2004b. Disponível em <http://www.aei.org/news/newsID.20137,filter./news_detail.asp>.

_____. U.S.-Latin American relations, rhe prospect. *Latin America Outlook*, American Enterprise Institute, 23 de julho de 2004c. Disponível em <http://www.aei.org/publications/filter.,pubID.20968/pub_detail.asp>.

FALLACI, Oriana. *La fuerza de la razón*. Buenos Aires: Editorial El Ateneo, 2004.

FERGUSON, Niall. *Colossus*. The price of America´s empire. New York: The Penguin Press, 2004.

FONSECA, Carlos da. Os think tanks e a política externa americana. *Revista Política Externa*. São Paulo, v.13, n.1, jun./jul./ago. de 2004.

FRANCO, A. Testimony of assistant administrator Adolfo A. Franco, Bureau for Latin America and the Caribbean, before the subcommittee on international operations and human rights of the house committee on international relations, June 6, 2002. Disponível em <http://www.usaid.gov/press/spe_test/testimony/2002/ty020606.html>.

FRIEDMAN, George. *America´s secret war*. London: Little, Brown, 2004.

FRUM, David; Perle, Richard. *An end to evil*. New York: Random House, 2003.

FUENTES, Carlos. Huntington and the mask of racism. *New Perspective Quarterly*. Oxford, v.21 # 2. 2004. Disponível em <http://www.digitalnpq.org/archive/2004_spring/fuentes.html>.

FUKUYAMA, Francis. The neoconservative moment. *The national interest*. Washington D.C., verão de 2004.

_____. *A construção de Estados*. Rio de Janeiro: Rocco, 2005.

_____. *America at the crossroads*. New Haven: Yale University Press, 2006.

GARDELS, Nathan. EUA: o poderio americano, uma cerca protetora da liberdade. *O Estado de S. Paulo*, São Paulo, 5 de maio de 2002.

GIDDENS, Anthony. *A terceira via*. São Paulo: Record, 1999.

GOLDMAN, Emma. O fracasso da revolução russa. In: WOODCOCK, George (Org.). 1981 *Os grandes escritos anarquistas*. Porto Alegre: L&PM, 1981.

GRAHAM, Carol; Sukhtankar, Sandip. Is economic crisis reducing support for markets and democracy in Latin America? Some evidence from the economic of happiness. *Working Paper*, The Brooking Institution. Washington D.C., CSED n.30, novembro de 2002.

_____; Masson, Paul. The IMF's dilemma in Argentina: time for a new approach to lending? *The brookings institution policy brief.* Washington D.C., # 11, novembro de 2002.

GRAMSCI, Antonio. Análise das relações de força. In: COUTINHO, Carlos (Ed.). *Cadernos do cárcere*, v.3. Rio de Janeiro: Civilização Brasileira, 2002a.

_____. O problema da direção política na formação e no desenvolvimento da nação e do Estado moderno na Itália. In: COUTINHO, Carlos (Ed.). *Cadernos do cárcere*, v.5.Rio de Janeiro: Civilização Brasileira, 2002b.

GRAY, John. *Al Qaeda y lo que significa ser moderno*. Buenos Aires: Paidós, 2004.

HAASS, Richard. *Imperial America*. Paper at the Atlanta Conference, 11 de novembro de 2000. Disponível em <http://www.brookings.edu/views/Articles/Haass/2000imperial.htm>.

HAKIM, Peter. Scandalous Brazil. *Los Angeles Times*. Los Angeles, 30 de agosto de 2005. Disponível em <http://www.thedialogue.org/publications/oped/aug05/hakim_0830.asp>.

HAMMES, Thomas. Insurgency: Modern warfare evolves into a fourth generation. Strategic Forum. Institute for National Strategic Studies, National Defense University, Washington D.C., n.214, janeiro de 2005.

HARDT, Michael; Negri, Antonio. *Império*. Rio de Janeiro: Record, 2001.

_____ *Multitud*. Buenos Aires: Debate, 2004.

HARVEY, David. *O novo imperialismo*. São Paulo: Loyola, 2004.

HIMMELFARB, Gertrude. *One nation, two cultures*. New Cork: Vintage Books, 2001.

HOBSBAWN, Eric. *A era dos extremos*. São Paulo: Companhia das Letras, 1995.

HOFFMANN, Bárbara. Helms-Burton a perpetuidad? Repercusiones y perspectivas para Cuba, Estados Unidos y Europa. *Nueva Sociedad.* Caracas, v.151, 1997.

HOFFMANN, Stanley. *Jano y Minerva. Ensayos sobre la guerra y la paz.* Buenos Aires: Grupo Editor Latinoamericano, 1992.

HUDSON INSTITUTE. Is the neoconservative moment over? *A Hudson Institute/The New Republic Painel Discussion.* Washington, D.C., 15 de dezembro de 2004. Disponível em <http://www.hudson.org/index.cfm?fuseaction=publication_details&id= 3194>.

HSC (Human Security Centre). *War and peace in the 21ˢᵗ Century.* Londres: Oxford University Press, 2005. Disponível em <http://www.humansecurityreport.info/index.php?option=content&task=view&id=28& Itemid=63>.

HUNTINGTON, Samuel. O choque de civilizações e a recomposição da ordem mundial. Rio de Janeiro: Objetiva, 1997a.
_____ _____. A erosão dos interesses nacionais dos Estados Unidos. In: Foreign Affairs, Edição brasileira, Gazeta Mercantil. São Paulo, 12 de setembro de 1997b.
_____. A superpotência solitária. In: Política externa. São Paulo, v.78, n.2, mar./maio, 2000.
_____. Who are we? The challenges to America's national identity. New York: Simon&Schuster, 2004.
IGNATIEFF, Michael. El nuevo imperio americano. Buenos Aires: Paidós, 2004.
IKENBERRY, John. Democracy, Institutions and American Restraint em Ikenberry, John (Ed.). 2002a. America unrivaled. The future of balance of power. Ithaca: Cornell University Press.
_____. America's imperial ambition. In: Foreign Affairs. New York, setembro-outubro de 2002b.
INTER-AMERICAN DIALOGUE. The troubled Americas. Policy Report 2003.Washington D.C. 2003.
_____. Una carta abierta para el secretario de Estado Colin Powell. Cuba Policy Brief. Washington D.C. 2004.
_____. A break in the clouds. Policy Report 2005. Washington D.C. 2005.
JAMESON, Fredric. A cultura do dinheiro. Ensaios sobre a globalização. Petrópolis: Vozes, 2001.
JOHNSON, Chalmers. Thes Sorrows of empire. New York: Metropolitan Books, 2004.
JOHNSON, Stephen. Why the U.S. must re-engage in Latin America. The Heritage Foundation Backgrounder. Washington D.C. #1694, 3 de outubro de 2003a. Disponível em: <http://www.heritage.org/Research/LatinAmerica/bg1694.cfm>. _____. Is neoliberalism dead in Latin America? The Heritage Foundation WebMemo. Washington D.C. #332, setembro de 2003b. Disponível em <http://www.heritage.org/Research/LatinAmerica/wm332.cfm>. _____; Sara J. Fitzgerald. The United States and Mexico: Partners in reform. The Heritage Foundation Backgrounder. Washington D.C. #1715, 18 de dezembro de 2003. Disponível em <http://www.heritage.org/Research/Latin America/BG1715.cfm>.
_____. Ecuador's No. 1 problem. The Heritage Foundation. #732. Washington D.C., 26 de abril de 2005a. Disponível em <http://www.heritage.org/Research/LatinAmerica/wm732.cfm>.

_____. Bolivia needs consensus and property rights, not elections. *The Heritage Foundation*, #775. Washington D.C., 27 de junho de 2005b. Disponível em <http://www.heritage.org/ Research/LatinAmerica/wm775.cfm>.

_____. U.S. diplomacy toward Latin America: a legacy of uneven engagement heritage lecture, #895. Washington D.C., 23 de agosto de 2005c. Disponível em <http://www.heritage.org/ Research/Latin America/hl895.cfm>.

_____. Bolivian election reveals need for broader engagement heritage foundation executive memorandum #988. Washington D.C., 26 de janeiro de 2006a. Disponível em <http://www.heritage.org/Research/LatinAmerica/em988.cfm>.

_____. U.S. Latin America ties need commitment and strategy. *The Heritage Foundation Backgrounder*. Washington D.C. #1920, 13 de março de 2006b. Disponível em <http://www.heritage.org/Research/Latin America/bg1920.cfm>.

_____; Cohen, Ariel. Minimizing mischief in Venezuela, stabilizing the U.S. oil supply. *The Heritage Foundation Backgrounder*. Washington D.C. n.1787, 12 de agosto de 2004. Disponível em <http://www.heritage.org/ Research/Latin America/bg1787.cfm>.

_____; Sara J. Fitzgerald. The United States and Mexico: Partnersin Reform. *The Heritage Foundation Backgrounder*. Washington D.C., #1715, 18de dezembro de 2003. Disponível em <http://www.heritage.org/ Research/Latin America/loader.cfm?>url=/commonspot/security/getfile.cfm& PageID=53695>. JOXE, Alain. *El imperio del caos*. México: Fondo de Cultura Económica. 2003.

KAGAN, Robert. *Do paraíso e do poder*. Rio de Janeiro: Rocco, 2003.

_____. Iraq and averages. *Washington Post*. Washington D.C., 4 de outubro de 2004.

KAPLAN, Robert D. *El retorno de la antiguedad. La política de los nuevos guerreros*. Buenos Aires: Ediciones B, 2002.

KENNEDY, Paul. *Ascensão e queda das grandes potências*. Rio de Janeiro: Campus, 1989

KESSLER, Glenn. The power-values approach to policy move to state raises rice's profile. *Washington Post*. Eashington D.C., 21 de novembro de 2004.

KIRKPATRICK, Jeane. O imperativo modernizante. Tradição e mudança. *Política Externa*. São Paulo, v.2, n.4, mar./maio, 1994.

KISSINGER, Henry. *Diplomacia*. Rio de Janeiro: Francisco Alves, 2001.

_____. *Precisará a América de uma política externa?* Lisboa: Gradiva, 2003.
KLARE, Michael. *Guerras por los recursos.* Barcelona: Urano Tendências, 2003.
KRAUTHAMMER, Charles. *Democratic realism.* American Enterprise Institute. Washington D.C., 2004a.
_____. In defense of democratic realism. The National Interest Washington D.C., outono de 2004b.
KREISLER, Harry. Conversations with history. Institute of International Studies, University of California, Berkeley, 2003. Disponível em <http://globetrotter.berkeley.edu/people3/Waltz/waltz-con1.html>.
KRISTOL, Irving. *Neoconservatism. The Autobiography of an idea.* New York: The Free Press, 1995.
_____. The neoconservative persuasion. In: Stelzer, Irwing (Ed.). *Neoconservatism.* Londres: Atlantic Books, 2004.
KRUGMAN, Paul. *Vendendo prosperidade.* São Paulo: Campus, 1997.
_____. *El gran resquebrajamiento.* Bogotá: Editorial Norma, 2004.
LACHMAN, Desmond. Emerging markets are the real losers in Argentina's triumph. News & Commentary, American Enterprise Institute. Disponível em: <http://www.aei.org/publications/pubID.22138,filter.all/pub_detail.asp>.
LACLAU, Ernesto; Mouffe, Chantal. *Hegemonía y estrategia socialista.* Buenos Aires: Fondo de Cultura Económica, 2004.
LAL, Deepak. *In praise of empires.* New York: Palgrave Macmillan, 2004.
LEITE NETO, Alcino. Para Attac, protesto não deve ser violento. *Folha de S. Paulo,* 19 de agosto de 2001.
LENIN, Vladimir. *Que fazer?* São Paulo: Hucitec, 1978.
_____. *Imperialismo:* fase superior do capitalismo. São Paulo: Global, 1979a.
_____. *A falência da II Internacional.* São Paulo: Kairós, 1979b.
_____. *Obras escolhidas,* v.2 São Paulo: Alfa-Ômega, 1980.
LINERA, Álvaro. El capitalismo andino-amazónico. Econoticias Bolívia, 2006. Disponível em http://www.econoticiasbolivia.com/documentos/notadeldia/debatei5.html.
LUXEMBURGO, Rosa. *A revolução russa.* Rio de Janeiro: Edições Socialistas, 1946.
_____. *A acumulação do capital* São Paulo: Nova Cultural, 1985.
MAKHAYSKI, Jan. O socialismo de Estado. In: Tragtenberg, Maurício (Org.). *Marxismo heterodoxo.* São Paulo: Brasiliense, 1981.
MANN, James. *Rise of the vulcans.* London: Penguin Books. 2004a

MANN, Michael. *El imperio incoherente*. Barcelona: Paidós, 2004b.
MARX, Karl. Prólogo a contribución crítica de la economía política. *Cuadernos de Pasado y Presente*, n.1. México, 1971.
_____. *O dezoito brumário de Luiz Bonaparte*. São Paulo: Moraes, 1987.
MCLEAN, Phillip. Colombia alert. *Hemisphere Focus*. Center for Strategic and International Studies. Washington D.C., xi, Issue 5, 14 de fevereiro de 2003.
MCMILLAN, Joseph. Apocalyptic terrorism: the case for preventive action. *Strategic Forum*. Institute for National Strategic Studies, National Defense University, Washington D.C., n. 212, novembro de 2004.
MENGES, Constantine. The Americas report. *Hudson Institute*. Washington D.C., v.2, 15 de março de 2004a.
_____. Latin America in crisis: Castro's Power Grows *NewsMax.com*, 16 de março de 2004b. Disponível em <http://www.newsmax.com/archives/articles/2004/3/15/172232. shtml>.
MICHELS, Robert. *Sociologia dos partidos políticos*. Brasília: Editora UnB, 1982.
MICKLETHWAIT, John; Wooldridge, Adrian. *The right nation*. London: Penguin Books, 2004.
MILES, Marc, et al. Indice de libertad económica 2006. *The Heritage Foundation e The Wall Street Journal*. Washington, D.C., 2006.
MINISTÉRIO das Relações Exteriores do Brasil. Declaração conjunta dos presidentes de Argentina, Brasil e Venezuela, 2005. Disponível em <http://www.mre.gov.br/portugues/imprensa/nota_detalhe.asp? ID_RELEASE=2860>.
MONROE, James. Sétima mensagem anual ao Congresso, 2 de dezembro de 1823. In: Dieterich, Hans, *Noam Chomsky habla de América Latina*. Anexo Documental, Buenos Aires: Política, 1998.
MONTOYA, Roberto. *El imperio global*. Buenos Aires: El Ateneo, 2003.
MORGENTHAU, Hans. *A política entre as nações*. São Paulo: Imprensa do Estado/UnB, 2003.
MORRIS, R. *Documentos básicos de história dos Estados Unidos*. Rio de Janeiro: Fundo de Cultura, 1956.
MOUFFE, Chantal. *El retorno de lo político*. Barcelona: Paidós, 1999.
NATIONAL Intelligence Council. *Mapping the global future*. Pittsburgh: Government Printing Office, 2004.
NEGRI, Antonio; COCCO, Giuseppe. *Glob(AL) biopoder e luta em uma América Latina globalizada*. Rio de Janeiro: Record, 2005.
NEWSMAX. Bush takes jab at Chavez, Castro. *NewsMax.com*, 7 de novembro de 2005. Disponível em <http://www.newsmax.com/archives/articles/2005/11/6/174929.shtml>.

NORIEGA, R. Report to the president by the Commission for Assistance to a Free Cuba, Washington, DC, May 6, 2004. Disponível em <http://www.state.gov/p/wha/rls/rm/32272.htm>.

NORTON, Anne. *Leo Strauss and the politics of american empire.* New York: Yale University Press, 2004.

NSC (National Security Council). The National Security Strategy of the United States of America, *Washington D.C.*, 17 de setembro de 2002. Disponível em <http:www.whitehouse.gov/nsc/nss.html>.

_____. The National Security Strategy of the United States of America, Washington D.C., 16 de março de 2006. Disponível em <http://www.whitehouse.gov/nsc/nss/2006/>.

NYE, Joseph Jr. *Soft power: the means to success in world politics.* New York: Public Affairs, 2004.

O'HANLON, Michael. *Neocon lessons for democrats.* Washington D. C.: The Brooking Institution, 2004.

PETRAS, James. *La izquierda contraataca. Conflicto de clases en América Latina en la era del neoliberalismo.* Madrid: Akal, 2000.

PODHORETZ, Norman. Neoconservation: A eulogy. *Commentary Magazine*, v.101, n.3, março 1996.

PLÁ, Alberto (Org.). *História de América Latina en el siglo XX.* Buenos Aires: Centro Editor de América Latina, 1986.

POMAR, Wladimir. *A revolução chinesa.* São Paulo: Editora Unesp, 2004.

POSTEL, Danny. Mentiras piadosas y guerra perpétua: Leo Strauss, el neoconservadurismo e Irak. Entrevista a Shadia Drury, em Rebelión, 25 de diciembre de 2003. Disponível em <http://www.rebelion.org/imperio/031125postel.htm>.

POWELL, Colin. Testimony to house appropriations subcommittee on foreign operations. Export Financing. Washington, D.C., 10 de maio de 2001. Disponível em <http:www.state.gov/secretary/rm/2001/>.

PRILLAMAN, William C. Crime,dDemocracy, and development in Latin America. *CSIS Policy Paper on the Americas.* Washington D. C. v. XIV, Study 6, junho de 2003.

QUIJANO, Aníbal. Colonialidad del poder, eurocentrismo y América Latina. In: Lander, Edgardo. (Comp.) *La colonialidad del saber: eurocentrismo y ciencias sociales. Perspectivas latinoamericanas.* Buenos Aires: CLACSO, 2000.

RABASA, Angel. Challenges in Latin America confronting the next administration. In: Carlucci, Frank et al. *Bipartisan report to the president elect on foreign policy and national security.* Santa Monica: Rand Corporation, 2000.

REIS FILHO, Daniel. *As revoluções russas e o socialismo soviético*. São Paulo: Editora Unesp, 2004.

REVEL, Jean-François. *A obsessão antiamericana. Causas e inconseqüências*. Rio de Janeiro: UniverCidade, 2003.

REYES, José. Venezuela's economic growth: The highest in Latin America. US embassy of bolivarian republic of Venezuela. Disponível em <http://www.embavenez-us.org/economic_development_sep2005.pdf>.

RICE, Condoleezza. The promise of democratic peace. *The Washington Post*. Washington D.C., 11 de dezembro de 2005. Disponível em <http://www.washingtonpost.com/wp-dyn/content/article/2005/12/09/AR2005120901711.html>.

RIFKIN, Jeremy. *La economía del hidrógeno*. Buenos Aires: PaidosRiggs, 2002. David; Huberty, Robert. NGO Accountability: What the US can teach the UN. *Nongovernmental Organizations: The Growing Power of an Unelected Few*, American Enterprise Institute Washington, D.C., 2003. Disponível em <http://www.aei.org/docLib/20040402_20030611_Riggs.pdf>.

RIGGS, David; HUBERTY, Robert. 2003. NGO Accountability: what the US can teach the UN. In: *Nongovernmental Organizations: the growing power of an unelected few*. American Enterprise Institute. Washington, D.C. Disponível em: http://www.aei.org/doclib/20040402_20030611_riggs.pdf).

RONFELDT, David et al. *The zapatista social netwar in México*. Santa Monica: Rand Coporation, 1998.

RUGGIE, John. What makes the world hang together? Neo-utilitarism and the Social Constructivist Challenge. *International Organization* Cambridge, 52, outono de 1998.

RUIZ-FUNES, Mariano. Economic competitivness in Mexico: Recent evolution, prospects and repercussions for the United States. *CSIS Hemisphere Focus*. Washington D.C., v.XI, Issue 11, 21 de abril de 2003.

SAID, Edward. The clash of ignorance. *The nation*. Disponível em <www.thenation.com/doc.mhtml?I= 20011022&c=1&s=said>. Acesso em 22 de outubro de 2001

SCHMITT, Gary; Shulsky, Abram. Leo Strauss ant the world of intelligence. By Which We Do Not Mean Nous. In: Deutsch, Kenneth e Murley, John (Ed.) *Leo Strauss, the straussians, and the american regime*. Lanham: Rowman&Littlefield Publishers, INC., 1999.

SELA. *Relações econômicas da América Latina com os Estados Unidos*. Rio de Janeiro: Paz e Terra, 1985.

SEOANE, José; TADDEI, Emilio. De Seattle a Porto Alegre. Pasado, presente y futuro del movimiento anti-mundialización neoliberalIn: Seoane e Taddei (Comp.) *Resistencias mundiales*. Buenos Aires: CLACSO, 2001.

SERBIN, Andrés. Entre la confrontación y el diálogo: diplomacia ciudadana, sociedad civil e integración regional. In: Serbin, Andrés (Comp.) *Entre la confrontación y el Diálogo. Integración regional y diplomacia ciudadana* Buenos Aires: Siglo XXI, 2003.

SHIFTER, Michael. Latinoamérica: más que un giro a la izquierda. *La opinión* (Los Angeles), 1 de janeiro de 2006. Disponível em <http://www.thedialogue.org/publications/oped/jan06/shifter_0101.asp>.

SHULSKY, Abram. Intelligence issues for the new administration. In: CARLUCCI, Frank et. al. *Bipartisan report to the president elect on foreign policy and national security*. Santa Monica: Rand Corporation, 2000.

SKOCPOL, Theda. *Los Estados y las revoluciones sociales*. México: Fondo de Cultura Económica, 1984.

SODERBERG, Nancy. *El mito de la superpotencia – uso y abuso del poder*. Buenos Aires: El Ateneo, 2005.

SOUSA SANTOS, Boaventura. Para ampliar o cânone do reconhecimento, da diferença e da igualdade. In: SOUSA SANTOS, Boaventura (Org.). *Reconhecer para libertar. Os caminhos do cosmopolitismo multicultural*. Rio de Janeiro: Civilização Brasileira, 2003.

_____. Para ampliar o cânone do internacionalismo operário. In: SOUSA SANTOS, Boaventura (Org.). *Trabalhar o mundo. Os caminhos do novo internacionalismo operário*. Rio de Janeiro: Civilização Brasileira, 2005.

STARR, Pamela. U.S. – Mexico Relations. *CSIS Hemisphere Focus* Washington D.C. v.XII, Issue 2, 9 de Janeiro. 2004.

STALIN, José. *Questões políticas*. Belo Horizonte: Aldeia Global, 1979.

STELZER, Irwing. Neoconservative economic policy: virtues and vices. In: STELZER, Irwing (Ed.). *Neoconservatism*. Londres: Atlantic Books, 2004a.

_____. Now what? *American Outlook Today*.The Hudson Institute. Disponível em <http://www.hudson.org/index.cfm? fuseaction=publication_details&id=3525>.

_____. High prices the least of America's energy problems. *American Outlook Today*. The Hudson Institute, 2004c. Disponível em <http://www.hudson.org/index.cfm? fuseaction=publication_details&id=3446>.

STRAUSS, Leo *Que es la filosofía política?* Madrid: Ediciones Guadarrama, 1970.

_____. Platón. In: STRAUSS, Leo; CROPSEY, Joseph (Comp.) *Historia de la Filosofía Política*. México DF: Fondo de Cultura Económica, 1993a.

_____. Nicolás Maquiavelo. In: STRAUSS, Leo; CROPSEY, Joseph (Comp.) *Historia de la filosofía política*. México DF: Fondo de Cultura Económica, 1993b.

_____. *Progreso o retorno?* Barcelona: Paidós, 2005.

SZAYNA, Thomas, S. (Comp.). *Identifying potential ethnic conflict. Application of a process model*. Santa Monica: Rand Coporation, 2000.

TODD, Emmanuel. *Depois do império*. Rio de Janeiro: Record, 2003.

TOYNBEE, Arnold. *A study of history*. Abridgement v.VII-X. New York: Oxford University Press, 1985.

TROTSKY, Leon. *Programa de transição para a revolução socialista*. Lisboa: Antídoto, 1978.

TZU, Sun. *El arte de la guerra*. México D.F.: Ediciones Coyoacán, 1998.

UNITED NATIONS. A more secure world: Our shared responsibility. New York: United Nations. Disponível em <http://www.un.org/secureworld/report2.pdf>.

USAID. Conducting a conflict assessment: a framework for strategy and program development. *Office of Conflict Management and Mitigation*. Washington D.C.: USAID, 2004.

U.S. CUBA POLICY REPORT. Pardo-Maurer Speaks at the Hudson Institute's Center for Latin American Studies, Washington D.C.: Center for International Policy, 26 de julho de 2005. Disponível em <http://www.ciponline.org/facts/050726pard.pdf>.

USDS (U.S. Department of State) Strategic plan. Disponível em <www.state.gov/www/budget/stratplan_index.html>.

_____. Plan Colombia. Fact sheet. *Bureau of Western Hemisphere Affairs*. Washington, D.C., 14 de março de 2001. Disponível em <www.state.gov/p/wha/rt/plncol/index.cfm? docid=1042>.

_____. Strategic plan fiscal years 2004-2009. Disponível em <http://www.usaid.gov/policy/budget/state_usaid_strat_ plan.pdf.>.

_____ Patterns of global terrorism 2002 release by the office of the coordinator of counterterrorism. Disponível em <http://www.state.gov/s/ct/rls/pgtrpt/2001/.>.

_____. Patterns of global terrorism. Release by the office of the coordinator of counterterrorism. Disponível em http://www.state.gov/s/ct/rls/pgtrpt/2003/c12153.htm.>.

_____. Country reports on terrorism 2004. Release by the office of the coordinator of counterterrorism. Disponível em <http://www.

state.gov/documents/organization/45313.pdf>. _____. Country reports on terrorism 2005. Release by the office of the coordinator of counterterrorism. Disponível em <http://www.state.gov/s/ct/rls/crt/c17689.htm>.

VIGEVANI, Tullo; Fernandes, Marcelo. América Latina: vulnerabilidade social e instabilidade democrática. In: DUPAS, Gilberto (Org.) *América Latina no início do século XXI.* Perspectivas econômicas, sociais e políticas. Rio de Janeiro: Fundação Konrad Adenauer/São Paulo: Editora Unesp, 2005.

WALLERSTEIN, Immanuel. *World-systems analysis. An introduction.* Durham: Duke University Press, 2004.

WALTZ, Kenneth. Structural realism after the cold war. In: Ikenberry, John (Ed.). *America Unrivaled. The future of balance of power* Ithaca: Cornell University Press, 2002.

WEBER, Max. *Economia e sociedade,* v.1. Brasília: Editora UnB, 1991.

WENDT, Alexander *Social theory of international politics.* Cambridge: Cambridge University Press, 1999.

WHITE HOUSE. President appoints reich as special envoy. Disponível em <http://www.whitehouse.gov/news/releases/2003/01/20030109.html>.

ZAKARIA, Fareed. *O futuro da liberdade.* Lisboa: Gradiva II, 2004.

SOBRE O LIVRO

Formato: 14 x 21 cm
Mancha: 23,7 x 42,6 paicas
Tipologia: Horley Old Style 10,5/15
Papel: Offset 75 g/m² (miolo)
Cartão Supremo 250 g/m² (capa)
1ª edição: 2006

EQUIPE DE REALIZAÇÃO

Edição de textos
Regina Machado (Copidesque)
Claudia do Espírito Santo (Preparação de Texto)
Juliana Rodrigues de Queiróz (Revisão)